爱子坊
优教新智慧丛书
NO.1

成墨初◎编著

为孩子的情绪解套

决定孩子心理健康的66个细节

九州出版社
JIUZHOUPRESS

图书在版编目（CIP）数据

为孩子的情绪解套：决定孩子心理健康的66个细节／成墨初编著.—北京：九州出版社，2009.9

ISBN 978-7-5108-0208-9

Ⅰ.为… Ⅱ.成… Ⅲ.儿童－心理卫生－健康教育：家庭教育 Ⅳ.G78

中国版本图书馆CIP数据核字（2009）第181360号

为孩子的情绪解套：决定孩子心理健康的66个细节

作　者	成墨初 编著
出版发行	九州出版社
出 版 人	徐尚定
地　址	北京市西城区阜外大街甲35号（100037）
发行电话	（010）68992190/2/3/5/6
网　址	www.jiuzhoupress.com
印　刷	北京中达兴雅印刷有限公司
开　本	710×1000毫米　16开
印　张	17
字　数	240千字
版　次	2009年11月第1版
印　次	2009年11月第1次印刷
书　号	ISBN 978-7-5108-0208-9
定　价	28.00元

序　父母是孩子最好的心理医生

父母是孩子来到这个陌生的世界上最先接触到并亲近的人。对于孩子而言，家是他们最温暖的港湾，父母是他们最初始也是最重要的老师，同时也是最关心、爱护他们的人。父母给了孩子物质和精神上的依靠，是关系到孩子能否健康成长最关键的责任人。

在孩子成长的过程中，父母所付出的心血是不言而喻的。孩子的成长也是一个非常艰辛的历程，他会经历很多的痛苦与无奈、害怕与失望、迷惘与无助，而这些都将是他们成长必须经历的。

当孩子有了心结自己解不开、受到各种负面情绪的困扰，父母的理解、安慰和信任就是对他们最好的治疗。没有哪个心理医生比父母更了解自己的孩子，也没有哪个心理医生能像父母那样无条件地信任、关爱和理解孩子。

因此，在这个世界上，父母就是孩子最好的心理医生。

孩子在成长过程中心理的发展变化是一个极其繁杂而又敏锐的问题。父母要培养孩子具备积极的心理素质，多改正孩子存在的一些负面心理倾向，让孩子能够以健全的人格、积极乐观的人生态度来面对自己的人生和生活，让消极悲观的心理问题走出孩子的心理空间，还孩子一片健康明朗的心灵蓝天。

良好的心理素质是孩子在以后的人生道路中走向成功的必要条件和基础；而一些不良的心理问题，也会对孩子的人生产生难以估量的消极影响。父母一定要在孩子年幼时就予以矫正，如果等到孩子成年以后再想更改不但更为艰难，而且为时已晚。

父母对孩子的爱是任何心理医生都无法替代的。因此，他们无疑是指导孩子走出心灵困境最好的指路人。但是许多父母在爱孩子的过程中却没有形成正确的教育理念，这便导致他们不仅不能正确地引导孩子走出负面情绪的困扰，反而可能为孩子带来新的困扰。本书正是基于帮助父母形成正确的教育理念的目的而做的。

本书针对经常困扰孩子的一些情绪和心理问题进行细致入微的分析，研究孩子产生这些困扰的深层原因，并且针对孩子的这些问题给父母提出了一些切实可行的建议和对策。同时，本书还列举了许多由于父母不正确的教养方式而导致孩子产生了心理困扰的例子。希望父母们能够根据本书提出的建议改变自己不正确的教育方式，给孩子真正健康的爱。

父母们，请你们用正确的教育理念给孩子健康而理性的爱，充当他们人生的灯塔和心灵迷失时的指路人，为他们排除成长途中遇到的种种困惑和心理难题，让孩子健康而快乐地成长。

目录

CONTENTS

细节01 了解孩子心理成长的历程

孩子的心理成长是一个循序渐进的过程，他们每天都在为自己成长为一个成熟的人而积累着知识和经验。

——美国心理学家 皮亚杰

家教个案

10的郑小颖是一个漂亮的女孩子，现在上小学四年级。

在她刚读小学一年级的时候，有一天妈妈给她买了一条漂亮的花裙子，她非常喜欢。可是到了学校之后，小颖的同学却说这裙子样式太简单，太老土了。小颖回到家后一直闷闷不乐，当妈妈问她时她便把同学的话向妈妈重述了一遍。

妈妈便让小颖仔细观察裙子的质地、花纹等，然后又问她："裙子穿在身上感觉合适不合适？"小颖认真地点点头，告诉妈妈："裙子的质地很好，花纹也很漂亮，穿在身上也非常舒服。"然后，她冲着妈妈笑了笑，愉快地和小伙伴们去玩了。

前几天，由于小颖不愿意教一个同学做数学题，而被她的一个朋友批评了一顿。回到家后她跟妈妈说起了这件事，她理直气壮地说："我没有做错，每个人都有拒绝的权利。"妈妈便告诉她："你将心比心啊，如果今天被拒绝的人是你，你会怎么想呢？"小颖听完就立即向自己的同学道了歉。

教育感悟

孩子的心理发展过程具有阶段性特征，是循序渐进地慢慢发展的，不可能一蹴而就。因此父母要了解孩子每个阶段心理发展的特点，根据实际情况因材施教，科学地教育并引导孩子。

案例中的小颖一年级时不懂得客观地认识别人的评价，总是受到他人言语的影响。因此，妈妈就指导她从其他方面来考虑问题，客观地看待他人的评价，不盲目相信他人的话。但是进入四年级后，小颖已经有了自我意识，开始不去理会他人的评价而只考虑自己的感受，这时候妈妈就引导她学会换位思考，慢慢地走出过于自我的误区。

俗话说“十年树木，百年树人”，教育是一个长期的任务，父母不要为孩子一时的表现过于着急。只要了解了孩子的心理特点，再根据他们心理成长的规律正确地进行引导，便能让孩子健康地成长。

孩子的心理是随着孩子知识水平的提高和生活阅历的不断丰富而逐渐成长起来的。作为父母，最需要做的是先了解孩子心理成长的历程并掌握其特点，在尊重孩子心理成长规律的前提下，根据不同阶段的不同特点进行正确的引导，帮助孩子顺利地走向成熟。

专家建议

父母作为孩子的第一任老师，更应该充分地了解并遵循孩子心理成长的规律，并在此基础上对孩子加以正确的引导，指导孩子的心理慢慢走向成熟。

1. 了解孩子的心理特点

罗马不是一日建成的，孩子的心理也不可能在一夜之间成长起来。孩子在婴儿时期特别好养，吃饱了就睡，睡醒了就吃；到了上小学的时候，他们就开始有自己的想法了，但还是容易受到他人观点的影响；等到了三年级的时候，他们就开始认为自己的行为和想法是正确的，于是常常固执己见，凡是别人说的坚决不照做。

很多父母都抱怨：我家孩子怎么突然这么不听话了？当父母了解了孩子的心理特点后，这一切疑问便都迎刃而解了。

2. 尊重孩子心理发展的规律

了解了孩子的心理特点后，父母首先应该尊重孩子心理发展的规律。一般来说，孩子在小学阶段的注意力和意志力等的发展都还不太健全，他们的注意力不容易集中，做事也缺乏毅力。父母应该尊重他们的心理发展规律，不要强迫他们长时间地学习。

李琳是个三年级的女孩子，今年9岁。她很聪明，但是上课特别不专心，这让妈妈很头疼。

妈妈也教育过她几次，但是琳琳每次都是左耳进右耳出，上课依旧东张西望，没有什么长进。后来，妈妈决定采取强制措施，自己亲自监督，让孩子连续两个小时做练习和写作业。结果不言而明，妈妈的措施没实行一个星期就宣告破产了。

李琳的妈妈不尊重孩子心理发展的规律，主观地对孩子进行改造。其实，孩子的注意力不集中是正常的心理现象。有研究表明，小学低年级的孩子注意力只能集中20分钟左右，而李琳的妈妈却要求孩子坚持两小时集中精心学习，这肯定是行不通的。

3. 理解孩子不成熟的行为

孩子的情绪不稳定，喜怒哀乐都表现在脸上，这是父母了解孩子的最佳渠道。但同时，孩子不分环境、场合乱发脾气的行为也令父母非常苦恼。

一天，8岁的盈盈放学刚回到家，就砰地把门一摔，也不跟客厅里坐着的客人打招呼，气冲冲地就进了自己的房间。妈妈看到盈盈的表现当即火冒三丈，走进女儿的房间把她狠狠地训了一顿，女儿放声大哭起来。这一出家庭闹剧让客人更加坐立难安，于是赶紧找个借口提前回家了。

孩子发脾气在客人看来是很正常的，因为哪家孩子都会有这种表现。但是父母却觉得孩子当众乱发脾气有损自己的颜面而训斥孩子，从而引发了更大的家庭冲突，这就让客人难以忍受了。因为孩子心理还不成熟，可是大人却不理解孩子的这种表现，并且还受孩子的影响而情绪失控，这就非常不理智了。

4. 引导孩子的心理走向成熟

孩子的身心都处于发展时期，难免会表现出各种不成熟的行为。对于孩子的这种行为，父母严加呵斥是不可取的，但是也不能放任自流，而应该采用科学、合理的方式正确地引导他们。

乐乐是个四年级的女孩子，今年10岁了。她很聪明，但是却非常任性。有一次，妈妈听广播说有雨，便告诉乐乐上学时要带伞。乐乐嫌麻烦，坚决不带。妈妈把伞拿出来给她，她居然还把伞扔到了沙发上。妈妈知道孩子在这个年龄段一般都很固执，便不再要求了。下午放学果然下雨了，乐乐打电话要妈妈送伞。妈妈沉默了，乐乐也知道自己错了，便向妈妈道歉。妈妈这才答应给她去送伞。

对于孩子不成熟的表现，父母不应该一味地纵容，更应该有意识地对他们进行引导，让他们认识到自己的错误，这样才能使孩子的心理顺利地成熟起来。

教子箴言

孩子的身体成长需要一个过程，心理成长也需要一个过程。父母应该了解孩子心理发展的历程，依照他们心理发展的规律，采用科学的方法正确地引导他们慢慢地形成成熟的心理。

细节 02　把握孩子心理健康的内涵及标准

孩子的心理不健康，不仅影响孩子的情绪稳定和他们的学习生活状态，更容易使孩子患上疾病或者加速身体的病变。

——俄国心理学家　乌申斯基

家教个案

欧阳宜是独生子女，深受父母的宠爱，是一个非常霸道、任性的孩子。

一天，欧阳宜的姑姑带着表妹来家里做客。姐妹俩在客厅玩堆积木的游戏，刚 9 岁的小表妹非常懂礼貌，对霸道自私的表姐表现出了极大的谦让。欧阳宜的妈妈看在眼里，便对欧阳宜说："你看表妹多懂事啊，比你小但还处处谦让你，你怎么一点也不懂呢？"欧阳宜听了妈妈的话，竟然有些不屑地说："我这样以后不会受欺负。"

妈妈当时就觉得哭笑不得。她对欧阳宜的姑姑说："这孩子天生就特别争强好胜，受不了一点点委屈。且不说平时和小伙伴们玩时的表现，她就是哪次考试没得一百分，都要自己折腾自己半天。"姑姑听了之后便说："孩子的心理不太健康，你们应该注意培养她健康的心理，要不然以后她真的很难与人相处，自己生活得也不开心。"

教育感悟

孩子的心理是否健康会直接影响到他们的学习和生活，甚至会影响他们的身体发育。许多心理学家都表示：健康的心理不仅能给孩子带来愉快的精神享受，而且能给他们带来良好的人际关系、强烈的学习兴趣等。

心理健康不仅仅指孩子性格乐观、开朗，每天笑容不断。具体来说，它包括以下几个方面：

一是孩子乐于学习。孩子处于积累知识的重要时期，知识经验的积累又是孩子的心理顺利发展的前提。一个心理健康的孩子必然能将自己的聪明才智很好地运用到学习中去。

二是孩子乐于与人相处。孩子和周围的同学、朋友相处融洽，并且能够与他人愉快地交往，这也是孩子心理健康的重要表现之一。

三是孩子适应环境的能力非常强。人都是生活在环境之中的，而环境又时刻不断地发生着变化，因此，孩子必须具备良好的适应环境的能力，这样才能保证孩子具有健康的心理。

四是孩子能够保持自己情绪的稳定和愉悦。在生活中，每个人都有喜怒哀乐，但是这些情绪应该处于良好的控制之下。父母应该指导孩子学会调节和控制自己的情绪，保证其心理的健康发展。

五是孩子能够愉快地接受自己。每个人都有优点和缺点，孩子不但能接纳自己的优点，更能正确地对待自己的不足，这也是他们心理健康的重要表现之一。一个不能愉快地接受自己的孩子往往容易自卑，影响他们身心的健康发展。

六是孩子拥有良好的行为习惯。健康的心理并不是隐而不现的，习惯就是它的主要表现形式。良好的行为习惯说明孩子的心理是健康的，而不良的习惯则说明孩子的心理存在着阴影。

心理健康是一个复杂的课题，它与孩子的行为习惯、品德都密切相关。一般来说，一个心理健康的孩子往往能客观地评价自己、尊重他人、易于与他人相处，能够很快地适应环境、拥有良好的行为习惯等。作为父母，应该了解孩子心理健康的标准和内涵，为孩子心理的健康发展铺平道路。

专家建议

父母应该从孩子心理健康的这几个特征的表现出发，引导孩子绕过心理的误区，保持健康的心理，慢慢走向成熟。

1. 培养孩子良好的心态

一个良好的心态往往能使孩子形成健康、积极的心理。遇到同一件事情，拥有良好心态的孩子会从乐观的角度考虑，而拥有不良心态的孩子却会从悲观的角度考虑。例如,两个孩子在上学的路上遇到大雨,但是都没带伞。此时,拥有良好心态的孩子会一笑置之,而心态不良的孩子可能就会认为自己倒霉,一天的心情都会因此受到影响。

在平时的生活中,父母应该引导孩子用积极、乐观的心态去看待问题,不妄自菲薄,平时多微笑,让孩子保持一个愉快的心情。

2. 提升孩子的情商

情商主要是指孩子控制自己的情绪和处理人际关系的能力。一个能够控制好自己情绪的孩子,必然不会让那些消极情绪长期地影响自己,因而能形成健康的心理。良好的人际关系可以使孩子获得社会归属感,心理也能更健康一些。

郑磊是个六年级的男孩,人缘很好。有一次,他同桌新买的文具盒不见了,因为他只给郑磊看过,所以就告诉其他同学是郑磊偷拿了。郑磊只是淡淡地说了一声自己没拿,便不再说话了。第二天,同桌向他道歉说自己在家里找到了文具盒,原来昨天没带过来。郑磊也只是笑了笑,说了声没关系。从那以后,大家更愿意跟郑磊在一起玩了。

父母应该告诉孩子不要对他人的过失斤斤计较,更不要为别人的错误而让自己处于消极的情绪中,如愤怒、冲动等。在日常生活中,父母要注意培养孩子良好的控制情绪的能力,以宽容的心来对待他人的行为。

3. 指导孩子主动适应环境

环境不会主动地适应人,因此孩子必须去主动适应环境,接受现实生活中的行为准则和生活方式,对生活中的各种困难和矛盾都能用切实可行的方法进行处理。

父母应该指导孩子正确地面对生活中的各种变化,不要因为生活环境的变化而心烦意乱,应该主动地去了解环境,了解生活中出现的变化,从而更快地适应环境。

4. 指导孩子学会保持情绪稳定和愉悦

情绪的稳定和愉悦也是衡量心理健康的重要标准之一。孩子在幼年时期从来不掩饰自己的情绪，高兴时就哈哈大笑，受了委屈蹲在地上便开始哭。但是随着年龄的增长和心理的成熟，孩子必须学会控制自己的情绪。

王光磊是个初中一年级的男孩子，他今年已经13岁了。有一次，父母带他去公园玩过山车。不知怎么回事，他突然不高兴了，竟然没跟父母打招呼就提前回了家。毫不知情的父母以为孩子被拐卖了，四处寻找，万般无奈之下只得回到家等时间一到就报警找人。可是回到家却发现孩子在家里玩游戏玩得正开心，妈妈心里真不是滋味。

父母应该指导孩子正确地面对自己遇到的事情。随着孩子年龄的增长，应指导孩子学会调节自己的情绪，告诉他们环境和所遇到的事情虽然不能改变，但是却可以改变自己面对困难和环境的态度。父母应该鼓励他们在面对不如意的事情时保持情绪稳定，不以物喜，不以己悲。

5. 指导孩子愉快地接纳自己

心理健康的孩子一般都能客观地评价自己，对于自己的优势和劣势都有清晰的认识和了解。他们不自欺欺人，不孤芳自赏，能愉快地接受真实的自己。

平时父母在生活中应该指导孩子正确客观地认识自己，告诉孩子世界上的事物并不完美，不要妄自菲薄也不要居高自傲，努力发挥自己的长处、弥补自己的不足。

教 子 箴 言

心理健康的孩子能够正确客观地认识自己，尊重他人，同时能够愉快地与他人相处，适应社会的要求。心理健康的孩子在精神上总是丰富而精彩的，他们任何时候都是乐观积极的。

细节03 为孩子创造良好的成长环境

成长环境就像一个大染缸。染缸里装的是蓝色染料，孩子的人生底色就是蓝色；染缸里装的是黑色染料，孩子的人生底色就是黑色。

——美国心理学家　杜威

家教个案

亚鹏是个很聪明的孩子，但学习成绩却很一般，而且还非常不善于与人交往。

亚鹏的父母很疼爱他，但平时对孩子进行教育时，他们根本不尊重孩子的想法和行为，而且动辄打骂。亚鹏的父母在平时生活中经常争吵，相互之间也不尊重和理解对方。尤其是当双方对某件事情有不同的看法时都固执己见，根本没耐心听取对方的意见，因此，家里常常是争吵不断。

亚鹏从小就在这种不民主、不温馨的家庭环境中成长，受到了极坏的影响，学习和生活都让他感到非常无趣。他不愿意与他人相处，更不懂得如何尊重别人。他的学习成绩也一日不如一日，父母的打骂也只是让他更加不爱学习而已。

教育感悟

一个良好的成长环境潜移默化地影响着孩子的一言一行，让孩子在不知不觉中就学会了如何为人处世；而一个不好的成长环境则可能使一个拥有良好品德的孩子慢慢地变成一个不受欢迎的人。

古代孟母三迁的故事告诉我们环境对孩子的影响有多大。孩子刚进入这个社会，社会上的一切事物对他来说都是新奇有趣的。为了更快地融入这个社会，孩子们都在尽力模仿周围人们的语言、动作、行为等。这样一来，环境中存在的良好行为让孩子学会了，他就可能形成能影响其一生的良好行为习惯；而不好的行为让孩子学会了，则会影响孩子一生的发展。

成长环境主要包括物质环境和精神环境两个方面，这两种环境对孩子行为习惯的影响都非常大。良好的物质环境可以约束孩子的行为。如果家里布置得井井有条，房间里整洁卫生，整个房屋看起来窗明几净、整洁有序，孩子自然不会在家里乱丢果皮纸屑；相反，如果家里乱七八糟、垃圾成堆，那么孩子极有可能不讲卫生，不能养成良好的行为习惯。值得注意的是，良好的物质环境并不是说房子要有多大多豪华，家具要有多新多高档，更重要的是保持居室的整洁有序，这样的环境能有利于孩子良好习惯的形成。

精神环境的重要性更是不言而喻，它对孩子形成良好习惯的作用就更加突出了。一个学习成绩不太好的孩子进入一个优秀的班集体，受到班里同学勤奋好学、积极进取的学习作风的影响，这个孩子很有可能就会改变自己原来的不良习惯，以使自己更快地融入这个班集体。而一个好的孩子进入一个学风不端正的班集体也有可能变成一个懒散的人。

孩子的可塑性非常强，极容易受到他人行为的影响。父母要巧妙利用孩子的可塑性，为孩子提供一个良好的成长环境，促进孩子健康地成长。

专家建议

成长环境特别是家庭环境对孩子一生行为习惯的形成都具有重要意义，父母应该利用孩子可塑性强的特点，为他们创造一个良好的成长环境，使环境潜移默化地影响孩子的行为。

1. 营造温馨、和谐的家庭气氛

温馨、和谐的家庭气氛是精神环境的重要组成部分，孩子在这种良好的家庭氛围下能感受到爱与被爱，而“爱”是孩子形成其他品德的基础。试想一下，一个家庭天天争吵不断，父母就一个问题总是争执不下，谁也不愿意让一步，在这种环境下长大的孩子如何学会尊重与理解，如何学会与他人相处？

李盈玉今年10岁了，上四年级。盈玉是个脾气特别暴躁的孩子，因此与同学相处得一点也不融洽。

盈玉的班主任决定去她家里与她的父母沟通，了解一下她的基本情况。进了她家,盈玉的父母热情地招呼老师坐下,然后便开始去厨房忙活。没过一会儿,厨房里就传来父母激烈的争吵声。老师有些疑惑地望着盈玉，哪知盈玉却平淡地说："他们经常这样，您先坐着吧！"听着父母越来越激烈的争吵，老师也终于明白盈玉不会控制自己情绪、不懂得与他人相处的真实原因了。

对问题有不同的看法这是很正常的现象，但是父母应该相互理解，认真听取对方的理由,而不应该在孩子面前争论不休。同时在对待孩子的问题上,父母也应该尽量尊重孩子的想法,对孩子没有考虑到的问题加以提醒和指点,而不应该强行命令孩子。

2. 保持家庭居住环境整洁、有条理

良好的物质环境可以使孩子自觉地约束自己的行为，养成良好的行为习惯。一般来说，如果父母能保持家庭居住环境的整洁，把家里的物品整理得非常有条理，孩子也会努力地去维持居室的整洁，不会乱扔垃圾，而且还可能使孩子自觉地学会收拾自己的房间。

郑克勤正在读小学五年级，他是个非常爱干净的男孩子，讲文明懂礼貌，学习成绩也很好。

克勤的妈妈是个非常勤劳的人，她平时工作很忙，但是每天都会打扫家里的卫生，及时清理前一天留下的垃圾，并且每周都会带着儿子一起做家庭大扫除。克勤在这种环境中长大，从小就很注意个人卫生，自觉收拾自己的屋子。他的书包里任何时候都是整齐有序的，课桌上的书本文具也摆放得整整齐齐。

父母应该尽力为孩子创造一个整洁有序的居住环境，每天清扫房间，及时清理掉前一天留下的垃圾，定时对整个房间进行大扫除。

3. 为孩子营造良好的学习环境

一个良好的学习环境能激发孩子的学习兴趣，让孩子的学习取得事半功倍的效果。而良好学习环境的形成需要父母付出一定的努力。

父母可以建立一个家庭图书馆，自己多读书看报，以实际行动影响孩子的行为。另外孩子在学习的时候，父母也应该尽量控制自己的娱乐活动，把电视的声音调小一点，尽量不要约同事朋友来家里聚会或者打牌，以免影响孩子学习。

4. 让孩子远离不良的社交圈子

荀子在《劝学》中提到："蓬生麻中，不扶而直；白沙在涅，与之俱黑。"这句话的意思是说蓬生在麻中，不用扶助自然就能长得直；而白沙在淤泥里，自然就会变黑。一个好的环境对于孩子的影响是非常大的，如果孩子经常和那些品行不良的孩子一起玩，也容易变成品行不良之人。

父母要鼓励孩子经常与那些拥有良好品德的孩子在一起玩，让孩子自觉远离那些品行不良的孩子的影响，同时要指导孩子正确地交朋友，尽量让孩子避免受到不良朋友的影响。

教子箴言

良好的成长环境对孩子一生的发展都具有重要的意义。俗话说近朱者赤、近墨者黑，对于还没有形成正确是非观念的孩子来说就更是如此了。因此，父母应该努力为孩子提供一个良好的成长环境。

细节 04 双向沟通，让孩子把想说的说出来

沟通是父母了解孩子的重要途径，但是许多父母却误会了沟通的含义。沟通是一种互动的过程，而不是填鸭式地对孩子说教。

——德国心理学家　洪堡

家教个案

小可是个很聪明的孩子，学习成绩也很好，但是最近父母却发现孩子越来越不愿意和自己沟通了。

这天，小可的数学测验卷发下来了，因为失误丢了一分，他的心情立即变得不好了。回到家里，妈妈正在厨房做饭，他径自走进了房间。妈妈随后也跟了进来，问他："怎么看起来不开心？"小可却没好气地说："我没有不开心，你不要管啦！"可是妈妈却唠叨起来了，责备孩子回家不跟父母打招呼，越来越没规矩。

小可听了之后更加烦心，气得他往床上一躺，并用被子紧紧地把头捂住。看到孩子的行为，妈妈更加气愤，她用力扯孩子的被子，强迫他起来跟自己说话。小可被妈妈折腾得非常无奈，他把被子一掀，快速跑到阳台上，并威胁妈妈说："你不要再逼我了，再逼我就跳下去。"妈妈坐在孩子床边，越想越生气，最后竟然哭了起来。

教育感悟

沟通是一门很深的学问。沟通是一个双向互动的过程，而不是父母一个劲地对孩子进行说教以及灌输某种观点和看法。

许多家长觉得和孩子沟通是一件很困难的事情，因为孩子总是不愿意认真地与自己交流。父母问一句，他答一句，他也不发问，而且回答极为简练。甚至当父母问到孩子不愿意回答的问题时，孩子还拒绝回答，使得对话不得

不中止。

孩子之所以不愿意与父母沟通，最重要的原因是觉得自己的想法总是得不到父母的理解。我们可以想一下，如果一个孩子考试失误了，错了许多不应该错的题目。孩子承认是自己的失误导致了这样的后果，可是却得不到父母的理解，甚至招来责骂，那么孩子当然不愿意告诉父母是自己的失误了，折中的办法就是拒绝回答。如果父母能够认识到孩子失误是正常的，对他们的行为表示理解，那么孩子当然愿意告诉父母自己的心里话。

亲子沟通困难的另一个原因是父母对于沟通的错误理解。许多父母在与成年人沟通时都知道应该尊重对方的想法和看法，对他人的做法表示理解。但是一到孩子这里，他们就以经验丰富为由，一味地对孩子进行说教。这种说教的沟通方式当然会引起孩子的反感，孩子感觉不到尊重和理解，自然也不愿意把自己心里的话说出来。

孩子在与父母开始进行沟通时是持观望态度的。如果父母说的话他们爱听，他们才会接着跟父母沟通；如果父母一味地说教，那么孩子就会对父母关闭心扉。

父母尊重孩子、理解孩子的行为和想法，这是实现亲子之间良好沟通的基本前提。父母与孩子能够建立起良好的互动沟通平台，就能够及时了解孩子的心理状况和学习情况，有利于孩子的健康成长；如果父母与孩子之间的沟通不顺利，那么这将严重影响孩子的身心发展，更可能造成孩子产生心理疾病，也不利于孩子良好品德的形成。

专家建议

父母应该意识到与孩子建立起双向沟通的重要性，不仅要把自己的想法告诉孩子，更要学会尊重和理解孩子的想法，让孩子乐于、敢于把自己想说的话说出来。

1. 沟通时请尊重孩子

尊重是沟通的前提。许多父母在与同事、朋友进行沟通时，能站在他们的立场上看问题，尊重他们的不同观点和想法。父母也应将孩子视为一个独立的个体，在沟通时父母应该给予孩子足够的尊重。当孩子心情烦躁不想与父母沟通时，也不要强迫孩子，要等到孩子的心情平复了以后自己来找你沟通或者到那时再去与孩子沟通。这些细节也是父母尊重孩子的表现。

2．一定要理解孩子

孩子也需要理解，这是他们乐于与父母沟通的前提。如果孩子的做法想法得不到理解，那么孩子自然不愿意和父母沟通，他们之所以愿意沟通是为了得到他人的理解。

当孩子做错了事情，父母不应该一味地责备，而应该试着让孩子说说自己这样做的动机，了解整个事情的原委后再对孩子进行指导和教育。

3．与孩子建立双向沟通模式

许多家庭里亲子之间的沟通模式都固定为父母一言堂地说教，孩子始终不发一言或者“嗯啊”地机械答应。这样的沟通是毫无意义的。

郑琳琳是个非常开朗的小女孩，今年上四年级，学习成绩很好，与父母的关系也非常好。

琳琳的父母非常注重与孩子的沟通，他们对孩子说话从来不用命令的口气。例如到了该写作业的时间，琳琳还在玩游戏，此时妈妈便会提醒她几点了。琳琳自己就意识到该写作业了，于是她就关掉电脑，开始写作业。平时妈妈也很关注孩子喜欢的事物，有空的时候还陪女儿一起玩游戏。

父母要与孩子实现双向沟通，就应该了解孩子喜欢的事物，这样在与孩子聊天时双方才会有话聊，而且孩子也乐于与父母交流。父母在指导孩子学习和生活时切忌用命令的口气，另外还要注意给孩子说话的机会。

4．利用风趣的语言与孩子进行沟通

父母在与孩子沟通时，可以巧妙地运用风趣的语言来平和紧张的气氛。另外，风趣的语言也容易让孩子接受，使得他们乐于与父母交流，积极地把自己想说的话都说出来。

当父母与孩子的观点出现分歧时，父母可以运用生动风趣的寓言来阐明观点，让孩子在笑声中接受父母的指导和意见。当孩子不愿意与父母沟通或者双方的沟通出现矛盾、危机时，风趣的语言也可以帮助双方轻松地化解这些矛盾与危机，实现良好的沟通。

5. 利用非语言和孩子沟通

当大人心情不好时，有时候也渴望安静的环境，但并不排斥别人的陪伴，孩子也如此。有时候他们也不想说话，只是希望父母可以拥抱他们一下，或者希望父母在身边陪自己一会儿，这其实也是一种沟通。

9 岁的小玉是个三年级的小女孩，她是学校芭蕾舞剧团的小组长，舞跳得非常好，但是在一次重大比赛中她却出现了失误。

小玉闷闷不乐地回到家后，立即走进自己房间伤心地哭了起来。看到女儿的这种表现，妈妈并没有急着询问，而是拥抱着她，让她默默地哭完。过了一会儿，小玉就把跳舞失误的事情告诉了妈妈。妈妈及时鼓励了她，小玉的脸上又绽开了笑容。

当孩子心情不好时，不要急于问“为什么”，父母可以在旁边安静地陪着他们或者拥抱他们，让他们体会到父母的爱。这种爱可以使孩子平复心情，然后主动把自己的心事告诉父母。

教子箴言

在传统的家庭教育中，总是听到父母长篇大论的说教，孩子只是低着头，欲言又止。沟通是一个双向的过程，父母这种不尊重孩子的行为必然会导致亲子之间的沟通出现障碍。

细节05 靠倾听走进孩子的内心深处

倾听是一种重要的沟通方式，不会倾听孩子心声的父母永远无法走进孩子的内心，他们对孩子进行的教育也是盲目和无效果的。

——德国教育学家 卡尔·威特

家教个案

李明堂是个六年级的男孩，今年12岁。明堂很聪明，但学习成绩很一般，与父母的关系也不好，经常与父母对着干。

期中考试结束后，明堂的成绩又不太理想。他闷闷不乐地回到家里，看到父母正在厨房忙活，便在客厅看起了电视。妈妈走过来把电视关了，问道："儿子，这次考得怎么样？"

还没等明堂开口，妈妈就开始数落他："唉，知道问你也是白问，肯定不好呗。平时看你做的那些事就知道，每天不是玩游戏就是看电视，从来也不主动地查缺补漏，把自己不好的科目补上来，真不知道你怎么想的！"

明堂刚想开口辩驳，妈妈又是一顿数落。于是明堂干脆沉默起来，也不认真听妈妈说话。妈妈自顾自地唠叨了一会儿后竟然又说："怎么就让我说，你一点反应也没有啊，这孩子！"

教育感悟

倾听是一种尊重和理解对方的表现。我们都知道，打断别人说话是一种不礼貌的行为，因为你不尊重说话的人。不懂得尊重别人的人自然也难以得到别人的尊重，没有倾听就没有尊重，没有尊重当然就不会有愉快的沟通。

孩子每天也面临着各种各样的困惑和难题，他们也有自己的喜怒哀乐。当他们遇到了不开心的事情，也很希望找个人来诉说。如果父母能在这个时候倾听他们的诉说，无疑能增强自己对孩子的了解，更有利于建立良好的亲子关系。许多父母对突然发脾气的孩子不知所措，甚至给孩子的情绪火上浇油，不问原因地责备他们，从而导致了恶性沟通。

倾听孩子说话表面上看起来是一件非常简单的事情，实际实行起来却非常复杂。许多父母认为倾听还不容易，就是听孩子说话呗。没错，倾听就是听孩子说话，但是方式却又有不同。有的父母漫不经心地听，有的父母认认真真、全神贯注地听。当然只有后者才是真正的倾听，也只有这种倾听才能走进孩子的内心，才能让父母更好地了解孩子。

如果孩子就某件事情发表了观点，正要询问父母的看法时，却发现父母根本没记住他们刚才说了什么，这种倾听无疑是毫无意义的，而且也是对孩子的一种不尊重。

在良好的亲子关系中，倾听不是一种被动的沟通，而是让孩子及时宣泄自己的情绪，发表自己的感触。对于孩子的所说所感，尤其是孩子在情绪不好时发表的一些极端看法，父母不要急于纠正，而应该以宽容、开放的态度表示理解。

如果父母能认真倾听孩子的苦恼和想法，那么对于孩子来说是一种尊重。孩子体会到了尊重的同时便会认真听取父母的指导和意见，这样良好的沟通效果就达到了。

专家建议

父母要走进孩子的内心世界，更应该认真倾听孩子的苦恼与忧愁，而不应该主观武断地认为孩子心里在想什么，从而做出错误的指导和批评。这样不仅不利于良好亲子关系的建立，更难以与孩子进行良好的沟通。

1．“蹲”下来听孩子说

父母要想走进孩子的内心世界，就应该放下居高临下的姿态，“蹲”下来认真地倾听孩子说他们的心里话。父母高高在上的姿态不会让孩子完全敞开心扉，把自己心里的所想所感一一告诉你，父母也难以真正地了解孩子。

11岁的李玉洁是个五年级的小女孩，她就很讨厌和父母说话，因为父母并没有把她当成一个平等的对话者。

一次，玉洁想报名参加一个绘画兴趣班。妈妈听了之后便说："学绘画肯定会影响学习啊，不行！"而且妈妈还一再强调，"绘画不是小升初考试的科目，不需要学。"玉洁几次想解释都被妈妈"不可侵犯"的语气吓回来了。于是她又一次选择了沉默，学习成绩也一日不如一日了。

父母应该"蹲"下来认真倾听孩子说话，即使孩子做的事情真的不对，也不能急于责备，而应该认真地询问孩子行为背后的原因，让孩子打开自己的心扉。父母高高在上的态度和不容侵犯的权威往往让孩子不敢说出自己的心里话。

2. 告诉孩子我想听

父母是孩子最想依靠的人，当他们遇到不开心的事情时也最想向父母倾诉，但此时父母却极有可能回答一句：我知道你想说什么，这件事情应该怎么样怎么样……事实上父母了解的可能只是某件事情，但却不了解孩子心里对这件事情的想法。

陈亦菲今年12岁，与父母相处融洽。有一次，亦菲被老师误会上课不专心，心情很不好。其实妈妈也从老师那里得知了，但是看到亦菲很沮丧，妈妈便告诉她："有什么烦恼的事情，告诉妈妈，或许妈妈可以帮你！"于是亦菲就把整件事的原委告诉了妈妈："其实我是把笔弄掉了，弯腰去桌子下捡笔，却被老师误会了，你说我冤不冤啊？"妈妈听了之后便安慰亦菲，并让她理解老师。

当孩子遇到不开心的事情渴望别人倾听时，父母可以通过各种途径告诉孩子我想听。而且在倾听的过程中，父母还应该及时地对孩子的想法表示肯定，例如说一句："妈妈跟你的想法一样啊！"

3. 不要打断孩子的话

许多父母潜意识里总喜欢从孩子的话里挑毛病，他们倾听孩子说话也是为了矫正孩子错误的想法。这本无可厚非，但是父母们却常常因此打断孩子的话，让他们失去了说的兴趣，导致父母难以真正走进孩子的内心。

朱泉是个四年级的男孩，性格活泼开朗，与父母关系十分融洽。有一次，妈妈问小泉："为什么退出学校的足球队？"小泉说："和队友相处得不好。"

妈妈听了以后非常不解，但她知道孩子平时与人相处得很好便没有打断孩子的话，继续引导孩子说出原因。原来队里来了个新球员，教练让他打小泉以前打的前锋位置，这让小泉非常不服气。妈妈听了小泉的理由后便问他：“你不了解这个新球员，怎么知道他不比你更适合打前锋呢？”小泉听了之后也觉得很有道理，便不再生气了。

孩子在说话时父母不要急于打断，尤其是当孩子的一些想法或者做法不符合父母的要求时，一定要认真倾听孩子的原因，不要盲目地进行指责，因为这样只会让孩子关闭心扉。

4. 倾听孩子的委屈

孩子最希望得到父母的安慰和鼓励。当孩子在学校或者与同伴玩耍时受了委屈，父母应该耐心地听，指导孩子正确地对待。孩子之间的争吵和孩子的委屈在父母看来也许很幼稚，但是父母一定要认真地安慰并开导他们，说一句：“孩子，我理解你，你受委屈了。”

教子箴言

面对孩子的种种“恶行”和“恶语”时，父母们一定要用你们对孩子的爱使自己冷静下来，“蹲”下来听听孩子的心声，让他们说出自己的委屈和烦恼，也让你更了解自己的孩子。

细节06 放下家长架子，做孩子的朋友

孩子是一个独立的生命个体，他渴望与尊重、理解自己的人做朋友。父母是孩子最先交往的人，如果他们能放下自己权威的架子，与孩子做朋友，那么良好的亲子关系自然就会建立起来。

——日本教育学家 铃木镇一

家教个案

郑媛媛是个六年级的小女孩，她与父母的关系相处得不太好，平时有什么心事也不愿意告诉父母。

有一次期中考试，媛媛没有取得理想的成绩，心情特别沮丧。她知道父母一定会责怪自己，于是回到家后便打开电视一个人在客厅里看。妈妈敏锐地觉察到了孩子的反常情绪，便知道是因为成绩不理想。

于是，她走到客厅把电视关了，开始对孩子进行批评教育。面对妈妈的无端责问，媛媛更加气愤地说："我就是故意考不好的！"妈妈听了孩子的话后更加生气，她质问女儿："你为什么要处处与我们对着干？"

媛媛说："学习是我自己的事情，与你们无关。"她还告诉妈妈，"不要在我面前摆架子，未成年人受着法律保护呢。"妈妈也非常苦恼，其实她只是想了解孩子，以便更好地关心她而已，并无真正责怪她考得不好的意思。

教育感悟

朋友是什么？朋友就是当你悲伤时能借给你肩膀，让你发泄自己的委屈并给予及时的鼓励，永远相信你；朋友就是当你开心的时候能够与他们分享，并提醒他们继续努力，争取更大的成功和喜悦。父母们能不能做孩子这样的

朋友呢？

在中国传统家庭教育思想的影响下，父母与孩子渐渐形成了管理与被管理、命令与服从的关系，很少有父母意识到要与孩子建立起平等的朋友关系。孩子的权利需要得到尊重，他的想法和看法也许幼稚，但是同样需要得到认可和理解。

许多父母认为，孩子就得听他的，让孩子往东就往东，让往西就往西。可是孩子不是机器，他们也是一个平等、有思想的独立个体，他们需要得到尊重与理解。父母应该放下管理者与命令者的权威架子，以一种平等的姿态与孩子交朋友。

父母如果能与孩子建立起一种亲密无间的友谊关系，那么孩子有什么事情都会迫不及待地告诉自己的父母，面临选择时第一个想到的也是参考父母的意见。因为在父母那里，他的一切权利和想法都能被理解，都不会被认为是孩子气。

父母放下权威的架子与孩子做朋友，这样父母也可以从孩子那里得到更多的理解和尊重。当父母遇到困难、受到委屈时，孩子也会像朋友一样来安慰你、理解你。这样无疑能增进孩子对父母的了解，理解父母为家庭的辛苦付出，从而激励他们更加努力地学习。

爱是相互的，而父母与孩子做朋友可以促进双方之间爱的升华。当父母的给予和奉献得到孩子的回报和理解时，当孩子明白自己也能为父母、家庭承担一份责任时，良好的亲子关系自然就建立起来了。在孩子刚接触这个世界时，他们就体会到了爱与被爱的滋味，将来走进社会也会以一种包容、乐观的心态来面对他人、面对生活。

专家建议

父母是孩子来到这个世界上第一次人际关系的对象，如果父母能够以朋友的姿态与孩子相处，那么孩子将会更加乐于与人接触，也会更懂得爱。

1. 把孩子当成朋友

朋友是冬天的火炉、夏天的凉风，任何人都需要友谊的关爱。父母是孩子第一个接触的人，更应该把孩子当成自己的朋友，给他们平等、自由和尊重。

12 岁的乐阳上六年级了，他是个乐观开朗的孩子，乐于助人，在班里与同学相处得也十分融洽。这一切都与乐阳父母的用心教育有关。乐阳的父母总是把孩子当成朋友一样对待，有什么事情都与孩子商量，从来不强行命令和干涉孩子的生活。当亲子之间发生矛盾时，他们都坚持以理服人，绝不以家长的权威来压制孩子。

父母应该放下自己的架子，把孩子当成朋友来对待。例如，父母与孩子对同一件事情的看法或者处理方法发生矛盾时，应该坚持以理服人，给孩子平等的话语权。

2. 走进孩子的生活

看到这条建议，许多父母心里也许正在犯嘀咕：每天与孩子生活在同一个屋檐下，还要怎么走进孩子的生活呢？事实上生活在同一个屋子里也不一定真正走进了他们的生活，因为许多父母只关心孩子的学习生活，并没有关心他们的精神生活。

李然今年 10 岁，是家里唯一的孩子，父母对他疼爱有加，但是他却很反感与父母在一起。

妈妈每天去学校接到他的第一句话就是“孩子，今天学得怎么样？”通常情况下李然听到这句话后就会头也不回地向前去。有一次，妈妈对孩子这种冷漠的态度感到忍无可忍了，她质问孩子：“我这样关心你、爱你，为什么你用这种态度对待？”没想到李然竟说：“你了解我吗？除了问我学得怎么样，你还关心过我什么？你问过我过得开心吗？”

父母不应该过于关注孩子的学习，更应该像朋友一样关心孩子的精神生活。例如，接到孩子后问问孩子在学校过得开心不开心，不要每天询问他的学习成绩。

3. 陪孩子一起游戏

父母与孩子是两代人，他们的成长环境不同，认识上自然存在许多差异，这也是造成亲子沟通障碍的原因之一。父母应该主动参与孩子的游戏，了解他们感兴趣的东西，尽量缩小两代人的差异。

平时孩子在玩游戏时父母可以主动地参与进去，这样可以了解孩子的喜好，更能增进亲子感情。

4. 多多鼓励孩子

朋友有个最重要的作用就是当对方失意时能够给予鼓励，而不是陪同朋友一样失意或者在朋友失意的时候说风凉话。这也是区分良友与坏友的标准之一。

父母应该做孩子的良师益友，当孩子考试失利时，父母应该鼓励孩子越过眼前的这次失败，把目光放得更远一些，鼓励他们重新扬起风帆，继续努力。

教子箴言

放下父母的架子，不要总是以“高人一等”的姿态面对孩子，把自己当成孩子的朋友，尊重孩子的想法和行为，倾听他们内心的声音，告诉他们你能够理解，并采用科学的方法引导孩子愉快地成长。

细节 07 主动分享孩子的喜怒哀乐

孩子的喜怒哀乐在父母看来也许围绕的都是一些微不足道的小事情，但是在他们自己看来却是他们全部的生活。因此，父母应该主动分享孩子的喜怒哀乐，并且给予他们尊重和理解。

——中国教育学家 晨曦

家教个案

正在读小学六年级的弘立是个很内向的孩子，平时与父母也说不上几句话，学习成绩也一般。

弘立的父母望子成龙心切，对于孩子学习上出现的一点点失误都很严厉，常常因此而责骂孩子。但是他的成绩并没有因此变得好起来，反而更加差劲。有一次，弘立数学测试得了100分，他非常高兴。回到家后，他很想让父母分享自己的喜悦，但是父母都在厨房忙活，他便在客厅里看电视。

妈妈走到客厅，像往常一样批评了他几句。但是这次弘立却没有反驳妈妈，而是笑着跟妈妈开玩笑说："我这次可以放松放松了。"没想到妈妈竟然生气了，开始数落弘立以往的一些过错。弘立也气愤起来，他拿出自己的试卷，指着鲜红的100分给妈妈看，没等妈妈反应过来他就把那张试卷撕了个粉碎，并且告诉妈妈："以后再也别想看到我的100分了。"

教育感悟

父母与孩子生活在同一个屋檐下，应该最容易观察到孩子的生活，最能体会到孩子的情绪变化，但是许多父母却表示并不了解自己的孩子，也不知道孩子每天在想些什么。

一般来说，中国的父母更关心孩子的学习。他们看到孩子的第一句话就是："孩子，今天在学校学得怎么样啊？"但是在欧洲国家，许多父母却更关心孩子在学校是否过得愉快，因此他们的亲子关系更融洽，孩子的心理负担也更轻。

中国父母对孩子学习成绩的过度关注造成了他们对孩子精神生活的忽略。试想一下，如果孩子心里的隐忧没有解除，孩子如何能充分发挥自己的聪明才智、努力学习科学文化知识呢？有时候，孩子即使在学校和家庭的双重压力下勉为其难地学习了，但最终也会留下心理阴影。

父母不能及时、主动地分享孩子的喜怒哀乐，会给孩子留下严重的心理阴影。现在的孩子都是独生子女，因此深受几辈人的关注，按理说他们不应该感到孤独。可是许多独生子女在长大后回忆童年时却总说自己很孤单，这就是因为父母没有意识到应该分享孩子的喜怒哀乐。

在父母的眼里，孩子的喜怒哀乐围绕的都是一些在他们看来不切实际、微不足道的事情，因而是毫无意义的。但是父母却从来没有站在孩子的角度去思考，事实上他们的喜怒哀乐就是他们生活的全部。父母不能分享孩子的生活，当然不可能了解孩子，也不可能真正地给孩子想要的东西，父母给孩子的爱就不是真正意义上完整的爱。

父母如果能够及时分享孩子的喜怒哀乐，孩子有苦恼时可以向父母诉说，从父母那里得到切实可行的建议；孩子有高兴的事情，父母也愿意分享，与他们同欢乐。这样，孩子一定不会觉得孤单。因此，父母应该走进孩子的生活，分享孩子的喜怒哀乐，与他们共同度过一个愉快的童年。

专家建议

喜怒哀乐是人之常情，由于父母与孩子之间存在年龄、成长环境等方面的差异，使得许多父母不理解孩子的喜怒哀乐，甚至认为孩子成天不切实际。父母应该抛弃这种想法，站在孩子的角度，与孩子分享他们成长过程中遇到的一切，为他们出谋划策。

1. 经常问问孩子过得开心吗

孩子的学习成绩如果进步了一点点，父母的心里比谁都清楚，也比谁都开心。但是孩子每天是否过得开心父母却很少关注。他们认为，除了学习孩子的其他思想活动都是微不足道的。

10 岁的虹虹是个很聪明的女孩子，虹虹的妈妈是一位中学教师，相对于虹虹的学习成绩她更关心她的生活。她认为孩子能够过一个无忧无虑的童年比什么都重要。她每天都询问孩子是否过得开心，如果不开心她也会认真地倾听孩子的苦恼。父母对她精神生活的关注，让虹虹感觉自己特别幸福。

父母应该适当地忽略对孩子学习成绩的关注，不要每天问孩子学得怎么样，事实上学习知识也不是一天两天的事情，父母应该经常问问孩子过得是否开心，孩子在没有烦恼的情况下才能更投入地进行学习。

2. 利用非语言沟通来引导孩子

许多孩子遇到困难或者委屈时不愿意开口说话，父母可以安静地陪在他们身边，给他们一些拥抱，利用行动告诉孩子你愿意与他们分享他们的忧伤。

郑曦今年 9 岁，她觉得自己特别幸福，因为她有个好妈妈。

有一次，郑曦因为与小伙伴闹矛盾，便把自己关在房间偷偷地哭。妈妈敲门进去后，也不急于询问事情的原委，而是耐心地陪在女儿身边，为她擦眼泪，拥抱着她。过了一会儿，郑曦主动地跟妈妈说起了事情的原委。妈妈也体贴地为女儿出了主意。后来两个小女孩又和好如初了。

父母应该善于运用非语言的方式来引导孩子说出自己的烦恼，用行动告诉孩子你愿意分享他们的忧伤和欢乐，例如孩子不高兴的时候，父母可以静静地陪在他们身边，拥抱着他们。孩子体会到父母的爱，便会主动说出自己心中的烦恼。

3. 陪孩子一起合理发泄

孩子遇到不高兴的事情了，父母应该主动陪孩子一起发泄，让他们体会到父母知道自己的委屈，理解自己、尊重自己。例如当孩子遇到不开心的事情时，父母可以陪着他尽情地哭一场，也可以跟他一起玩游戏，让他体会到父母一直会陪在他身边。父母陪孩子一起发泄，不但可以防止孩子因为情绪失控而做出不理智的事情，还可以培养良好的亲子关系。

4. 倾听孩子诉说时要认真、诚恳

当孩子有高兴的事情时他们需要别人来分享、倾听他们的喜悦；当孩子遇到不开心的事情时他们更需要别人的倾听。父母要分享孩子的喜怒哀乐首先就应该学会认真地倾听孩子的诉说，了解他们喜怒哀乐背后的原因。

孩子的脸上都清楚地显示着他们的情绪，父母可以根据孩子的情绪变化，主动引导孩子跟自己倾诉。当孩子在诉说自己的事情时，父母不要因为孩子幼稚的言语和想法而发笑，更不能随意打断孩子。

教子箴言

主动分享孩子的喜怒哀乐是父母走进孩子内心的重要途径。其实孩子更渴望得到父母对他们精神上的理解和关注，父母应该淡化对孩子学习的关注，多关心他们过得是否开心，主动分享他们的喜怒哀乐。

细节08 用浓浓亲情呵护孩子的心灵

爱不仅是指父母细心地为孩子准备好一日三餐，辛苦地为他安排学习和生活，更是指父母能够尊重孩子、理解孩子，与孩子共同成长。

——意大利教育学家　蒙台梭利

家教个案

李景豪今年读初二了，他是家里唯一的孩子。从小父母就对他寄予了无限的希望，他也没有让父母失望。自从上学以来，他就一直是班里最优秀的学生。但是他却一点也不快乐。在他看来，自己就是父母实现理想的机器，父母也根本不爱自己。

景豪的父母都是体力劳动者，年轻时因为家里贫困没有机会接受好的教育，于是他们便把全部希望都寄托在了孩子身上。他们辛苦地工作，努力地赚钱，把景豪送进最好的学校学习。妈妈无论平时多忙碌多辛苦，总是细心地为景豪准备好一日三餐，家务活也不让儿子沾手。

父母的辛苦景豪都看在眼里，所以他逼自己去学奥数，逼自己复习功课到深夜。可最近他在自己的日记里却这样写道，“父母这是爱我吗？他们爱得我想去死。如果可以，我真的想把自己这条命还给他们。”

教育感悟

世界上没有父母不爱自己的孩子，但是又有几个孩子理解了父母的爱呢？父母们辛苦地为孩子的未来规划着，希望他们能避开自己曾经走过的坎坷路，踏上一条成功的康庄大道。他们辛苦地为孩子的生活和学习奔波劳碌，却发现孩子的心离自己越来越远，孩子的童年也因为父母专横的爱而充满了苦难。

父母应该明白这样一个道理，爱孩子不仅仅是在生活上给予最好的呵护和照顾，不仅仅是主观地给他想要的一切而不问问他是否真的需要。父母如果爱孩子，更应该尊重孩子的意愿和权利，理解孩子的行为和想法。

现在这个时代，仅仅满足孩子吃穿需要的爱是根本不够的，如果不能顾及孩子的精神需要，那么即使给孩子吃最好的穿最好的，他也不能体会到父母的爱，孩子的心灵也得不到父母的爱的呵护。

父母如果能够充分尊重孩子的权利，在给孩子安排学习和生活之前征求孩子的意见，认真地与孩子商量他们自己的事情，孩子就能体会到父母对自己的爱，这样的爱才真正温暖到了孩子的内心。

多位教育专家都曾指出，爱孩子就要给孩子一个快乐的童年，而快乐的童年首先就应该让孩子尽情地玩耍。许多父母自己一路走来非常艰难，因此他们希望能给孩子安排一条最容易成功的道路，让他们不用再走自己走过的弯路。因此，他们给孩子的童年加上了许多不应该有的功课，使得孩子身心俱累。

在这种情况下，无论父母在生活中多么照顾孩子，给他们穿多好的衣服，给他们吃营养多么丰富的食物，孩子也不会感到快乐，也不能体会到父母对自己的爱。

专家建议

父母爱孩子要用正确的方式，不仅要关注孩子的吃穿等物质需求，更要关注孩子的精神需求，要用暖暖的亲情来呵护孩子的心灵。

1. 了解你的孩子

许多父母一说起孩子的学习，都能够清楚地记得孩子每个月各个科目的测试成绩，可是问到孩子感兴趣的东西时却是一知半解，更很少有父母了解过孩子为什么喜欢这些。

郑小欣今年读初一了，非常聪明。但是在父母眼里，她是个很令人头疼的孩子。而在小欣眼里，父母也是不可亲近的。

小欣告诉朋友，妈妈每天跟自己说的无非是这几句话："今天在学校学得怎么样？有没有认真听课？""今天在学校吃得好吗？"朋友告诉她可以主动找父母沟通，小欣无奈地说："每次考试的成绩妈妈记得比我自己还清楚。至于我的爱好嘛，她根本一无所知。"她说："当妈妈高兴的时候，我也曾经试图跟她说过自己绘画的爱好。但是妈妈一听这个就摇头，又转到学习成绩上了。"

爱的前提是了解，只有了解了孩子才能给孩子真正想要的东西。因此，父母应该细心地观察孩子的生活，主动融入孩子的生活，不仅要关心他的学习，更要关心孩子感兴趣的东西。

2. 多关注孩子的精神需求

父母不应该只想着给孩子提供最好的物质条件，更应该多关注孩子的精神需求，主动分享孩子的喜怒哀乐。

小强是个四年级的小男孩，他特别喜欢与父母在一起。小强从懂事以来就非常乐于把自己遇到的开心或不开心的事情告诉妈妈，因为妈妈从来不会笑话他，更不会责备他。有时候妈妈还会像个孩子一样给他出主意，小强因为一颗糖果与伙伴吵架了，妈妈会先安慰他，然后劝他去和小伙伴和好。

孩子虽然还小，他们的喜怒哀乐却不是微不足道的，父母也应该多关注他们的精神需求。当他们与朋友闹矛盾时，父母可以积极地为他们出主意，不要笑话他们，更不能忽略他们内心的烦恼。

3. 接受孩子的爱

爱是一个互动的过程。父母在给予孩子爱的同时也应该注意接受孩子的爱，这样孩子才能体会到真正的爱。爱不仅意味着给予，也意味着接受。因此，父母们从现在开始就坦然地接受来自孩子的爱吧！

小明是个乐观开朗的孩子，与父母的关系也非常融洽。有一次，妈妈做了小明最爱吃的红烧鱼。小明很爱吃鱼皮，但是他发现其实妈妈也很爱吃鱼皮，于是他就把鱼皮夹到了妈妈的碗里。而小明的妈妈虽然知道孩子也喜欢吃鱼皮，但她并没有拒绝，而是高兴地接了过来，并且一个劲地夸奖儿子孝顺。

父母应该坦然地接受来自孩子的爱，这也是打动孩子心灵的一种方式。例如当孩子为父母夹菜时，不要嫌他们动作不灵活，弄得餐桌很脏，也不要觉得别扭，而应该坦然地接过来吃，并及时夸奖孩子的行为。

4. 抽出时间与孩子一起玩耍

孩子爱玩是天性，与其限制孩子玩耍不如当一回孩子，和他们一起玩耍，这样往往能真正打动孩子的内心。许多父母觉得孩子的玩耍影响了学习，从而视玩耍、游戏为天敌，更不用说会和孩子一起玩耍了。这种不顺应孩子天性的行为当然会引起孩子的反感。

李银珠是个五年级的女孩，她非常喜欢玩电脑游戏。她每次做完作业后玩游戏也会受到父母的批评和责备，这让她觉得非常苦恼。有一次，她在玩游戏时妈妈竟然提出来要和她一起玩。她有点吃惊，但还是答应了。那天晚上，母女俩玩得特别开心。从那以后，银珠感觉妈妈特别爱自己，她也觉得生活得特别幸福。

父母可以从与孩子玩耍开始，让孩子体会到父母愿意了解、关心自己。例如平时有时间可以陪孩子一起玩游戏，周末的时候可以带着孩子去游乐园玩，不要整天逼着孩子学习，毕竟玩耍也是孩子生活的一部分。

教 子 箴 言

爱必须建立在尊重和理解的基础之上，如果父母不尊重孩子的想法，不了解孩子内心的感受，那么他们给孩子的爱就不是健全的爱。要使孩子健康、快乐地成长，请父母给孩子真正健全的爱吧！

细节09　帮孩子树立自信

自信的人能够客观地评价自己，既不刻意隐藏自己的缺点自欺欺人或者总盯着自己的缺点而沉浸在自卑中，也不以自己的长处而自傲。

——美国心理学家　马斯洛

家教个案

玲玲是个初二的女孩子，她长得有点黑，而且很胖，因此很自卑。她认为同学们一定很不喜欢和自己玩，于是便不太愿意主动跟同学们交往，总是一个人躲在角落里默默地学习。

一次下课后，她依旧留在座位上努力地演算数学题。几个男孩子在教室里追着玩，一个男孩不小心撞到了她，他向玲玲道歉。玲玲不敢抬头，继续写着作业。那个男孩便说了句，“拽什么啊，不就学习好点吗？”

玲玲听了之后觉得特别委屈，她根本不是骄傲，而是不敢抬头回答。从那以后，同学们都觉得她是个孤芳自赏的人，更不愿意与她交往了。由于与同学关系紧张，玲玲总觉得他们每天都在背后议论自己，学习成绩也一日不如一日。

教育感悟

自信是成功的必备品质。简单点说自信就是相信自己，相信自己有能力通过努力达到自己最终的目标，实现自己的理想。因此，自信的前提是正确地评价自己，认清自己的优势和劣势，从而扬长避短，努力实现自己的目标。

孩子自卑与自傲的深层次原因都是孩子没有客观地认识自己造成的。许多孩子只看到了自己的缺点，从而沉迷在自卑的负面情绪中不能自拔，认为自己处处不如别人，做什么都没有信心，严重地影响了他们的身心发展；而有些孩子则只看到了自己的长处，从而认为自己处处都比别人强，不把别人看在眼里，这样的孩子最后也注定要失败。

自信并不是盲目地相信自己，不管自己能不能完成都满口答应。真正的自信是建立在正确地认识和评价自己的基础上的。自信的孩子对自己的长处和不足有充分的认识，因此他们不会大包大揽，去做自己不擅长的事情。

自信是每个人在人生的路上克服困难、最终取得成功的关键品质。一个没有自信的人，即使才华横溢也难以取得成功。自信是孩子能力和意志的催化剂，它可以将孩子的一切潜能都充分地激发出来，让孩子的各种能力都达到最佳状态。

世界上并不存在完美的人，也就是说，每个人都有不如他人的地方，但同时每个人都有自己擅长的一面。每个人都可能因为自己的不足而自卑，也可能因为自己的长处而居高自傲。这都是因为他们没有正确、全面地认识自己，没有树立真正的自信。

专家建议

自信的品质对孩子一生的发展都具有至关重要的作用。只有自信的孩子才能把握住成功的机会，勇敢地克服困难，取得最后的成功。因此，父母应该及早培养孩子的自信品质。

1. 父母做孩子自信的榜样

父母是孩子一生的榜样，一般来说，如果父母做事充满信心，孩子受其影响也容易拥有自信的品质；如果父母盲目骄傲或者过于自卑，也难以让孩子形成自信的好品质。

李玉甜正在读小学四年级，她非常自信，她的自信源于她的爸爸。玉甜的爸爸以前是一名普通的技术工人，后来通过自己的努力成了工厂的技术主管。他遇到棘手的技术问题时总会拍拍胸膛说："看我的！"然后就开始在家里加班加点地翻阅资料，结合自己工作的实践来努力攻克技术难关。玉甜就是受到了父亲的影响，才成了一个充满自信的女孩子。

如果父母遇到困难时盲目自卑，不敢迎接困难和挑战，潜移默化地影响孩子，从而在他幼小的心灵上种下自卑的种子。因此，父母平时应该多给孩子树立起自信的榜样，例如在工作上遇到难题时就努力克服，在生活中遇到难题时就拍拍胸膛说："我能行！"

2. 指导孩子正确认识自己

自信的前提是正确地认识自己，让孩子明白自己能做到的有哪些，不能做到的有哪些，不要让孩子去做那些他们能力范围之外的事情，打击孩子的自信心。

李亦然的学习成绩很好，但是作文却不太好。有一次，语文老师说要在班里选择一个人去参加市里的作文竞赛，他决定选亦然。亦然把这件事情告诉了妈妈，担心自己难以胜任。妈妈说："每个人都有自己的长处和不足，你能意识到自己的不足这很好，那就把机会让给别的同学吧。"

父母应该指导孩子正确地认识自己，不要让那些能力范围之外的事情来打击孩子的自信心。例如，孩子不擅长数学，父母就不应该逼他们去学奥数等科目，因为孩子可能会在一道一道的数学题目中慢慢地丧失自信。

3. 夸奖自信的孩子

夸奖是帮助孩子建立自信的好办法，孩子的成长是离不开夸奖的。他们刚刚接触这个社会，感觉自己能够做到的非常有限，如果父母能够在生活中有意识地夸奖孩子的长处，让孩子注意到自己的优点，无疑能帮助孩子建立起自信来。

父母应该多夸奖孩子，例如孩子成绩不太好，父母更应该多夸奖孩子已经取得的成就，即使做了几页练习却只对了一道，父母也应该在对的这道题上多夸奖孩子，这样才能让孩子有信心去克服学习上的困难。

4. 多鼓励孩子

没有人能够轻易取得成功，尤其是孩子刚刚接触这个社会，知识和经验严重不足，难免会遇到许多挫折和挑战。父母应该在孩子失败的时候多给他们一些鼓励，保护他们的自信心。

李若曦是个四年级的女孩，学习成绩一直不好，因此有点自卑。有一次，若曦下定决心要学好英语，但是没到两天她就觉得自己不行。妈妈知道后便常常鼓励她："若曦，只要你每天都坚持下去，就一定可以做到。"在妈妈的鼓励下，她越学越有信心，后来她的英语成绩果然提高了许多。

父母可以在孩子失败的时候鼓励他们重新站起来。例如，孩子第一次学走路摔倒了，妈妈就应该鼓励他们站起来重新再走；孩子学英语单词遇到困难了，父母应该鼓励他们多练习，保护他们的自信心，告诉他们每个人都会遇到困难和挫折。父母的鼓励会让孩子忽略失败带来的挫败感。

5. 及早让孩子体会到成功的喜悦

每个人在取得成功的时候都会感到非常自信，因此，父母可以利用成功的喜悦帮助孩子树立起自信心。在生活实践和学习中，父母应该多创造机会让孩子去体验成功，比如父母在给孩子布置任务时应该注意从易到难，切忌盲目地给孩子出过难的题目。当孩子体会到成功的喜悦后便会对自己充满信心，当然任务也不应该过于简单。当孩子在完成的过程中遇到了困难或者没有做好时，父母不应该嘲笑孩子，而是认真地鼓励他们再试试看。

教子箴言

没有人天生自信，要培养自信的孩子父母应该采用科学的教养方法。父母要指导孩子多看到自己的优点，同时客观、坦然地面对自己的缺点，注意扬长避短，在实践中培养他们的自信心。

细节 10 引导孩子树立正确的人生观

人生观是每个人关于如何度过这一生和关于人生意义的基本观点和看法，一个人的人生观是否正确并不是他自己说了就算的，还得看这个观点能否与社会相适应。

——美国心理学家 罗杰斯

家教个案

李长逸是个正在读高三的男孩。他很聪明，学习成绩也很好，老师们都非常看好他，以他现在的成绩考上重点大学根本就不是问题。

可就在离高考还有一个多月的时候，长逸居然向父母提出了退学的要求。妈妈一向对长逸的想法都很尊重，于是她就询问儿子原因，哪知道孩子竟然说出了让她做梦也想不到的答案。长逸说："我觉得人生没有任何意义，我也不想当什么科学家，反正死了都是一样的。"

妈妈这时候才意识到自己一直疏忽了对孩子进行正确的人生观教育，以致于孩子如此消极厌世。妈妈通过多方打听才知道，原来长逸前不久与班里的一位女同学谈恋爱，但是临近高考了，女孩为了不影响双方考试，于是向长逸提出了分手。失去女友的长逸觉得一切都没有意义，人生也没有任何价值。

教育感悟

健全的人生观是孩子能够克服困难、取得成功的基本条件。一个没有健全人生观的孩子在遇到挫折时便会消极厌世，以逃避的态度来掩饰自己的失意。这样的孩子只知道埋怨生活的不公平、命运的坎坷，而不会从另一个角度积极地看问题。

现在很多孩子缺乏正确的人生观教育，轻言生死，认为人生毫无意义，活着没有任何价值，因此一味沉迷于享乐。这些都是典型的消极人生观的体现。父母应该告诉孩子应当忽略结果，重视过程，生命的意义在于不懈的追求，人生的价值也不在于最终的结果。

一个人的人生观是否正确不是自己说了算的，而是需要放到整个社会中去看，符合社会发展要求的人生观就是正确健全的人生观。因为每个人存在和生活的意义都需要通过社会才能体现出来，没有社会作为支撑，任何人的人生都是毫无意义的。

罗素在《我为什么而活》这篇短文里提到，“对爱的渴望，对知识的追求，对人类不可遏制的同情是活着的三大希望”。父母可以告诉孩子，爱是一个宽泛的概念，包括爱情、亲情、友情。每个人作为社会的一员，都有归属和爱的需要，这也是是否具有健全的人生观的一个衡量标准。同时追求知识和真理也是一个人是否具有健全的人生观的一个衡量标准，因为知识可以把人带入一个丰富多彩的世界，让人体会到智慧的欢愉。

《钢铁是怎样炼成的》里有这样一句话：“人的一生应当这样度过，当他回首往事时，不因虚度年华而悔恨，也不为碌碌无为而羞耻。”因此，父母可以利用这些名言勉励孩子在自己的一生中勤奋努力，为社会、为他人多做一些贡献。同时父母应该告诉孩子，每个人的能力和认知都存在差异，但是只要努力了的人生就是有意义的人生。

专家建议

父母应该帮助孩子树立正确的人生观，让他们对如何度过这一生有非常清楚的认识，准确地把握人生的意义，这样才能支撑他们获得成功和快乐。

1. 让孩子给人生确立一个积极意义

著名心理学家毕淑敏曾说，人生是没有任何意义的，但是你得为之确立一个意义。每个人都应该为自己的人生确立一个意义，为自由而活、为追求知识而活、为人类生活得更加美好而活，这些都是人生积极的意义。

李小环是个初一的女孩，有一天，她突然问妈妈：“人的一生应该怎样度过才有意义呢？如果人死了，这意义还存不存在呢？”妈妈笑了，“你的人生应该由你来做决定，但是如果你想让你死了之后还有意义就必须为社会创造价值。”小环想了想，说，“那我做个作家，记录我们时代的真实生活，有意义吗？”妈妈点了点头。

孩子进入初中以后便开始形成人生观了，当孩子问到人生或者生死的问题时父母不要感到诧异，而是应该积极地与孩子进行探讨，鼓励孩子为自己的人生确立一个积极的意义。

2. 利用榜样的力量

古今中外很多成功人士都拥有为社会做贡献的积极人生观，父母可以多给孩子讲述这些名人和成功人士的人生观，激励孩子向他们学习，让他们结合自己的知识水平和生活经验，形成适应这个时代的正确人生观。

王小琴自上中学以来对人活着是为了什么就一直很困惑，有时候想到人终究会死，便觉得学习和生活都乏味得很。

妈妈与小琴聊天后得知了她的忧虑，便为她买了一本《钢铁是怎样炼成的》。小琴如饥似渴地阅读着这本书，深深地被保尔为国家牺牲一切的信念和崇高的人生观所感染。她小心地用正楷字在自己的书桌上写下了书中那段著名的话，并以其作为座右铭，时刻激励自己。

没有正确的人生观做指导，人生就像在黑夜中赶路，找不到正确的方向。父母可以为孩子讲述一些伟人的故事，让这些人物的人生观激励孩子正确地面对人生，树立正确的人生观。

3. 培养孩子的社会责任感

任何正确的人生观都必然是符合社会发展的，也就是说每个成功的人都必须具备社会责任感。没有社会作为支撑，任何人的一生都毫无意义，只是一个生死的过程而已。

父母在对孩子进行人生观教育时一定要强调社会责任感，这是任何正确的人生观都不可缺少的内容，小到为家庭、为公司，大到为国家、为民族做贡献，都是正确的人生观和有意义的人生必须树立的信念。

4. 培养孩子乐观积极的人生态度

孩子具备一个乐观积极的态度有利于他们树立起健全的人生观。他们乐观地看待困难和挫折，本身就是健康人生观的一种表现，同时这种品质还会让他们更容易关注他人和社会的需求，从内心确立强烈的责任感。

孩子在生活中遇到困难时，父母应该指导他们用乐观、积极的态度来面对，不能消极厌世。例如当孩子考试不如意，感觉身心俱累，从而认为考试没有意义、生活没有价值时，如果父母能够指导孩子用积极的态度来看待失意，孩子健全的人生观也就建立起来了。

教子箴言

健全的人生观就像孩子前进路上的灯塔，当孩子遇到风雨险阻时给孩子希望并指引方向，让他们能够勇敢地克服困难，到达成功的彼岸，收获一个愉快而有意义的人生。

细节 11 塑造孩子乐观积极的性格

坐下来为失败而沮丧、哀号是非常不理智的行为，只有擦干泪水勇敢地站起来，以乐观、积极的心态去寻找挽救的方法才有希望获得成功。

——美国心理学家 阿德勒

家教个案

宇华是个初一的孩子，很聪明，学习成绩也非常好。但是宇华一旦遇到困难或者不开心的事情时，总是表现得非常悲观和消极。

有一次，宇华数学测试只考了99分，那一分是因为一道计算题的最后一步计算错误丢掉的。这原本也不是什么大事，可宇华却一直耿耿于怀。他觉得自己的成绩越来越差，这样父母该有多伤心啊。

宇华还想，“如果我的成绩继续这样降下去，那么中考一定不能考上好学校，又怎能考上大学呢？”回到家后，宇华依旧闷闷不乐。父亲发现了他的情绪不对，便细心地询问，宇华说出了自己的忧虑。父亲耐心地开导他：“一次小小的失误不代表什么，要乐观一些。”可是宇华根本听不进去，一味沉浸在那1分的失误中不能自拔。

教育感悟

乐观是一种优秀的品质，它可以使人看到事情积极的一面，并期待最佳结果。乐观是孩子对未来充满信心和希望并不断进取的保证，乐观的性格是孩子在人生路上对抗失败和挫折等负面影响最有利的武器。

乐观的孩子即使在最坏的境遇里也能看到和享受自己拥有的东西，从而获得快乐的情绪体验。而悲观的孩子即使拥有许多东西，却只关注自己所没有的。因此，在生活中我们可以发现，许多乐观的孩子也许并没有什么过人之处，相反，许多悲观的孩子却常常拥有许多同龄孩子没有的东西。因此，一个人的性格是乐观还是悲观与他的客观条件没有什么关系。

一个乐观的孩子即使身在牢笼也依旧能看到自己拥有的东西。在法西斯肆虐的时期，一位犹太诗人蒙冤入狱。虽然他失去了人身自由，但是他却活得非常乐观。他每天通过囚笼里那个小小的窗户观望日月星辰，生活得非常开心。监狱长知道后，便把仅有的窗户也给封了。可这并未使诗人悲观失望，他说无论怎么样，我的心都是自由的。

乐观是孩子取得成功的重要条件之一。当孩子在学习和生活中遇到困难和挫折时，如果用悲观的态度来面对，就会情绪低落、失去进取心，没有对抗挫折和失败的信心和力量；如果用乐观的心态来面对，他们就会对未来充满希望、努力进取，直至成功。

如果孩子能够及早意识到没有人的生活是完美且没有任何瑕疵的，那么他就能够变得更加乐观一些。悲观的孩子是只盯着自己生活中缺少的，而不关注自己所拥有的东西；而乐观的孩子却享受自己拥有的东西，并通过自己的努力去改变生活中的不足。结果是，乐观孩子的生活总是越来越完满，而悲观孩子的生活却越来越不理想。因此，父母应该努力帮助孩子形成积极乐观的性格。

专家建议

孩子的性格是在后天环境的影响下逐步形成的，因此，孩子积极乐观的性格可以通过实践来逐步培养，而悲观的性格也可以通过父母有意识的指引逐步加以改善。

1. 培养孩子乐观的心态

乐观的心态与孩子拥有的东西没有关系，如果教养得当，任何孩子都可以拥有乐观的心态。乐观的心态可以使孩子更加关注事物美好的一面，对未来永远充满希望，对生活充满信心，从而使得他们生活得更愉快、学习起来也积极有劲头。

平时在生活中父母要以身作则，遇到困难或者不如意的事情时要以乐观的态度面对。例如下班回来遇到大雨挨了淋，不要在孩子面前抱怨，告诉孩子雨中漫步的感觉也不错。平时孩子遇到困难或者挫折时也应该指导他们看到事物积极的一面，培养他们乐观的心态。

2. 指导孩子抛弃怨天尤人的心态

心理学家指出，对于同一件事情的不同归因会导致截然不同的情绪体验。父母应该指导孩子积极正确地归因，不要怨天尤人。

7岁的小利放学回到家后，把书包往客厅沙发上一放，便坐在沙发上发呆。妈妈注意到了孩子的情绪变化，便走过来细心地询问。原来小利今天上课时跟同桌借橡皮被老师误认为是不认真听课，他觉得很委屈。妈妈便开导他："准备文具是每个学生必须在上课前做好的事情，而你并没有。"小利听了之后，认识到自己的错误，并表示明天会主动向老师认错。

当孩子遇到困难或者失败时，父母应该指导孩子朝着积极的方面进行归因，例如下雨了没带伞，孩子可能认为自己倒霉，但是父母可以提醒他们："早晨看过天气预报后，知道有雨，让你带伞你却没带，所以是你自己不细心，不是倒霉。"

3. 允许孩子合理发泄

任何人遇到挫折或者失败时都会有一些消极的情绪体验。心理学家认为，适当、合理的发泄有助于孩子淡化这种消极情绪，从而更加关注如何解决难题。

当孩子遇到困难或者挫折时，父母应该引导他们进行合理的发泄，例如告诉他们可以大哭一场或者写日记进行倾诉，但是注意这种发泄不能影响到他人。另外，父母还应该鼓励孩子哭完后擦干眼泪想想如何解决困难。

4. 对孩子进行希望教育

孩子对未来充满希望，觉得自己即将开始的是一种更美好的生活，那么孩子便会乐观开朗。父母应该注意对孩子进行希望教育，让孩子对未来充满期待和向往，引导孩子憧憬美好的未来。

李冬虽然今年才刚满10岁，但是他却非常乐观、积极。

一天，他独自一人哼着歌背着比他的背部还宽大的画板去培训班上课。

邻居见了便问他："冬冬，是不是刚从培训班回来啊？"小冬说："我正要去上课。"邻居非常疑惑，"为什么你能这么开心地去上课？"小冬说："因为绘画课非常有趣，绘画也让我觉得未来很美好。"

孩子的情绪非常容易受到他人的影响，父母应该及时察觉孩子的情绪变化，为他们驱逐内心的阴影，引导他们看到自己的进步和成绩，引导孩子憧憬未来，热爱生活，对前途充满希望。

5. 丰富孩子的业余生活

父母应该鼓励孩子在业余时间多阅读一些中外名著，让孩子在增长见识的同时受到书中人物形象的积极影响和启迪，保持对生活的乐观态度。父母还可以鼓励孩子多参加一些有益的课外活动，支持他们多与同龄人接触，让孩子在各种活动中体会到生活的乐趣，培养他们积极乐观的性格。

6. 让孩子从悲观中走出来

悲观是一种不良情绪，严重的还会影响孩子的身心健康。孩子的心理发育还不成熟，很容易因为一件不如意的事情而陷入悲观情绪之中。对此父母要擦亮眼睛，及时发现孩子的悲观情绪，正确地引导他们从悲观中走出来，这样才能更好地培养他们乐观积极的品质。

教子箴言

乐观积极是医治孩子心灵的良药，也是孩子人生路上最好的朋友，因为它能带给孩子希望、愉快和成功。同时，乐观积极的性格也是保证孩子身心健康的关键。

细节 12 培养孩子完善的人格

人在成长过程中会积极注重外界的需要，并与外界发生相互作用，而个人的健全人格正是在与环境的相互作用中形成的。

——美国心理学家　埃里克森

家教个案

郑乐欣是个六年级的女孩子，她头脑灵活，学习成绩很好，却很不受周围人的欢迎。

她是家里唯一的孩子，从小就受到几辈人的宠爱。每天早晨，奶奶会一遍又一遍地叫她起床，可是乐欣居然还埋怨奶奶打扰自己睡觉了。一旦奶奶不叫她结果迟到了，她又埋怨奶奶不叫她。

妈妈牺牲睡眠时间早起为她准备早餐，她不但不知道感激还一个劲地抱怨不好吃。在家里，这一切都没人跟她计较，可是在学校就不一样了。

刚开始，她在学校也像在家里一样对同学颐指气使的，可是同学们却不给她好脸色看。她还在班里旁若无人地跟自己的好朋友吵架。她居高自傲，不把任何人放在眼里，还经常揭别人的短，让同学们非常讨厌她。对于老师的批评，她不是流泪狡辩就是对他人进行栽赃、指责，老师也深感无奈。

教育感悟

人格是构成一个人的思想、情感及行为的特有综合模式，这个独特模式包含了一个人区别于他人的、稳定而统一的心理品质。人格决定着每个人的生活方式，甚至决定了一个人的命运，它是人生成败的根源之一。当面对挫折与失败时，坚强者能奋发图强，懦弱者便会一蹶不振，这就是人格影响人生的典型表现。

孩子人格的形成与父母的教养方式有很大的关系。正确、科学的教养方式是保证孩子形成完善、健全人格的关键。研究发现，采用权威型教养方式的父母在子女的教育中处于支配地位，他们控制孩子的一切。孩子在这种环境下成长起来，容易形成消极、被动、依赖、服从、懦弱、做事缺乏主动性等不良人格特征。

采用放纵型教养方式的父母对孩子过于溺爱，让孩子随心所欲，想干什么就干什么，父母对孩子的教育常常出现失控状态。在这种家庭环境中成长起来的孩子多表现为任性、自私、无礼、独立性差、唯我自尊、蛮横胡闹等。这种教养方式是当今父母最容易走进的误区。

采用民主型教养方式的父母与孩子在家庭中处于一种平等和谐的氛围当中。父母尊重孩子，给孩子一定的自主权并适时给其积极正确的指导。父母的这种教育方式能使孩子形成积极的人格品质，如活泼、快乐、直爽、自立、彬彬有礼、善于交往、善于合作、思想活跃等。

因此，为了培养孩子健全、完善的人格，父母应该采用民主的教养方式。平时在生活中，父母应该尊重和理解孩子，把孩子当成一个平等、独立的个体。在这种家庭环境和教养方式下长大的孩子才能形成完善的人格，他日走入社会才知道如何尊重和理解他人。

人格是孩子一生成败的关键。拥有良好人格的孩子能够吸引更多的人并与之建立成良好的人际关系，同时他们也能够及时把握住机会，巧妙地处理各种矛盾，克服种种困难，成为时代的宠儿。

专家建议

家庭是孩子的第一个生存环境，家庭教育对孩子人格的形成产生着巨大的作用。人格的形成也就是孩子与环境相互作用的结果，为了培养孩子健全的人格，父母应该着重培养孩子养成以下几种行为习惯：

1. 客观地认识自我

客观地认识自我是孩子人格形成的前提条件。不能客观地认识自我，孩子就不可能拥有真正的自信，他们极有可能因为自己的长处而沾沾自喜，慢慢地形成骄傲的性格，也可能因为自己的不足而黯然神伤，长期如此可能导致自卑。

周怡是个四年级的小女孩，平时很喜欢绘画，而学习成绩却不好，妈妈又反对她画画，因此她非常自卑。

有一天，周怡正在书房发呆，妈妈让她把几张最近画的画拿出来看看。小怡低着头拿了出来，妈妈夸奖了她。小怡有点不相信地不断问："妈妈，真的吗？"妈妈告诉她："每个人都有自己的长处和不足，你的画画得很好，以后妈妈不反对你画画了。你应该发挥自己的特长。"从那以后，小怡变得自信起来了。

父母应该指导自卑的孩子多关注自己的长处，并且鼓励他们去学习自己擅长的东西。而对于骄傲的孩子，父母应该告诉他们多看看自己的不足，并且鼓励他们去努力改正自己的不足，这样才能使孩子拥有健全的人格。

2. 学会自尊自省

自尊自省就是尊重自己，时刻反省自己。只有懂得自尊自省的孩子才能够不妄自菲薄，也不妄自尊大，从而奠定他们形成完善人格的基础。

父母在平时的生活中应该经常鼓励孩子，不要过度指责和批评孩子，教育孩子时应该就事论事，不要因为一件事情而否认他们的其他优点，保护孩子的自尊心。另外，父母还应该多指导孩子看到自己的优点。同时父母在平时的生活中还要善于引导孩子进行深刻的自我反省，坦然面对自己的缺点并尽量避免下次出现相同的错误。

3. 学会自律自控

孩子能否控制好自己的情绪和行为是衡量孩子的人格是否完善的最重要的标准之一。一个拥有完善人格的孩子能够很好地控制自己的情绪，不会让负面情绪长期控制自己，从而导致失控行为。

思琳正在上初三，她性子很急，常常乱发脾气。昨天，她与好朋友约好一起去看电影，朋友却失约了。思琳当即找到她，气愤地与她大吵了一顿，两人不欢而散。她把这件事情告诉了妈妈，并非常苦恼地问妈妈："为什么她就是不肯认错呢？"妈妈告诉她："你给她认错的机会了吗？你只顾自己生气了，根本没有给她说话的机会啊。即使她错了，你是不是也应该控制自己的情绪，心平气和地跟她谈呢？”思琳听了后也觉得自己不对了。

在平时的生活中，父母应该指导孩子学会管理自己的情绪，指导他们进行合理的宣泄。另外，父母应该教给孩子一些控制自己行为的方法，例如告诉他们当自己非常气愤的时候，努力告诉自己不要做出任何行动或决定，一定要让自己冷静下来思考清楚后再行动。

4. 提高文化和道德修养

一个人的文化和道德修养越高，他的人格也就越完善。因此，平时在生活中，父母应该鼓励孩子多读书，学习科学文化知识，同时培养他们诚信、善良、有爱心等品德。

5. 纠正性格缺陷

有时候孩子的一种性格缺陷很可能会毁了他的人格，比如说嫉妒可能扭曲孩子的心灵，让他们变得残忍、没有爱心，从而导致人格的不健全。父母应该及时发现孩子性格上存在的缺陷，努力帮助他们纠正这些缺陷，养成健全的人格。

教子箴言

培养孩子完善的人格是一项重要而复杂的任务。父母作为孩子的第一任老师，是这项任务的主要负责人。一个没有健全人格的孩子难以在社会上得到他人的认同，学做事之前应该先让他们学会做人。

细节 13 让孩子的情商不断升华

高情商的人做自己情绪的主人，他们永远不会让自己本能的冲动破坏眼前的情况。因为他们能用理智的头脑冷静地对形势进行客观分析，做出最有利于自己的决断。

——德国教育学家　第斯多惠

家教个案

刚上小学四年级的李智是个很聪明的孩子，学习成绩很好。但是他任性、喜欢抱怨，还特别敏感。

有一次上体育课，老师让全班同学跑步。因为刚下过雨，跑道上有一些积水，许多同学的裤子上都溅上了水。其他同学都互相打趣了一番就不再提了，可是他却没完没了地盯着自己裤子上的水渍，并且不断地向旁边的同学抱怨。他的抱怨声被体育老师听见了，老师决定惩罚他，于是让他继续再跑两圈。

跑完两圈后的李智更加想不明白了，他竟然趴在跑道上伤心地哭了起来，任凭同学和老师怎么劝他都不听。同学们纷纷散去，他哭了一会儿也回到了教室。回到家后他依旧闷闷不乐。妈妈问起来他就把事情的原委说了一遍，不停地抱怨自己如何如何倒霉。

教育感悟

现在的父母都十分关注孩子的成长，从刚受孕便开始对腹中的胎儿进行教育，以求提高孩子的智商。当孩子呱呱落地之后，更是费尽苦心地为孩子的智力发展创造一切有利的条件和机会。而事实上，所有孩子只要正常地成长，他们的智商都是远远超出所需的，而情商则不同，高情商的人极其少见。

在普遍拥有足够智商的世界里，高情商的人往往能取得成功。因为高情商的人往往拥有更好的人脉，比别人更少受到情绪和环境的影响，也更容易适应环境，更能把握住成功的机遇。情商高的人不做自己情绪的奴隶，而是做自己情绪的主人，因此他们总能保持冷静的心态，淡看得失。

情商高的孩子不仅不做自己情绪的奴隶，而且能够运用一定的方法使他人的情绪迅速平复下来，并顺利地引导他人关注问题的本身，因此往往能稳固地掌控全局。一个人能否成功绝大部分取决于情商的高低。

生理的成熟可以顺其自然地发展，而心智的成熟却需要经历生活的磨炼，更需要父母有意识的指导和示范。孩子低情商的典型表现有：遇事喜欢抱怨、爱听奉承话、任性等。

影响情商的因素有很多，身体状况可能是一个先决条件。一般来说，那些身患疾病的人容易情绪不稳定。知识和个人教养也是影响情商的一个很重要的因素，一个人知识越丰富，教养越好越不容易暴跳如雷。情商与遗传也有很大的关系，这一点在家庭的相似性上表现明显。

情商与个人的生活阅历有很密切关系，一般年轻人容易情绪不稳定。而随着年龄的增长、见识的增多，他们越来越会控制自己的情绪。同样是年轻人，生于忧患与生于安乐的年轻人也具有不同的情商水平。总而言之，对情商影响最大的还是家庭，父母不仅把基因遗传给了孩子，而且通过与他们朝夕相处影响着孩子情商的形成和发展。

专家建议

提高孩子的情商是一项复杂而又艰巨的任务，父母作为孩子的第一任老师，不仅要重视孩子智力和身体的发展，更要努力培养孩子的高情商。

1. 父母要努力提高自己的情商

家庭是孩子的第一个生活环境，父母是孩子的第一任老师，因此，许多孩子的言行都深受父母的影响。要培养高情商的孩子，父母就应该努力提高自己的情商。

父母对待孩子要“从一而终”，不能高兴时就凡事顺着他，有了错误也不惩罚；心烦时就对着孩子大吼大叫，毫无长者风范。正确的做法是回到家里就把工作上的烦恼丢开，以平和的心态对待孩子，如果自己的情绪不稳定就不要急于管教孩子。

2. 指导孩子正确认识情绪

人都是有情绪的，欢乐的时候想开怀大笑，悲伤的时候想大声哭泣，愤怒的时候想大发雷霆。情绪是人的正常反应，但是情绪也会影响人的正常生活，无论是高兴或者悲伤都会影响人的理智。因此，父母应该指导孩子先处理情绪，再处理事情。

婷婷是个初三的女孩，学习成绩非常好，还担任他们班的班长职务。与婷婷相处过的同学都很佩服她无论何时都泰然自若的神情，她仿佛永远不受情绪的困扰。婷婷说："我担任班长时也遇到过许多麻烦，但是我的原则是不在情绪不稳定的情况下处理问题，无论是高兴还是气愤。"

父母应该告诉孩子每个人都会有情绪，情绪是生活的调味剂，但是处理问题时不能运用情绪来处理，而是要靠理智。父母应该指导孩子理智、客观地处理问题，不要受个人情绪的干扰。

3. 教会孩子克制自己的愤怒

在生气的状态下做出的决定很少是正确的，更不可能是完美的。气愤是一种激烈的情绪反应，它会干扰人的理智，使人做出错误的决定，而且这时候做出的决定还很可能会破坏与他人的关系，甚至危害社会。

父母可以教给孩子一些克制愤怒的方法，例如与同学发生争执时不再发言；遇到令人非常生气的事情时先在心里数数拖延时间，如果依然很生气，那么就告诉孩子去散步或者慢跑，慢慢地平复自己的情绪。

4. 不允许孩子抱怨

抱怨不会使事情发生任何良好的变化，只会让自己的心情变得更加糟糕。抱怨是一种坏习惯，一旦形成很难改变。父母不能允许孩子有这种行为，而要努力培养他们积极面对现实的心态。

郑贤以前非常喜欢抱怨，妈妈决定改掉他这个毛病。于是她与儿子约定：如果郑贤一个星期不抱怨，那么周末就带他去看电影。在妈妈的鼓励和引导下，郑贤慢慢地走出了抱怨的误区。现在他对自己遇到的任何事情都保持理智、平静的态度，让妈妈非常欣慰。

当孩子遇到困难或者不开心的事情时，父母应该鼓励孩子认真地面对现实，积极地想想解决的办法，而不是蹲在角落里抱怨。对于孩子的抱怨行为，父母应该积极引导，并设置相应的奖励和惩罚措施来弱化孩子抱怨的行为。

5. 指导孩子学会沟通与适应

知道了一切，也就原谅了一切。许多矛盾和冲突的产生都是沟通不良造成的，这种情况在家庭生活中也同样存在。父母应该指导孩子学会沟通与适应，不要只关注自己内心的感受和需求，而应该积极探求事情的真相。

父母在指导孩子与他人进行沟通时，一定要告诉孩子先把自己内心形成的喜恶去掉，重新看待人和事，这样才能顺利地进行沟通。父母应该告诉孩子与他人相处和沟通时遇到问题要就事论事，不要追溯以往。

教子箴言

孩子不懂得控制自己的情绪、遇到事情只知道抱怨他人都是情商不足的重要表现，父母应该正确地引导孩子纠正这些行为，提高他们的情商，培养能够真正适应社会的、具有高情商的孩子。

细节 14 打造孩子一级棒的心理素质

良好的心理素质就是孩子面对失败和成功时都能保持淡定从容的态度，不以物喜，不以己悲，宠辱皆不惊。

——中国教育家 李晨曦

家教个案

张晨光是个四年级的小男孩，头脑灵活，但是成绩却非常不稳定，好的时候可以取得第一名，差的时候也能差得让老师和父母跌破眼镜。

有一次，晨光满怀信心地去考试。看着孩子踌躇满志的样子父母以为他肯定能考得特别好。没想到成绩一出来，他最擅长的数学的成绩却让父母简直不敢相信自己的眼睛——居然没及格。妈妈有些生气，问他："怎么会考成这样？"

晨光嗫嚅了半天，也不知道该说什么。在妈妈的引导下他终于说出了自己考试时的心情："因为觉得自己学得很好，所以遇到不太会的题就慌张了，结果费了很大工夫还没有做出来。考试完了之后我没花多长时间就做出来了，我也不知道为什么。"妈妈心疼地看着孩子，心想，"这孩子眼高手低，眼光在千里之外，两手却在屁股后面。心性浮躁，没有良好的心理素质，难怪会考成这个样子。"

教育感悟

从案例中我们可以看出，晨光是个聪明的孩子，可是成绩却总是忽上忽下，自己也不知道原因是什么，而且让父母也跟着着急。他其实就是心理素质不稳定、浮躁、学习不踏实的一个典型例子。

孩子的心理素质不稳定是由许多原因造成的。有些孩子急于求成，在学习上不求甚解，自以为掌握了知识，结果一到考场上因为没把握细节而全盘皆乱；当然也有一些孩子学习很踏实，但是到考试时遇到自己不会的题目还是很慌张，这是孩子对自己的期望过高造成的。其实考试的时候只要发挥出自己的水平就好了，有不懂的下次才知道如何提高自己。

孩子的心理素质不稳定会造成许多不良的后果，最典型的就是让孩子的心情越来越烦躁，对学习和生活失去信心。他们对于成功有着偏执的认识，做事情只求成功的结果，以致于失败时难以承受。心理素质不稳定的孩子遇到挫折时便会方寸大乱，不知道如何应对，从而一味地沉浸在挫折造成的负面情绪中，不懂得调节自己的情绪。

心理素质好的孩子往往宠辱不惊，他们明白世界上的事情充满了变数，努力去做自己能够做到的就好了，不强求结果，对失败往往也能淡然处之。

有研究指出，父母对孩子的教养方式与孩子的心理素质有很大的关系。父母对孩子的理解、情感温暖和教养方式与孩子的注意、情感、兴趣、性格、人际关系、意志、智力、道德、适应、满意度这十项关于孩子心理素质的重要内容都有关联，而且相关系数非常大。

父母不良的教养方式对孩子心理素质的冲击是最大的，父母过于严厉的教养方式、过分干涉孩子的生活、对孩子寄予过高的期望都是孩子不能坦然面对失败的重要原因。而孩子对于失败的斤斤计较往往会导致他们心理素质的低下与不稳定。

专家建议

为了培养孩子良好的心理素质，父母们必须从以下几点出发用心地给予孩子正确的引导。

1. 帮助他们认识到自己的优点和不足

每个人都有自己的优点和不足，因此，做事情不一定要做到完美，只要用心地尽力而为就可以了。孩子们必须首先认识到自己的优点和不足，扬长避短，才能提高自己对成败的免疫能力。

郑强的学习成绩很好，并且由老师推荐进入了学校的足球队。但是在足球队里他只是个后备队员，因此他觉得自己一进足球馆就紧张。

妈妈知道后便告诉他："老师推荐你加入足球队肯定是觉得你有优势，别人都有多年的训练经验了，你却什么都没有，现在当然只能当后备啊。虽然你现在只是个后备队员，但是经过努力你在足球场上的表现也不会逊于你在学习上的表现。"郑强听了之后豁然开朗，当即向妈妈表示会努力练习。

父母应该帮助孩子分析他们在做某件事情时的优势和劣势，防止他们由于不能正确认识自己而盲目地紧张。例如孩子平时数学成绩很好，但是第一次参加数学竞赛却很紧张，这时父母就可以指出他们存在的优势即优秀的数学思维，缺少的只是竞赛经验，然后指导他们通过多做竞赛题来弥补。

2. 指导孩子以正确的心态面对失败

失败是每个人都会经历的，即使那些取得了辉煌成就的人也不能避免。失败并不可怕，父母要指导孩子以正确的心态来面对失败，不要过于在意一次小小的失败，最重要的是从中积累经验和教训。

李芸是个六年级的小女孩，她一直是班里的第一名，可这次考试名次却下降到了第五名。芸芸非常难过，过了一个星期还对考试成绩耿耿于怀。妈妈告诉她："没有人能永远得第一名。而且第一名也没什么，人外有人，天外有天。最重要的是要知道自己为什么会失败，自己有哪些需要改进的。"芸芸听了觉得很有道理，便开始忙着反省自己的学习情况了。

当孩子遇到失败时，父母应该鼓励他们以正确的心态去面对，失败的确会挫伤一个人的自信心，但是谁没有经历过失败呢？最重要的是让孩子明白如何从失败中学习，而不是让失败来左右他们的心情。

3. 提高孩子的心理承受力

没有人的一生是一帆风顺的，挫折和失败都难以避免。因此，父母应该努力提高孩子的心理承受能力，从而提高他们的心理素质。在平时的生活中，父母可以有意识地给孩子创造一些机会，让孩子自己去体会一下失败和挫折的感觉，适当地吃一点苦。如让孩子做做家务或者去外面打工赚钱等。当然，当孩子遇到挫折和失败时，父母应该耐心地引导他们以正确的心态去面对，不能一味消沉。

4. 教会孩子调节和控制自己的情绪

能够很好地调节和控制自己的情绪、时刻保持自己身心的愉悦和平静是良好心理素质的主要构成要素。一个不懂得调节和控制自己情绪的孩子必然难以坦然地面对生活中突如其来的变故，遇到一点挫折和失败便意志消沉，这样就难以取得成功。

一次期中考试，唐诗柳的两门功课竟然都亮起了红灯。突然下降的成绩让诗柳异常难受，她每天都不愿意说话，大部分时间都把自己关在房间里。妈妈便对她说："你这样为难自己，能改变什么吗？"诗柳不说话。妈妈抚摸着女儿的脸，心疼地说："只有调节好自己的情绪，努力找出自己失败的原因，重新振作起来才能改变现状，对不对？"诗柳点了点头，扑到妈妈怀里哭了。

父母应该指导孩子学会调节和控制自己的情绪。例如应告诉孩子当他们非常气愤的时候就需要努力克制自己，不要做出任何过激行为，先找个地方或者利用言语暗示把自己的负面情绪发泄出来，之后再做决定并采取相应行动。

5. 让孩子学习点心理学常识

适当地让孩子学习点心理学常识，有助于他们心理素质的提高。父母可以购买一些心理学方面的科普杂志，鼓励孩子经常阅读心理学的相关文章。但是注意不要阅读太专业的文章，最好是那些与孩子的生活紧密相关的心理知识方面的文章，或者对生活细节进行心理学分析的文章等。

教子箴言

心理素质不是天生的，需要后天不断的培养和训练。父母应该多创造一些机会让孩子去感受挫折和失败的感觉，适当地让他们吃点苦，从而打造他们一级棒的心理素质。

细节 15 培养孩子坚韧的意志力

意志力是每个成功人士必备的品质，一个意志坚定的人，不论周围环境发生了什么样的变化，他追求目标和成功的初衷都不会有丝毫改变，于是总能克服重重困难，到达成功的彼岸。

——美国科学家 爱迪生

家教个案

陈艾琳正在读六年级，是个乐观开朗的女孩子，爱好广泛。但是她却有一个很不好的习惯，那就是当她做一件事情遇到困难时就轻易地放弃。在她的观念里，坚持就是浪费时间。艾琳读四年级的时候喜欢上了舞蹈，她身材纤细苗条，很有跳舞的天分。刚到舞蹈班时老师非常器重她，她也很认真地学习。

但是当她在学习舞蹈时遇到了一些练习了很久也没有准确掌握的动作时，她就不耐烦了，要求退学。她跟老师说："我没有跳舞的天分，不应该在这里浪费时间。"

老师告诉她："那些成功的舞蹈家也不是一蹴而就的，她们也是通过自己辛苦的努力才成为舞蹈名家的。"但她不听，坚持退了舞蹈班的课。过了几天，又迷上了绘画，没练几天，她又打了退堂鼓……在这两年里，艾琳前后学习过舞蹈、绘画、钢琴，但是一直到今天她依旧没有一门特长。

教育感悟

坚韧的意志力是孩子取得成功必备的心理品质，它也是保证和维持孩子奋斗的内在心理力量。俗话说志不坚者智不达，一个没有坚韧意志力的孩子，即使拥有过人的才华也难以取得成就。因为才华只能决定一时的成败，而人生的成功必须通过克服重重困难，必须依靠坚韧的意志力的辅助才能实现。

事实证明，三天打鱼、两天晒网的学习或工作方式都难以实现人生的目标，也不可能取得成功。只有日复一日地努力，不怕困难，勇于迎接挑战的孩子才能在人生的战场上取得胜利。

著名科学家爱迪生曾说，生活中的很多失败是因为人们没有意识到，当他们放弃努力时距离成功是多么近。这句话深刻地指出了坚韧的意志是成功的必要条件。

这个世界上并不缺少拥有伟大梦想的人，但是许多人在走向梦想的路上没有坚持下来，遇到困难就对自己的能力产生很多怀疑，没有勇敢地面对困难和挑战。成功和失败有时也许只有一门之隔，许多人却因为缺乏坚韧的意志力而没有能够推开这扇门。

心理学家研究表明，坚韧的意志包括自觉性、坚毅性、自制性和果断性四个基本因素。孩子缺乏意志力的表现主要有：从来不自觉地学习；学习时没有长性，总是半途而废；学习时总是受到玩具、游戏的诱惑；做事犹豫不决，不能果断地下决定。

当然，孩子年纪小，缺乏知识的积累和必要的生活阅历，这使得他们的意志力水平相对于成人来说更低一些，这也是正常的。但是对于孩子缺乏意志力的行为表现父母不能听之任之，而应该有意识地进行引导。

如果父母能在对孩子的早期教育中给孩子心里播下意志力的种子，那么孩子在以后的生活和学习中必然能够表现出更坚韧的意志力。一个意志坚韧的孩子，对于学习和生活中的种种压力和挑战都能勇敢地面对和承担，从而积极地应对。

专家建议

事实证明，孩子坚韧的意志力不可能自发形成，而需要在生活的实践中得到锻炼才能拥有，而父母则承担着指引和教育的责任。

1. 鼓励孩子尽力做好每一件事情

孩子心智的发展还不成熟，做事情容易受到外界环境的影响，遇到困难更容易想到放弃。这是孩子正常的心理和行为表现，父母应该理解这种行为。在这种情况下，父母应该鼓励孩子尽力做好手头正在做的事情。

王子鹏是个四年级的男孩，他也像同龄的孩子一样做事情遇到困难容易放弃。有一次，妈妈利用周末带儿子一起收拾屋子。子鹏按照妈妈说的方法却怎么也擦不干净玻璃，他有些气馁了。尤其是当他发现自己擦一块玻璃居然花了五分钟还没擦干净、而家里又有这么多扇窗户时他彻底失去信心了。于是，他把抹布扔在一边，一屁股坐在地上叹起气来。妈妈看到孩子的表现便告诉他："你刚学擦玻璃，擦不干净很正常。你只需要把你正在擦的这块擦好就是成功了呀。不要急于求成，等你熟练以后速度也就上去了。你如果就这样放弃，可是连一块也擦不干净了啊。"

千里之行，始于足下。父母应该鼓励孩子做好自己能做好的一切事情，例如当孩子写作业遇到难题时，让他们尽力思考，能做到哪一步就到哪一步，但是不能因为题目太难而干脆放弃不做了。

2．利用名人激励孩子坚强起来

每一个成功者必然都具有坚韧的意志，因为没有哪个人的成功不是克服重重困难，依靠坚韧的意志力的支撑而获得的。父母在对孩子进行教育时可以多利用名人的榜样作用来激励孩子。

小学五年级的李思圆是个可爱的女孩，但她也像其他孩子一样写作业时常常三心二意。后来妈妈给她买了一本《居里夫人传》，思圆看了之后跟妈妈说："我也要成为居里夫人那样的成功女性。"妈妈听了很高兴。后来当孩子写作业时东张西望、心里总想着游戏或者玩具时，妈妈就会提醒她居里夫人在工作或者学习时是如何努力的。没想到，妈妈说完之后思圆居然立刻认真起来。

父母有空的时候可以陪孩子去观看一些再现名人成功历程的电影，也可以给孩子购买一些名人的传记，让孩子从名人成功的故事里体会到意志力的重要性，并利用名人的榜样作用时刻激励孩子。

3．创造机会让孩子锻炼

现在的孩子物质生活特别优越，他们从来没有体会过生活的艰辛，没吃过什么苦，连上学和放学这样简单的事情也由父母陪同，这也是使孩子们缺乏意志力的原因之一。父母不仅不应该如此娇惯孩子，更应该创造机会在生活中锻炼他们坚韧的意志力。

周末的时候，父母可以带孩子去参加一些体育活动，例如登山、长途远足等，利用这种“劳其筋骨”的方法锻炼孩子的意志力。平时在生活中也要多让孩子参与家务劳动，最重要的是培养孩子遇到困难不退缩的品质。

4. 利用目标激励孩子

没有目标就像在黑夜中行走，这也是许多失败者之所以失败的原因。为了让孩子看到希望的灯塔，父母可以给孩子设定一个目标，让孩子朝着目标努力。这种目标激励法会让孩子为了实现目标而自觉地克服困难，迎接挑战。

在学习上，父母可以每天给孩子设定一个目标，这个目标的难易程度应该根据孩子的个人情况而定，不能过于简单也不应该过于艰难。父母还可以指导孩子把大的目标分解成许多小的目标，每天坚持完成当天的任务，最终取得成功。

教子箴言

伟大的梦想固然重要，但只有具有坚韧的意志力才能如愿以偿地实现梦想。当孩子遇到困难或者挫折时，可以让他们适当地休息一下，但是休息过后一定要鼓励他们坚持下去，因为成功贵在坚持。

细节16 教孩子学会调节自己的心理

孩子每一个不良行为的背后都有其深刻的心理原因，父母在教育孩子的时候，不仅要帮助孩子规范行为习惯，更要使孩子学会调节自己的心理。

——美国心理学家　罗杰斯

家教个案

杨思琳平时文文静静的，学习很一般，却经常做出一些让父母丈二和尚摸不着头脑的事情。

有一天，妈妈正在厨房忙着准备晚饭，而思琳则安安静静地在书房里写作业，突然妈妈听见了孩子歇斯底里的哭声。妈妈跑到书房一看，思琳把书本全部扔到了地上，趴在桌子上放声大哭。妈妈被这突如其来的状况吓了一跳，不过她迅速理清了自己的头绪，安慰起女儿来。

可是任妈妈怎么安慰思琳依旧固执地趴在桌子上哭泣不止。过了好大一会儿她哭累了，就傻傻地坐在椅子上，也不抬头看一眼在一旁守候着的妈妈。妈妈问她："为什么要哭？"她说："刚才看见书本，就想到学校，想到学校就想到考试，心里特别害怕，不知道怎么办好，我很害怕。"说着说着，思琳的眼泪又掉了下来。

教育感悟

上述案例中思琳的表现其实是学校恐惧症的前兆，这是一种情绪性的心理问题，如果不能得到及时的调节和梳理，很可能导致更加恶劣的后果。有关研究表明，现在有大约百分之四的孩子都有学校恐惧症的倾向。

孩子最常见的心理问题可以分为以下几类：学习方面的心理障碍，交往方面的心理问题，情绪性的心理问题，人格方面的心理问题，行为方面的心理问题以及品行方面的心理问题。

学习方面的心理问题主要有学习障碍、学习疲劳、厌学以及学校适应不良这些问题。孩子在学习方面的心理问题较容易被父母忽略，因为在传统的观点里认为这些表现都是孩子推脱不想上学的借口，而不知道其实孩子在学习方面已经出现了心理障碍。

孩子在交往方面的心理问题主要是与同学的关系紧张，到了中学时期还有孩子与异性交往的问题，这些关系如果处理不好都会影响孩子的正常学习和生活。

孩子在情绪方面的心理问题主要有恐惧症、抑郁症和焦虑症。恐怖症是一种对特定事物或者环境产生的持续的无必要的恐惧和回避行为。孩子长时间异常的沮丧就可能导致抑郁。焦虑是指孩子持续性地紧张不安，总是担心会出现什么不好的事情。

孩子在人格方面的心理问题主要有人格不良倾向和人格障碍。孩子容易偏激、思想狭隘、嫉妒他人、暴躁不安、依赖他人、孤僻、自卑、怯懦以及神经质。人格障碍是指人格不良倾向恶性发展后形成的心理障碍。

孩子在行为方面的心理问题主要有多动症、咬指甲、口吃和儿童抽动症。孩子在婴儿时期多少都会有这些行为表现，但是随着年龄的增长，有些孩子就会不治自愈，但是有的孩子却依旧保持着这些不好的习惯。行为方面的心理问题父母一定要及时帮助孩子调节过来，否则很可能影响孩子日后的发展。

孩子在品行方面的心理问题主要表现为具有攻击性、喜欢说谎、经常偷窃等。如果孩子的这些表现不能得到父母的及时指引和帮助，很有可能使它们成为孩子一生的负累。

专家建议

父母应该从以下几个方面着手，指导孩子学会调节自己的心理。

1. 培养孩子良好的心态

良好的心态是指孩子能够用积极、乐观的态度来看待问题，因此总是能够看到希望和信心。良好的心态可以帮助孩子调节好自己的不良心理，从而把精力转移到解决问题上来。

平时在生活中，父母应该保持一个良好的心态，积极、乐观地看待问题，遇到困难和挫折时不要消极悲观，这样才能给孩子树立良好的榜样。同时，当孩子遇到困难或者挫折时，指导孩子看到它们积极的一面，培养他们良好的心态。

2. 让孩子学会管理自己的情绪

学会管理自己的情绪是对孩子心理健康的一个基本要求，孩子在情绪方面表现出来的恐怖、抑郁、焦虑一旦得不到及时的管理和疏导，很可能发展成严重的心理疾病。

清蓉是个四年级的女孩，她很害怕小动物。妈妈下定决心要孩子克服对小动物的恐惧心理。有一天，她带着女儿一起去小区的草地里寻找小虫子。当清蓉看到小虫子时吓得尖叫了起来，妈妈却拉着她，对她说："你看，这个小虫子多么可爱啊，它不会伤害你的！"清蓉在妈妈的暗示下，情绪慢慢地平复了下来。过了一会儿，她居然也能专心致志地观赏小虫子了。

父母应该及时觉察孩子的异常情绪，帮助孩子克服这些情绪，让他们做自己情绪的主人。例如孩子对虫子感到恐惧，父母应该带着他们去参观，并有意识地夸奖虫子多么可爱等，孩子在这些语言的暗示下就会学会控制自己的情绪。

3. 教会孩子宣泄负面情绪

气愤、失望等负面情绪长期积蓄在心里得不到宣泄，不仅不利于孩子调节自己的心理，更会影响孩子的身体健康。因此，父母应该及时觉察孩子的情绪变化，用温和的语言或者温柔的动作引导他们说出自己的烦恼，指导他们采用合理的方式宣泄自己的负面情绪，例如气愤时可以找个安静的地方自言自语地发泄一下或者向父母倾诉等。

4. 让孩子学会面对压力

过大的压力是孩子的心理出现不适的重要原因。现在的孩子面临着很大的升学考试、学习以及人际关系等压力，因此，让他们学会正确地处理这些压力可以帮助他们保持心理的健康和平静。

王琳是个四年级的女孩，她学习一直都很好。有一次，老师让她代表学校去参加竞赛，突如其来的压力使她吃不好、睡不好。妈妈知道后便对她说：“参加竞赛得奖并不是最重要的，重要的是让它激励你更好地学习和思考。”王琳听了之后如释重负，于是她总是用妈妈的话来提醒自己专注于学习，而不是竞赛的结果。在那次竞赛中，她以绝对的优势为学校赢回了荣誉，也赢得了自己的成功。

一定的心理压力有助于学习，但是心理压力过大则不利于学习。父母在平时的生活中应该鼓励孩子勇敢地面对压力，专注于学习本身，不要太在意功名荣誉，努力调节好自己的心理状态。

5. 对孩子进行情商教育

情商教育已经越来越受到现代家庭的关注了，因为它对孩子一生的发展都具有举足轻重的作用。高情商的孩子知道如何处理与他人的关系，总是能够保持冷静、理性的处世态度，因此也总能调节好自己的心理和情绪。

父母应该指导孩子学会管理自己的情绪，学会控制自己的行为，提醒孩子反省自己做过的不当行为等。父母应该鼓励孩子多与他人交往，培养他们良好的人际交往能力，让他们在与人交往的过程中形成为人处世之道的。

教子箴言

孩子的心理发展还处于不太成熟的阶段，常常容易因为一些小事而产生不良的心理，这时候父母应该及时发觉他们的异常，并且指导他们调节自己的不良心理，使他们的心理慢慢成熟起来。

细节 17　提高孩子的心理承受能力

现代社会的竞争越来越激烈，生存压力也越来越大，只有能够承受得住失败、挫折和压力的人才能顺利适应这个社会，争取到个人发展的空间。

——美国教育专家　爱德华

家教个案

李梅是个四年级的女孩子，成绩一直非常优秀，总是班里的第一名，小梅的父母以女儿为骄傲。在他们眼里，女儿每天乐呵呵的，无论心理还是身体都非常健康。可是上次期中考试过后，小梅的父母却再也不敢这样认为了。那次期中考试小梅以一分之差屈居第二，她非常难过，觉得老师和同学都在嘲笑她，因为她从来没有得过第二名。

其实父母也不会因此责备她，可是她拿着成绩单却不敢让父母看，日日沉浸在失败的阴影里无法自拔，脸上也没有了往日的笑容。

她对妈妈说："我想辞去班长的职务，因为我觉得自己在同学心中已经没了威信。"妈妈说："这点失败不算什么，你可以承受住，同学们也不像你想的那样。"可是小梅依旧提不起来一点学习兴趣。

教育感悟

心理承受能力主要是指孩子内心承受失败、挫折时的能力。挫折和失败带给人的是耻辱、沮丧以及对自己能力的猜疑，但是几乎没有人在走向成功时没有遇到过挫折。所有成功人士在成功之前都失败过很多次，如果他们没有很好的心理承受能力，那么他们根本不可能取得最后的成功，从而为社会做出贡献。

有的孩子一路走来顺风顺水，没有遇到过挫折，因此一遇到挫折就无法承受，于是选择轻生、离家出走等极端手段来解决问题。这些都是心理承受能力不足的典型表现。

曾经有个孩子因为上课做题比别的同学慢而在课堂上放声大哭，孩子如此脆弱的心理承受能力让老师深感惊讶。事实上这样的孩子在现在的社会上越来越多。因为他们一直在父母的百般呵护下长大，身上背负着父母极大的期望，这些都使得他们不能坦然接受失败，更不能忍受自己的失败。

孩子脆弱的心理承受能力一方面是因为缺乏生活的磨炼，另一方面也是由于父母对孩子有过高的期望，使得孩子难以接受失败。

父母为孩子提供了最好的生活条件，创造一切机会和条件让孩子学习，却从来不让孩子接受来自生活的考验。孩子没有体会过失败的滋味，不知道失败是人生的必修课。于是当他们在学习和生活上遇到失败时就轻言生死。还有些孩子身上背负着父母过高的期许，当辛苦努力了一场换来的都是失败的结果时，感觉无法面对辛苦为自己奔波的父母，心里难以承受失败。

孩子生活环境单一，也没有什么生存压力，他们遇到的困难和失败都不是什么大不了的，但是他们却承受不了。这样的心理承受能力如何让他们立足于社会，如何让他们在这个竞争激烈的生存环境中顽强地生存下去，获得自己的发展空间呢?

孩子的心理承受能力是他们学习和生活必备的能力，没有一定的心理承受能力就难以取得优异的学习成绩，也难以取得成功。父母在早期教育中应该重视努力提高孩子的心理承受能力。

专家建议

心理承受能力是孩子勇敢地面对失败和挫折的基本能力，具备一定的心理承受能力是事业和学业获得成功的保障。

1. 告诉孩子任何人都曾失败过

每个人都会失败，因此，失败并没有什么大不了的，关键是如何面对失败并从中得到成功的启示。

奕阳是个初二的男孩，他是学校科技活动小组的骨干。但是最近他却屡遇挫折，于是他告诉爸爸想退出科技活动小组，专心学习。爸爸知道他是因为最近受到的挫折太多了想打退堂鼓，只是用专心学习做借口而已。

于是他给奕阳讲了许多诺贝尔奖得主的故事，他告诉儿子几乎每个科学家成功的背后都堆积了无数次的失败，只是这些失败都被他们成功的光辉照得失去了颜色。但是失败和成功一样精彩，失败甚至比成功更值得人关注。因为失败能让人清楚地知道自己还有哪些需要提高。

孩子在成长过程中肯定会遇到困难和挫折，父母应该告诉孩子每个人都曾失败过，最重要的是如何面对失败，而不是因为失败而哭泣并开始怀疑自己。

2. 指导孩子看淡得失

成功和失败都是孩子必然要经历的，如果孩子把成功看得过于重要，那么失败就会变得不可忍受。其实人生不在于结果，而在于过程。所谓谋事在人成事在天，父母应该告诉孩子把得到和失去看淡一些。

当孩子成功时，父母不应该十分夸张地为他庆祝，使他把成功看得过于重要。这样当他失败时就会更加沮丧，父母应该鼓励孩子去认真地完善过程，而不要太看重结果。

3. 让孩子在挫折的磨砺中强大起来

现在的孩子受着几辈人的宠爱，父母不舍得让他们吃苦，这是导致孩子心理承受力弱的根本原因。让孩子经受挫折是培养他们心理承受能力最直接、最有效的方法，当然这离不开父母的指导和教育，因此父母要舍得让孩子吃苦。

父母可以有意识地让孩子吃点苦，例如让他们去参加野外生存或者夏令营活动，让他们独自去体验生活中的挫折，鼓励他们勇敢地面对困难、顽强地克服困难，提高他们对困难和挫折的免疫力。

4. 告诉孩子做最坏的打算和最好的准备

当我们开始做一件事情时只想到成功，而没有做好失败的心理准备，等到失败的时候心里就容易承受不起。没有人能保证自己一定能够成功，因此无论计划多么周密，也一定要指导孩子做好最坏的打算，从心理上为自己打一剂预防针，等到真正失败时才不至于过于沮丧和失落。

5. 父母不要给孩子过大的期望

父母不要给孩子设置过大的期望，使孩子背负太重的心理压力，这样不仅无助于孩子的成功，更会降低孩子对失败的心理承受能力。例如要考试了，父母不要整天要求孩子必须拿到100分或者达到第几名，这样的期望和要求会影响孩子正常水平的发挥，在无形中也降低了孩子的心理免疫力。

教子箴言

挫折、困难和失败是挑战孩子心理承受能力的三大敌人，同时也是培养孩子心理承受能力的三大法宝。父母在孩子的早期教育中要善于利用这三大法宝培养孩子的心理承受能力，让他们在未来的人生中战胜这三大敌人。

细节18 让孩子学会自己缓解压力

适当的压力有助于提高孩子学习的动力，但是过度的压力则可能使孩子身心俱累，反而降低学习效果。

——美国心理学 家华生

家教个案

云灿正在上小学四年级，平时学习很认真，人也很聪明。据老师说他平时学得很好，可是一到考试时就表现平平。这是因为，每到考试前夕云灿就失眠。他躺在床上总是担心自己有些地方还没有掌握好，于是又起床拿起书来看。可是刚打开书他就发现自己根本没有心思看下去，心里非常沉重，神情恍惚。妈妈多次劝他去睡觉他也不听，最后在这种半睡半醒的状态下过了一晚上。

第二天考试的时候，他只觉得两眼昏花，明明记得很牢的知识就是想不起来，脑子非常乱。因为前一天没有休息好，脑子还昏昏沉沉的。他就在这种状态下开始答题，结果可想而知，每次成绩都非常不理想。

这种状态总是在考试的时候出现，令他一次比一次紧张。他一方面觉得对不起父母，另一方面又觉得自己很没用。父母对孩子这种一到考试就乱阵脚的行为也非常不解，但是看到孩子每天都在认真学习，也不知道问题出在哪。

教育感悟

在这个社会上生存就会有压力，现在的孩子压力更大，总是有数不清的考试和父母无尽的期望，这使得他们每天学得很累，考试时就更累。

案例中的云灿就深为这种压力所累，他不知道该如何排解，也不知道怎样达到自己的目标，这种心理矛盾让他一到考试时就失眠、神情恍惚，同时也无心学习。

其实适当的压力可以促进孩子的学习，激发他们的学习动机。但是心理学研究表明，中等强度的动机最有利于学习，而过强动机则会导致学习的效果急剧下降。适当的压力在相当大的程度上都转化为孩子的动力，但也有部分孩子会刻意逃避压力，对考试产生回避心理，以一种消极的态度来面对压力。

这两种处理方式都不是正确的缓解压力的方法，却是现在孩子们用得最多的方法。那些把压力都转变为动力的孩子常常一到考试就茶不思饭不想也无心学习，心情异常烦躁；而那些刻意逃避压力的孩子则会产生这种倾向：他们到考试前还像平常一样，按时作息，睡眠也很好。但是他们常常在考试前刻意地逃避学习，而且在考试时会表现得异常紧张，有时甚至连握笔都很难。

孩子不能正确地缓解压力将对他们一生的发展产生重大的影响。随着社会竞争的加剧，人类的生活压力也在一天天增大，如果孩子不会缓解压力，很可能“出身未捷身先死”，还没有到战场上去发挥自己的才智就败在去战场的路上了。

父母应该认真对待孩子的压力，不要把它当成一件小事。孩子的压力一部分来自现在教育资源的紧缺，另一方面也来自父母不切实际的期望。父母对孩子的期望不符合实际，或者只要求孩子学习成绩好，不看孩子平时的表现，这样都可能导致孩子一直紧张不安，压力过大，严重影响他们的身心健康。

父母应该帮助孩子找出压力大的原因，指导孩子正确地缓解压力，既不使之成为驱赶孩子的车夫，也不让孩子刻意逃避压力。

专家建议

现在的孩子深知自己的身上背负着父母的期望，他们也有很大的压力，因此，父母应该及时帮助他们缓解压力，轻松地应对生活和学习中的挑战。

1. 分析压力产生的原因

孩子有压力一定是有原因的。有些孩子一到考试就紧张，担心自己不能发挥出正常的水平，担心自己让父母失望，这些都可能导致压力的产生。

李中震正在读小学四年级。他学习成绩很好，即使第一次参加奥林匹克数学考试他也没有紧张过。

其实在考试前几天他也非常担心，怕到时候考得太差不但丢脸还对不起老师。爸爸笑着告诉他："考试不是为了别人，只是为了自己。学习是一件快乐的事情，如果你如此不安，那就不要去参加考试了。"听完爸爸的话，他变得豁然开朗起来。

父母应该帮助孩子分析压力产生的原因，例如孩子在考试前可能担心自己考得不好，父母可以告诉他们只要发挥出正常水平就好了，考试也仅仅是测试而已。父母帮孩子分析完原因，再启发他们进行理性的思考，他们就会发觉自己没有必要紧张了。

2. 指导孩子正确面对得失

成功和失败都只是一时的，没有人能够永远成功。只要努力，也没有人会永远失败。如果孩子对成功有着偏执的追求，便只注重最终的结果，容易产生巨大的心理压力，导致最后的失败。

琳琳是个正在读六年级的小女孩，一次，老师推荐她去参加市里的作文竞赛，她非常紧张。

妈妈觉察到孩子的异常，便对孩子说："只要努力过就没什么遗憾，结果并不重要，重要的是过程。"琳琳听了之后又想到许多名人的例子，立刻就释然了。她告诉妈妈："我会认真地面对，势力发挥自己的水平，不在乎最后的结果。"

孩子能够正确地面对得失，宠辱皆不惊便能正确地缓解压力了。如果孩子害怕失败，只渴望成功的时候，父母应该站出来给他们提供指导，告诉他们只要努力过，结果并不重要，并且可以利用名人的榜样对他们进行教育。

3. 不给孩子设定考试硬指标

又快到期中考试了，父母紧张了，孩子更紧张。父母开始规定考试硬指标了，"这次考试你必须语文多少分，数学多少分"或者"这次考试你必须得第几名"。这种硬指标除了增加家庭的紧张气氛外，对孩子的学习没有任何帮助。

父母应该放弃给孩子设定那些考试的硬指标的做法，不要让孩子一到考试就头疼。孩子要考试了，试着对他们说“只要努力就好”，“发挥出正常的水平就行”，或者什么也不说，多陪陪他们也行。

4. 及时觉察孩子的逃避心理

许多孩子一到考试就开始玩了，美其名曰需要放松一下。这时候父母应该注意了，孩子很可能在逃避。相较于孩子的过度紧张甚至于失眠睡不着，这种逃避的心理很不容易被父母觉察，因此父母一定要擦亮眼睛。

孩子一到快考试或者参加某种大型活动、节目等面临很大压力的时候，便开始没日没夜地玩。的确适当的玩乐有利于缓解压力，但是过度的玩乐就可能是孩子逃避的表现。因此，父母应该跟孩子诚恳地进行交谈，鼓励他们正视压力、不要做畏惧的逃兵。

教子箴言

现代孩子面临的压力也不小，同时他们的心理发展又不太成熟，如果不能及时缓解压力，很可能严重影响他们的身心健康。因此父母应该主动、及时地帮助孩子放下压力这副重担。

细节 19 教会孩子自我反省

反省是一面镜子，它能将我们的错误清清楚楚地照出来，让我们认真地思考自己的行为，并给我们改正的机会。

——世界著名作家 海涅

家教个案

芸芸的学习成绩很好，还是班里的班长，但是她却不懂得反省，总是独断专行。有一次上语文课，老师因为临时有事没来上课，于是班主任让芸芸监督全班同学进行自习。

刚上课没多久，芸芸就发现有两个男孩子正在偷偷地说话，于是她站起来警告他们不要再说话了。那两个男孩立即跟她解释："我们正在讨论一道数学题呢。"哪知芸芸竟然说："这种谎话早就过时了。"其中有个男孩生气了，朝她丢了一个纸团。

芸芸特别气愤，同时也很伤心。她哭着跑进了老师的办公室，并"控诉"了男孩的"罪行"，老师看到芸芸的表现有点失望。她告诉芸芸："虽然那个男生有错，但是你说话也要注意分寸。"芸芸觉得老师不向着自己，回家又向妈妈告了一状，并说："我不想再担任这个费力不讨好的班长了。"妈妈也劝她反省一下自己，可她根本不听，执意辞去班长职务。

教育感悟

自省就是经常冷静地回顾自己的思想和行为，寻找自己所作所为的不足和错误。一个人之所以能够不断地进步，就在于他能够不断地进行自我反省，从而找到自己存在的缺点和不足，并针对这些不足采取措施进行弥补。

一个不懂得自我反省的人只会一次又一次地重复相同的错误，总是在原地徘徊，难以取得进步；而一个懂得反省的人总是会在自己行为过后认真地思考自己存在的不足，并在下次做同样或者类似的行为时更加注意。

爱默生曾说："人类唯一的责任就是对自己真实，自省不仅不会使他孤立，反而会带领他进入一个伟大的领域。"自省就是对自己真实，遵从自己内心的意愿。为了让孩子少走弯路，父母应该注重培养孩子在生活中养成良好的自省习惯，鼓励他们每隔一段时间或者每天对自己的行为进行反思，看看自己是否做了不应该的事情，看自己的行为怎样才能更符合社会的规范。

每个人都会经历一些不平和挫折，这个时候埋怨别人和命运是毫无益处的，只有从自己身上找原因才能平稳地度过这些困难和失败。

例如一个孩子考试失利了，他不懂得反思自己存在的不足如不够努力、学习方法不够科学等，反而一味地责备老师改卷过严或者自己倒霉，这样就使得孩子容易认为怎么学都没有用，反正命运早已经把一切决定了。而懂得自我反省的孩子则不这样想，他们会从自己身上去找原因，找出自己做得不好的地方，并努力改变自己的这些不足。

专家建议

孩子的自省习惯对于他们一生的发展都有重要意义，因此，父母们在早期的家庭教育中就应该注重教会孩子进行自我反省。

1. 父母以身作则，敢于认错反省

父母敢于向孩子认错，认真地反省自己的行为，会给孩子树立良好的榜样，培养孩子优秀的自我反省的能力。

马立扬是个初一年级的男孩，他是学校足球队的队员。有一次，学校足球队因为备战市内的校际联赛便延长了训练时间。父母不知道事情的原委，在家里等得非常着急，正要出门寻找时他回来了。

妈妈上前对立扬就是一顿指责，立扬也很生气，他大声吼道："我一训练完就回来了。"误会了儿子的妈妈立即向他道歉，说："儿子，对不起。妈妈不该不分青红皂白地指责你。"立扬大手一挥，跟妈妈开了个玩笑，"立扬是宽宏大量的，原谅你啦。"

父母做错了事情要敢于承认，及时进行自我反省，尤其是在孩子面前更应该如此，这样才能积极地影响孩子。例如父母误会孩子了，不要试图在孩

子面前蒙混过关，而应该开诚布公地向孩子道歉。

2. 让孩子学会接受批评

每个人都喜欢听夸奖的话，但同时这也是人性的弱点。尚在学习知识、积累经验的孩子们应该学会接受批评，进行自我反省，这样才能更快地成长，学习到更多的知识，积累到丰富的生活经验。

父母应该告诉孩子当别人批评自己时不要生气，首先应认真听听对方的理由和想法，看对方讲的是不是有道理，对对方有理有据的批评应该虚心接受，并且感谢对方。如果伤害了对方要道歉，对他人无理取闹的指责也要持包容的态度，并自我反省一下别人为什么会这样。

3. 培养孩子每日反省的习惯

父母可以规定孩子每天总结一下自己的行为表现，想想自己有哪些事情不该做，哪些事情做得不合适，应该如何改正和挽回。父母可以给孩子一个专门让他们反省的记事本，让他们形成每日反省的习惯。

4. 启发孩子思考事情的后果

孩子的意志力较差，容易受他人语言、行为的影响，而且孩子容易情绪激动、做事冲动，容易不计后果地做事情。因此父母应该适当地启发孩子思考事情的后果，让孩子进行自我反省。

李琳是个初二的女孩，她学习成绩优秀，自制力也较强。有一天她对妈妈说："周末在同学聚会上我想喝醉。"妈妈克制自己的怒火，耐心问她："为什么会有这种想法？"李琳说："其他同学都这样。"于是妈妈启发她，"当别人喝酒，而你不喝的时候同学怎么看你？"她骄傲地说："同学都很敬佩我！"说完，李琳朝妈妈笑了笑说："妈妈，我不会喝醉的。"

意识到了自己所做事情会产生的后果，孩子才会努力去克制自己的行为。当孩子决定要做一件不好的事情时，父母不要急于指责，而是应该耐心地引导孩子注意到行为的后果，孩子自然就会自觉规范自己的行为了。

5. 巧妙运用自然惩罚进行引导

运用自然惩罚让孩子为自己做错的事情承担责任，父母看在眼里却不去帮助，这也是引导孩子自我反省的好方法。孩子为自己错误的行为付出了代价，痛定思痛的情况下会对自己的行为进行评估，从而规范自己的行为。

父母不要代孩子受过，孩子自己粗心大意犯下的错应当让他们自己去承担，否则他们永远不知道进行自我反省，还以为自己什么都是对的。例如孩子疏忽没带钥匙，就让他站在门外等。知道没有人会特意回来给他送钥匙，下次他就会提醒自己带钥匙了。

教子箴言

孩子还没有养成规范的行为习惯，他们的各种行为都处于尝试的阶段，自我反省有助于他们及时改正自己不规范的行为。同时，孩子处于行为习惯形成的关键时期，行为的可塑性较强，让他们学会自我反省能促进良好习惯的形成。

细节20　引导孩子学会合理宣泄

合理的宣泄可以使身心得到放松。当人们承受着过大的压力、打击而深受各种情绪困扰时，宣泄可以使人更快地调整好情绪。

——日本心理学家　福泽谕吉

家教个案

月华是个高三年级的女孩子，她家里不富裕，为了让她接受更好的教育，父母背负着很重的经济压力。

月华也是个非常懂事的孩子，她勤奋认真，成绩一直很好。可是随着高考的临近，月华心理的压力也越来越大。她不再像高一高二那样能够轻松自如地面对学习和考试了，她经常想，“如果高考失败会怎么样？”因此，她的成绩总是忽上忽下，一点也不稳定。她每两周回一次家，表面看起来月华好像还是那么坦然和乐观，根本不需要任何考前的心理辅导或者宣泄。可是成绩却说明了一切，她不是真的能够坦然轻松地面对高考，而是在掩饰和隐藏自己。她在日记里写道：“马上就要高考了，亲爱的爸爸妈妈，我真的好害怕，害怕自己让你们失望，我该怎么办？我每天不敢想高考，只是拼命地学习，可是我依然没什么信心。”没有人知道她内心的想法，她也不与同学交流，一直压抑着自己的情绪，学习也没有效果。

教育感悟

现在社会生活压力与日俱增，孩子也同样承受着很大的压力。由于教育资源紧缺，为了获得更好的教育机会，孩子们从背上书包那一刻开始就同时背负着巨大的升学压力。在孩子求学和生活的过程中，失败和打击也如影随形。如何处理这些压力和失败带来的消极情绪的困扰，也是考验孩子生存能力的重要内容。

为了将来能进更好的中学和大学，小学生要努力参加各种竞赛、课外辅导班，提高自身的竞争力。而进入中学以后就面临着高考——这个在某种程度上决定一个人命运的考试，压力可想而知。有些孩子的家庭并不富裕，甚至在沉重的学业负担之余还要为经济情况而忧心。在孩子们追梦的过程中，人生并不是一帆风顺的，他们还随时面临着失败和挫折的打击。

沉重的压力、不可预知的失败与挫折、有限的心理承受能力使得孩子必须学会合理地宣泄，把这些压力和失败带来的消极情绪从人生的行囊中掏出去，轻松地迎接未来的风雨。

一个不懂得合理宣泄的孩子很可能走向两个极端：一个是直接宣布投降；另一个是不敢面对现实、消极逃避。第一种极端父母们容易发觉，也可以及时采取措施对孩子进行引导和教育；而另一种极端却不容易被父母发觉，很可能导致最终的失败。在上述案例中，月华的情况就属于后一种，她在表面上看起来非常正常，但事实上她在逃避高考，不稳定的成绩就说明了一切。

合理的宣泄可以让孩子的身心得到放松，避免心理承受过重的压力而崩溃。过大的压力和打击带来的消极情绪长期堆积在心里得不到有效的宣泄，将严重影响孩子的心理健康，并最终危害孩子的身体。而那些采用逃避的方式来掩饰和隐藏情绪的孩子则很可能遇到任何事情都选择逃避，形成不良的行为习惯，最终一事无成。

合理的宣泄是指在不影响他人和正常的生活、学习的情况下宣泄自己心中的苦闷、悲观、害怕失败等负面情绪。这种宣泄不会带给他人危害，也不会影响孩子的正常学习和生活，而且对于孩子释放自己的消极情绪具有良好效果。因此，父母应该引导孩子及时进行合理的宣泄。

专家建议

为孩子的心理消除障碍就是为孩子的生活和学习消除障碍，有效地指导孩子进行合理的宣泄有助于孩子负面情绪的缓解和身心的放松。

1. 指导孩子正视现实

正视现实是宣泄情绪的开始，如果孩子不愿意正视现实，那么所有的放松和减压的方式都不会产生良好的效果。

12 岁的李小翌正在读小学六年级，他学习一直很好。马上面临小升初考试了，妈妈发现孩子却比平常表现得更加乐观自信了，只是他的成绩却变得非常不稳定。妈妈听说利用游戏可以缓解孩子的压力，便常带他去游乐园玩。孩子每次都玩得很开心，也不提考试，表面看来一切都很正常，可是他的成绩却依旧忽上忽下。

马上面临重要的考试或者孩子受到失败的打击了，孩子却对考试或失败只字不提，父母应该警惕他们正在逃避。在这种情况下，父母应该主动跟他们谈论考试或失败，引导他们正视现实。

2. 利用游戏进行放松

玩游戏是一种很好的宣泄方试，在游戏中孩子能够尽情地玩乐，身心得到很好的放松，他们会慢慢地减轻自己心理的压力或者放下失败和挫折所带来的负面情绪。

孩子遇到失败或者正在面临人生的重大考验时，父母在正视压力和失败的前提下，可以带他们去游乐园玩游戏进行合理的宣泄。尤其在游戏过程中，他们如果得到恐惧、痛苦或者惊险的内在体验，就很容易产生一种内在的满足感和愉悦感，觉得其实失败和压力都不算什么。

3. 借助时机让孩子尽情倾诉

倾诉也是一种非常好的宣泄方式，孩子通过倾诉把自己内心的感受、体验说出来后，也会感到非常轻松与愉悦。倾诉有很多种方式，可以向父母、朋友，也可以自己一个人自言自语地倾诉或者写日记，但一般对别人进行倾诉效果会更好一些。

父母应该及时觉察孩子的情绪变化，孩子遇到失败或者压力时，借助有利的时机让孩子尽情地倾诉。例如孩子一个人发呆的时候，这就说明他的心里非常矛盾，父母可以走过去跟他聊聊天，引导他进行倾诉。

4. 引导孩子宣泄自己的情绪

压力和失败都会带来负面、消极的情绪体验，这是很正常的现象，如果这种情绪不能得到有效、及时的宣泄，很可能导致更加严重的后果。

紫依的舞跳得非常好，得过很多奖，可是在上次由老师推荐她去参加的市级的舞蹈比赛中她却不幸败北。从赛场回来后她就不发一言，妈妈心疼地搂着她，让她大哭一场。紫依强忍着的泪水终于像决堤的洪水一样顺着脸颊流了下来，哭完后，她又恢复了正常的舞蹈训练。

孩子受到各种消极、负面情绪的困扰时，父母可以拥抱着孩子让他在怀里大声哭泣，或者去一个空旷的地方大吼几声，这些方式都可以使孩子很好地宣泄自己的情绪，从而回到正常的学习和生活状态中来。

教子箴言

人的大脑如果装进了太多烦恼、失意，就容易形成垃圾死角。为了保持孩子大脑的清洁和高效率的运转，父母应该指导孩子及时地把这些垃圾情绪清理出去，这就需要适时进行合理的宣泄。

细节21　教会孩子悦纳自己

一个喜欢自己的人才能够更好地去被别人喜欢，一个善于接纳自己的人才能够更好地被社会接纳。

——英国戏剧家　莎士比亚

家教个案

刘敏芝的个子不高，她一点儿也不能接受自己的小个子。如果听到别人说“你个子挺矮的啊”她就会难过好半天，平时还老是对妈妈说：“我要去买增高的药来吃。”妈妈便对她说：“你现在才刚刚13岁，正是长个子的时候。只要自己平时多注意一下饮食习惯，不要再挑食、偏食，然后多加强一下体育锻炼也可以长高的。吃药对身体很不好，以后可能还有副作用呢。”

刘敏芝知道妈妈说得没错，只是爸爸妈妈的身高也不高，自己和同学相比已经明显矮好多了。于是，身高问题便成了她的一个心结，为此她很接受不了自己。每次和别人说话时还要仰着头，无形中总觉得自己从心理上似乎都比别人矮了许多。在这个心结的作用下，敏芝变成了一个郁郁寡欢的孩子，平时只要看到比自己高的人，她就会习惯性地低下头来，在心里面暗暗地埋怨父母和自己，自卑好一阵子。

教育感悟

孩子只有能接纳自己、悦纳自己时才能够更好地去被别人接受和喜欢。因此，父母要注意培养孩子能够悦纳自己的良好心态，不仅要让孩子做最喜欢自己的人，还要使他们不但能接受自己的优点而且还能坦然地接受自己的缺点。孩子在学会了做一个喜欢自己的人之后才能够获得更多的快乐。

父母要引导孩子客观、理性地看待自己的优点和缺点。让孩子在面对自己的优点时能够欣然接受，把优点当成是生活带给自己的赏赐，然后好好地发挥这种优势；让孩子在面对自己的缺点时也不过于自卑，让孩子能够明白人无完人，每个人都有自己独特的一面。

父母可能会发现，孩子有时会把自己身上的优点也当成缺点来对待，因为优点让他们过分关注。这种情况就体现出孩子不能悦纳自己的优点，父母要让困扰中的孩子及时调整好心态，能够客观理性地认识自己，做一个能够悦纳自己的人。

父母要培养孩子能够悦纳自己、接受自己的优秀品质，就要教会孩子在遇到困境时用积极、乐观的心态来面对。积极乐观的品质能够让孩子更多地看到自己身上的优点，也能够让孩子在困境中用积极的心态去解决问题，不自暴自弃。父母会发现，能够悦纳自己的孩子在生活中表现得更加积极自信。

专家建议

当父母发现孩子不能悦纳自己时，要及时对孩子进行相应的指引，帮孩子走出困境。

1. 帮孩子正确认识自己

孩子不能够悦纳自己是因为不能够正确地认识自己。父母要多给予鼓励，让孩子能够客观全面地评价自己。人无完人，关键是要让孩子能够善于发挥自己的优点，改正自己的缺点。

明明是个左撇子，每次吃饭的时候他都觉得很难为情。他害怕别人关注他、笑话他，对此有很重的心结。有一天，他和一个同学一起去吃饭。该同学无意间发现了他的特点，感到很惊奇，于是对他说："你肯定特聪明。我听人说，只要是左撇子的人他的另一半大脑都得到了充分的开发，会比一般人更聪明。"明明听后也笑了，突然才发现委屈了自己的左手。

父母要注意帮孩子正确客观地认识自己，只有更全面地了解自己才能够对自己做出更客观的评价。

2. 培养孩子积极乐观的心态

父母要明白，孩子有一个好的心态才可以造就好的人生，人人身上都会有这样那样的缺点，如果不能正确地看待，就会被这些缺点压得抬不起头来。孩子如果拥有的是一种积极乐观的人生态度，那么在面对自己的不足时则会多一份释然。

3. 教孩子坦然地面对自己的弱势

父母要明白孩子不能悦纳自己多是因为觉得自己的身上有不如别人的地方。孩子过于关注自己的缺点，在做事情时就喜欢拿自己的短处来和别人比。在比较中他们觉得更加自卑，从而也忽视了自己的长处。当孩子无法坦然地面对自己的弱势时，也就无法做到悦纳自己了。

4. 多鼓励和夸奖孩子

父母不要吝于自己对孩子的夸奖。父母的夸奖是滋润孩子心灵最好的雨露。尤其在孩子取得了好成绩或做了好事时，父母要及时地给予孩子夸奖，让孩子能够对自己的成绩和长处由衷地感到欣喜和自豪，对自己取得的成绩感到高兴。父母多夸奖孩子，就会让孩子更加乐于去向自己擅长的方面努力和发展。

小东平时是一个不爱学习的孩子，所以学习成绩在班上也只是一般。他表妹的学习成绩一直很好，每次亲戚聚会时表妹都是受到大家夸奖的对象，而他却成了反面教材。

小东心里很难受，便决定开始认真学习。他每天回家后先复习再做作业，还要预习新课。妈妈看到他的转变之后非常高兴，对他的表现及时进行了夸奖，他在妈妈的鼓励下学习得更加认真了。两个月后，他的成绩也终于有了明显的起色。

父母的及时鼓励能够让孩子有信心去坚持自己的改变，所以父母在平时一定不要吝啬对孩子的夸奖。

5. 给孩子讲具有激励作用的故事

父母平时对孩子过度呵护，让孩子生活在一个被精心照顾好的生活环境里，渐渐地就丧失了体味幸福的能力。生活条件越是优越的孩子对自己却越不满意，这是因为他们没有更多地去接触一些没有拥有幸福的孩子。

父母平时多给孩子讲一些身残志坚的人物故事来激励孩子，可以让他体味到生活的更多层面，从而开阔孩子的视野，让孩子从社会的多层面中来看待自己的处境和生活，学会珍惜自己拥有的幸福。

小林平时总觉得自己什么都不好，很讨厌自己。这一次市里来了一个少年残疾人表演团，妈妈带着他去观看了这场表演。看完之后，小林的眼睛湿润了，心里非常难受。这些表演者的身体都有各种各样的严重残疾，但是他们却用自己的表演表达了自己对生命的热爱。这种自爱让小林觉得很惭愧，自己体味不到现在拥有的幸福，挑剔生活实在是不应该。

父母要培养孩子悦纳自己的良好心态，就要让他们看清自己拥有的幸福。父母可以通过比较让孩子更加明白自己的优势所在，珍爱自己。

教子箴言

父母的夸奖能够更好地鼓励孩子去保持和发扬自己的优点，让孩子更好地去接受自己、悦纳自己，拥有更多的幸福和快乐。

细节22 让孩子学会自我激励

有效的自我激励能够使人更充分地发挥出自己的能力，让个人的潜能得到充分施展。

——英国心理学家 威廉·詹姆斯

家教个案

刘芬现在已经进入高三下学期了，高考的压力越来越重，在刚刚结束的第一次模拟考试中考得很不理想。当她看到成绩时就忍不住哭了，对自己的成绩很是失望，觉得自己要是这样下去，肯定是考不上大学的。

回到家她的神情也很黯然，妈妈知道了这个情况后就对她说："还有半年的时间呢，千万不要现在就放弃了。"妈妈便教给了刘芬一些自我激励的方法，比如每天清晨起床都要对自己说"你一定能行"。刘芬刚开始在暗示自己的时候对自己很排斥，每次喊出这几句话的时候都觉得没有底气，坚持了一个星期之后毫无成效地便放弃了这种自我激励的方法，这样一来情绪也一下滑落到了谷底。

教育感悟

父母要明白，其实每个人的内心都有渴望激励的需求。一个懂得自我激励的人，能够在与别人各方面水平和条件都一样的情况下做到更好。许多运动员在参加比赛前，都会进行一些相应自我激励，以使自己取得更好的成绩。父母在引导孩子正确地认识自己时也应该采用自我激励的方法，来帮孩子取得更好的成绩。

孩子在自我激励中可以逐步提升自我形象，使自己拥有良好的自我感觉，而这种感觉又会反过来促进孩子自我激励。如此反复地良性循环，就会让孩子逐渐向好的方向发展。这样孩子便能充分发挥出自己应有的潜能，一步一步走向成功。

孩子的自我激励是一项长期、细致的工作，在这个过程中父母还需要对孩子的行为做出赏识、尊重、信任和指导。这样孩子才会逐渐增强自己的自信心，持续地进行努力。孩子在生活中要想取得进步，一定要让孩子学会自我激励，只有这样才能让孩子充分发挥自己的潜能。

父母发现了孩子情绪低落时一定要重视，主动去关心孩子是不是遇到困难了、受到打击了、自信心下降了等。此时的孩子正需要一些积极的心理暗示来帮他走出困境、重新找回自信，反之只会让孩子在消极心理的暗示下最终走向自卑。

当孩子信心不足、又不知道如何来调整自己的心态时，就要学会自我激励。让孩子能不断地鼓起战胜自己的勇气，成为主宰命运的主人。

专家建议

父母怎样才能教会自己的孩子正确地使用自我激励的方法呢？以下的一些方法可以帮助孩子及时走出困境。

1. 给孩子制订一个激励目标

要给孩子制订一个具有吸引力的目标，它必须在数量、质量、时间上都有明确的规定，还要有一定的难度，让目标具有一定挑战性。在孩子的学习过程中，父母在定初始阶段目标时可以把要求定得低一点，让孩子能够顺利达到，以此增强孩子取胜的信心，然后努力去完成自己的每一个小目标。

2. 鼓励孩子发扬优点

父母要帮孩子找出优点，然后鼓励孩子去发挥自己的长处，增强自信心。孩子也能对自己形成一种客观的认识：自己在哪些方面很优秀，可以成为别人的榜样。这种心理的暗示与强化能够让孩子更乐于向优势方向发展，提升自己的自信心。

父母可以鼓励孩子经常对自己暗示“我就是最棒的，我的明天要辉煌”。

在激励下去积极努力地去拼搏奋斗，取得更大的成功。

爸爸在刘群很小的时候就注意培养他的一种自我优越意识。让他感觉自己很聪明、能干、学习勤奋又懂礼貌。渐渐地在刘群的心目中那个最聪明、最勤奋、爱学习又懂礼貌的小孩子就是自己了，觉得别人都没有自己做得好。刘群在自己的这种心理暗示下，也变得事事都努力去向高要求看齐。看到别人有优势，也会尽快地去学习，争取早日把它变成自己的优势。

父母要教会孩子对自己做积极的心理暗示，让孩子能够在暗示中用积极乐观的心态来追求一切良好的道德品质，变成一个更加优秀的人。

3. 让孩子和自己竞赛

父母发现了孩子生活中存在的一些不足以后，可以通过竞赛的方式让孩子学会改正缺点，自己和自己来竞赛。对于生活中的一些小陋习，让孩子用今天的自己来和昨天的自己比赛，以改正这些缺点。在学习中可以用这个月和上个月的的成绩比赛，看自己是不是有进步。用这种方法激发孩子的求胜动机，去不断地激励自己努力，在竞争中完善自己。

4. 让名言警句带给孩子激励

名言警句是前人留给我们的一笔宝贵的精神财富。他们留下的这些名言警句也在一直激励着后人像他们一样去克服困难、取得成绩。父母可以让孩子选一句自己最喜欢的名言放在一个显眼的位置上，让它时刻激励着孩子做到最好。

小仿的学习成绩在班里一直处于中等水平，他很想改变自己的这种状况。为了能给孩子找到一个学习的持久动力，妈妈就帮他挑选了一条名言。小仿觉得“只要工夫深，铁杵磨成针”很好，因为这个小故事自己刚刚学过。于是他便让爸爸用毛笔把这条名言写好后挂在了自己的卧室里，这样自己就能够天天看到它，用它来激励自己去努力学习了。

父母可以用名言的力量来更好地激励孩子积极努力地学习，乐观地面对生活。

5. 教孩子学会积极地自我暗示

父母要教会孩子通过积极的自我暗示来达到自我激励的目的，尤其是在孩子面对失败和挫折的时候。这个时候能够进行一些积极的自我暗示可以让孩子更快地走出不良情绪的影响，用更加乐观的心态来看待自己所面临的问题，以达到更好的自我激励效果，帮自己更快地走出困境，走向成功。

教子箴言

孩子只有在不断地自我激励的过程中才能够走向人生的一个又一个顶峰。孩子学会了自我激励，才能够更好地发挥出自己的潜能。

细节 23 引导孩子克服消极思想

消极是啃噬人灵魂的毒药，它可以让体格健全的人成为残废，也会让鲜活的生命走向枯萎和死亡，会让更多的阴霾遮住头顶的天空，阻碍阳光的降临，也会悄悄地偷走我们的笑容。

——英国生物学家 达尔文

家教个案

王勇最不喜欢做的功课就是背诵。每次上语文课他都心惊胆战的，很害怕被老师点名来背诵，每次表现都很差。

王勇对于背课文很不自信，而老师的批评也让他对背书持消极态度。渐渐地，他就认定自己肯定是不会背诵了。只要一上语文课，他的情绪就开始紧张。

现在王勇在学习上表现得很消极，每天早晨都不愿意去上学。如果第一节课是语文就更加消极，甚至选择逃避。有时候，妈妈催促几遍他才慢腾腾地拿起书包。妈妈便开玩笑说："你这孩子，怎么上个学还这么愁眉苦脸的？"

王勇便跟妈妈说："老是被批评，我哪儿有兴致啊。"妈妈听后便说道："你就是因为没兴致，积极性不高，才会被批评的。"妈妈又说道："学习，在思想上一定不能消极应付，积极点才会越学越有兴趣的。"王勇听完背起书包就跑了，边走边想这样是否有用。

教育感悟

孩子对待学习情绪消极时，父母要及时帮忙调整，放任不管会让坏情绪影响到孩子生活的方方面面。学习上如此，生活中也是。孩子积极向上的心态是父母们最想看到的，而屡次的失败很容易造成孩子产生消极情绪。

一些不合理的思想和信念也容易让孩子产生消极情绪。孩子无法客观地认识自己，对自己评价很低，没有价值感，这些会让孩子悲观失望，觉得自己没有人生希望。父母此时要帮孩子客观理性地看待自己，转变孩子因为不合理的想法而产生的消极情绪。

孩子的情绪易受到外界环境的影响，很多时候，孩子在生活中所接触到的人的情绪也会给孩子带来影响。尤其是父母，如果整天愁眉苦脸、唉声叹气，孩子肯定也是深受其害。一个良好的家庭环境，可以培养出孩子健康向上的生活态度，而消极的生活氛围则不利于孩子的健康成长。

当孩子面临困境、情绪低落时，父母的鼓励对孩子来说最为珍贵，它可以帮孩子尽快地从失败的阴影中走出来。当孩子遇到危险、困难、痛苦、沮丧时，最希望从父母这儿找到动力。父母的鼓励能够让孩子鼓足勇气去面对困难，积极想办法，让自己走出不良情绪的困扰，尽快找回自信，乐观地面对生活。

专家建议

消极情绪会给孩子的学习和生活带来极恶劣的影响，因此父母要帮孩子及时地调整这些消极情绪。

1. 尊重孩子的感受

孩子的感觉其实很敏锐，父母在听孩子向自己表达一些想法时一定要全神贯注。多用一些“噢”、“嗯”、“我知道了”之类的用语来认同孩子的感受，引导孩子把自己心里的感受表达出来，并借机鼓励孩子或努力地帮孩子达成愿望。至少让孩子从心理上感受到父母也是很在乎他的想法和感受的。

黄敏的幼儿园在5月底就放暑假了，一直到8月下旬。在放假那天，妈妈去幼儿园接她，遇到了黄敏同学王昊的妈妈。两个妈妈聊起天来，王昊妈妈说假期太长，而她上的是下午班，没人照看王昊。黄敏妈妈听后就说，如果不介意就送到我家来吧，我可以帮着照看。

黄敏的妈妈想，正好让孩子有个玩伴，还能培养他们与人相处的能力。此时黄敏妈妈根本没有注意到小黄敏已经撅嘴了，回到家后一直闷闷不乐，妈妈就过来问：“敏敏，怎么了？是哪里不舒服吗？还是有什么不开心的事，跟妈妈说说。”

黄敏撅着嘴说：“为什么要让王昊来咱们家？他在幼儿园的时候总欺负我们女生，我们都不愿意跟他一起玩。”

听了黄敏的话，妈妈才恍然大悟。在自己做这个决定的时候，应该先问问孩子的意见的，毕竟王昊来家里主要是跟黄敏玩。孩子跟大人是一样的，交朋友也得看是不是合拍，有的孩子任凭你家长怎么往一起捏人家也玩不到一起。黄敏妈妈意识到自己做这个决定有点鲁莽了，没有把孩子的意见和感受放在第一位，没有真正地把孩子当成一个独立的个体来对待。

父母很多时候，会觉得孩子的感受是无足轻重的，因为他们还小，什么都不懂。其实很多时候，孩子说的都是自己的真实感受。父母的忽略，只会让孩子幼小的心灵受到伤害。

2. 要用心聆听孩子的话

孩子的话父母要用心聆听，如果敷衍孩子，只会让他觉得失望，对自己的想法也没有了自信。孩子在和父母交流的过程中，本来就会对自己的一些观点小心翼翼，如果还被父母漠然视之，就会让孩子更加找不到自信，从而出现消极的负面情绪。

3. 教会孩子做积极的心理暗示

当孩子的情绪处于消极的状态中时，父母要多让孩子来做一些积极的心理暗示。比如，多说，“我自己很棒”、“我这次只是身体有点儿不舒服，下次比赛跑步一定可以跑得更快”、“其实我一点儿也不笨，只是没有全部投入到学习中罢了”等积极的话语，通过这样一些心理暗示帮孩子渐渐地从自我否定中走出来。

4. 教会孩子发泄，排除不良情绪

孩子在生活中碰上不满的事情之后，父母千万不要让他们由此产生的负面情绪憋在心里，这很不利于孩子心理的健康发育。当孩子感到悲伤失望时父母要给孩子以安慰，让他把自己的不满和委屈都讲出来，学会正确地运用心理疏导方式及时地走出不良情绪的困扰。如果不良情绪长期得不到发泄，就会发生壅塞，只会渐渐地使孩子走向消极。

5. 给孩子营造积极健康的家庭氛围

良好的家庭氛围对孩子积极思想的形成会产生很大影响，父母对人对事的态度是积极还是消极也会影响到孩子。孩子的很多处理问题的方法和经验都是从父母身上习得的，所以如果父母遇到一点儿小麻烦就觉得大难要临头了，孩子也会受到影响。

刘丽的妈妈很胆小，平时要是碰到一些突发事件就慌乱得不知所措了。孩子们要是有个头疼脑热她也会很难过，还总喜欢往坏的方面想，并不停地唠叨着，“孩子这样子，又要耽误学习了，多不好呀。”接着又开始唉声叹气、怨天尤人。刘丽现在也和妈妈一样，只要碰到一点儿坏事就觉得天要塌下来了。

一个好的家庭氛围能够更好地培育出孩子积极健康的心态，父母要做孩子的榜样，在平时的生活中多给孩子展示自己积极乐观的一面。

教子箴言

消极的情绪可以加速失败。孩子现在正处于成长的过程中，不要让消极情绪埋没了孩子本身具有的才华，使孩子乐观地面对生活，让他的生活永远充满阳光。

细节 24　塑造孩子面对逆境的不屈心态

逆境更能显现出一个人力量的所在，不被困境压倒，不屈不挠地去奋斗，这样的人生才能幻化出最壮丽辉煌的色彩。

——英国哲学家　休谟

家教个案

王与和别的小朋友相比，他的学习能力和自理能力都高于别人，所以他在平时也比较傲气。在日常生活中，家里人也都觉得孩子聪明、上进，所以事事都顺着他、宠着他。

王与在和父母下棋时养成了一个坏习惯：只能自己是赢家，不能让别人赢。在下棋的过程中，他还是非常谨慎的，也很专注。只是到了最后，结局要见分晓的时候他就非常重视这个结果了。如果是自己赢了，他会特别高兴和得意；如果输了，他就会觉得自己接受不了，哭着闹着要悔棋重来。

要是爸爸不依他，他还会被气得满脸通红，哭着埋怨爸爸不好。王与觉得自己输了，这在他的世界里是最不能接受的事情。爸爸妈妈也觉得自己的孩子有点承受不起失败，这种心态是不利于孩子进步的。

教育感悟

孩子在生活中会碰到的各种各样的逆境。这些都是磨炼孩子毅力和意志的运动场，是孩子成长的催化剂。父母要培养孩子具备面对逆境时的不屈不挠的心态，在面对困境时要多让孩子给自己一些自我激励、迎难而上。一个人在智商与其他人差不多的水平下，面对逆境时的态度便成为决定一个人能否最终走向成功的重要因素。

如果孩子在受到意想不到的外来影响和冲击时，能够不屈于逆境，生活中遇到各式各样的问题和麻烦时能自己解决并从中获得乐趣，这可以让孩子从逆境中收获自信和探索的勇气。而这种能力，可以让孩子在以后的生活中更好地做到遇事不慌乱，坦然面对，理智解决。

让孩子具备良好的面对逆境的能力不是一蹴而就的事情，要经过父母长期的培养才能够见到成效。父母平时在孩子面对困难的时候，不要觉得这是低级的错误就对孩子说一些会伤害他们自尊心的话，这会严重地影响到孩子独立解决问题的能力。孩子在遇到逆境之后，最先想到的人还是父母，希望能够从父母那里得到勇气和指引，可是却被父母无情或毫不在乎地推开，会给孩子造成很大的伤害。

父母平时要培养孩子独立解决问题的能力，让孩子在自己的事情上能自己做决定。当孩子碰到困难时，父母只要从精神上给予支持就可以了，不要替孩子做主或解决，这样会造成孩子的无助感。

专家建议

父母要培养孩子面对逆境时不屈的心态，可以从以下的一些方面来对孩子进行培养，越早培养对孩子越有利。

1. 培养孩子乐观的心态

在培养孩子乐观心态的过程中，有一种体育精神很值得提倡，这就是赢得胜利的时候要谦虚，输的时候也应该潇洒。只有追求完美，才能够让自己在失败和受挫后重新鼓起希望的勇气，再次踏上征程。乐观的孩子会更加成熟理智地来面对自己生活中的每一件事。事情本无好坏之分，乐观的人看到的是希望，悲观的人看到的却总是困难。

2. 培养孩子的承压能力

首先要让孩子清楚地知道自己的长处和短处，鼓励孩子去积极地发挥自己的长处，对于自己的短处也要坦然接受，不要对自己的长处盲目乐观，对自己的弱势过于悲观。训练孩子在遇到意外处境时能够当机立断地做出相应的决定，不要去盲目地求助他人。

教导孩子多接受别人的意见，以便自己在遇事时能更客观地做出准确的决断。如果正在面临逆境，更要订立出明确的目标，按时作息，跟着既定的程序来做自己的事情，不能彻底崩溃，然后一盘散沙。平时也要懂得适当的休息和娱乐，不要让自己处于过强的压力中。

3. 培养孩子解决问题的能力

父母要让孩子明白，生活中的麻烦事是会不断涌现的，但是不管碰到什么问题都会有解决的办法，完全的绝路是不存在的。所以应当教育孩子，不论遇到什么事情，都不要先自己把自己吓倒，然后用最消极的方式来抵抗。这是最糟糕的解决方法，要让孩子学会遇事冷静，然后见招拆招。

小艾在家里玩，一不小心把金鱼缸打破了。她看着在地上活蹦乱跳的金鱼，就呆呆地站着不敢动了。妈妈走了出来，看到了被吓呆的孩子。连忙对她说："宝贝别怕，没事。你快去把自己的小盆子拿来，再去接一些水来。"小艾赶忙按妈妈的吩咐去做，把水端来后就一条一条地把鱼放进了盆子里。妈妈用拖把把地收拾干净。忙完后，她笑着对小艾说："你看，问题都解决了。"

生活中总是会遇到各种问题，父母要培养孩子能够主动地去解决问题，既不逃避也不依赖于别人。

4. 父母要以身作则

很多时候，孩子在生活中遇到一些失败的事情，比如比赛输了、考试又考砸了等，孩子还没有说什么呢，父母就开始唉声叹气了，觉得不能接受这样的结果。这样子就会让自己的孩子更加不敢去面对自己的失败。在孩子的失败面前，最先流露负面情绪的不应该是父母。

小溪现在 5 岁了，妈妈从小就让她学习弹钢琴。这次是孩子第一次去参加钢琴考试，妈妈和小溪都感到特别紧张。考试开始后，她不经意就弹错了两处。小溪觉得害怕极了，就哭着跑了出来说自己不考了。妈妈见状是又急又气，直接就训道："有什么好哭的？在家里不是练得好好的吗？怎么到了这里就不行了？真是丢死人了！"

父母在面对孩子的失败时往往是自己就先崩溃了，不敢去面对这样的现实，这样只会把孩子带入更为绝望的深渊。

5. 学会在孩子面前示弱

父母在孩子面前总是喜欢表现自己的能干、孩子的拙劣。当孩子自己做事情的时候，父母又喜欢在旁边指手画脚，说孩子这儿没有做好，那儿也没有做好，甚至有时候干脆自己来代劳，直接就剥夺了孩子在遇到麻烦时自己解决问题的机会。孩子体会不到自己克服了困难之后战胜自己的喜悦感，反而养成了对父母的依赖感，对自己能力的怀疑和无力感。

教子箴言

逆境会带给孩子痛苦，但也带来磨炼。当孩子面临逆境时，父母要教导孩子学会好好地享受逆境给自己带来的宝贵财富，敢于不屈不挠地面对生活中的各种逆境。

细节 25　帮孩子顺利度过“心理断乳期”

自立是要有一段心理适应期的，我们在痛苦和忧伤过后，就会更加发现成熟的美丽。

——中国教育家　陶行知

家教个案

王安现在开始上初中了。还不到半年，爸爸妈妈就觉得孩子像是变了一个人似的。以前他是个很听话的孩子，现在竟然变得也很调皮了，还和班上的同学一起溜进网吧里去上网打游戏。

这次回家，他一进门妈妈就看到孩子的耳朵上亮闪闪地挂了一片东西。仔细一看，原来是耳环，妈妈一看就有点儿生气了。一个男孩子，打耳洞干什么。妈妈对他提出了意见，他也全是当作自己没听见。妈妈一下子觉得孩子好像离自己特别远了。

以前只要是自己说的话，不管是对的还是错的，孩子都会很认真地来对待。现在自己说的话，不论对的还是错的孩子都能装作听不见。说多了，他还会顶嘴，觉得妈妈不了解他、不尊重他的选择和生活。如此一来，妈妈也觉得不知道该怎么来管他了。又对孩子特别地不放心，怕孩子学坏了。

教育感悟

孩子在涉世之初对世界、对人生的认识都还比较模糊，有很多的迷茫和困惑，渐渐地他们也会有自己的想法和感情。他们想在一些事情上自己做主，不愿意总是听从于父母的建议。这个时期的孩子也就进入了“心理断乳期”。

此时孩子的情绪也是忽上忽下的。他们还会选择一些自己认为比较有权威的人来作为自己最先获得自我独立和解放的反叛对象。父母也会在这个时候觉得自己的孩子变得不听话了，出现了许多自己不太喜欢的言行。

随着青春期的到来，孩子的身体和心理都发生了急剧的变化。这对孩子的生活造成了巨大影响，他们想尽快摆脱童年的一切，寻找一种全新的行为规则。这是孩子在心理发育过程中的一种正常现象，是孩子的成长必经阶段。父母要正确地认识、好好地对孩子进行引导。进入“心理断乳期”之后，孩子的“成人感”会增强，对父母和老师的信赖感也会逐渐下降。他们在心理上就会更多地要求摆脱父母的控制，想自己独立，想让父母尊重自己的行为和决定，希望父母把自己当一个大人来对待，讨厌父母对自己行为的过度关心、监护和说教。对于父母的说教，孩子会觉得很厌恶，把它们看成是一种唠叨。

这个时期的孩子还特别容易在父母的面前出现情绪失控的现象，在自己受到挫折之后又很容易陷入情绪低落、自卑自责之中，自己不能够尽快地从悲观情绪中走出来，严重的还会影响到学习的正常进行。父母如果不能够及时地指引孩子，这会对孩子性格的形成产生不良影响。孩子此时的个性还没有稳定下来，正处于不断的变化当中。

专家建议

“心理断乳期”是一个危险的时期，父母要多给孩子一些正面的引导，帮孩子顺利地度过这个时期。

1. 帮孩子树立正确的人生观和价值观

在这个特殊时期，孩子的价值观和人生观比较混乱，孩子要从心理上脱离对父母的依赖，因此帮他们树立正确的人生观和价值观就非常重要。

此时的孩子要学会对人、事做一个正确客观的观察和评价，学会冷静妥善地处理事情，也不要放松对自己才能和技艺的学习。只有当孩子能够在独自的情况下也可以做好这些事情时，也就是让孩子成功顺利地度过了“心理断乳期”。

2. 教会孩子正确地评价自己

孩子的心智发育尚不健全，容易陷入对自己的评价过高或过低的误区，很难做一个理性客观的评价。当自己在寻求独立的过程中取得一点成功和进步的时候，孩子易出现过度骄傲，但当孩子一旦面临失败和挫折时，又容易过于消极和自责。所以父母要教导孩子能够客观地评价自己，发现孩子有过低过高的情绪苗头要及时地予以指引。

3. 父母不要过激地对待孩子的叛逆

处于“心理断乳期”的孩子容易做出一些与父母的意思相违背的事情，父母在面对孩子这些叛逆行为时千万不要进行打骂教育，这样会严重地制约孩子寻求独立的自尊心。他这样做就是想证明自己已经不是小孩子了，可以自己做主。

小语现在读初二，班上的很多女同学都开始打耳洞戴耳环了。小语也跟着大家打了耳洞，而且每只耳朵上打三个，总共六个。

放月假回到家，她跟妈妈说了这件事。妈妈便说：“两个就够了，这么多你不嫌烦啊？”小语便说妈妈老土，妈妈也无语。爸爸晚上回家一看孩子的耳朵红红的，又听妈妈说是打了六个耳洞，便很不高兴。于是把女儿数落了一番，小语顶了几句嘴，爸爸就感慨现在孩子是越来越难管了。

如果父母用极端的方式对待孩子的这种过激行为，只会让孩子无法明白自己行为的不妥，反而会疏远了亲子关系，因此父母在面对孩子的过激行为时，要学会理智冷静地处理。父母一过激，只会让孩子更加受刺激，从而导致叛逆加剧。

4. 让孩子了解自己的身体

这个时期，孩子的身体和心理都会发生很大的变化。此时父母一定不要忘了对孩子进行正确的青春期教育，要让孩子正确地了解性知识，了解自己的身体随着成长都会发生哪些正常的变化，引导孩子拥有健康向上的生活。父母如果不注意这一点，让孩子从其他方面去了解，或者根本就不了解是不利于孩子身心的健康发展的。

小红现在已经快12岁了，妈妈看着孩子的个子在不断地长高，身体也有了很多的变化，就选择了一个比较合适的时间，将一些女孩子的生理卫生知识告诉了她。

妈妈告诉她月经是怎么回事，要是来月经了应当怎么办，不要碰凉水吃冷饮等，还有一些其他关于性的知识也对女儿进行了相关的教育，让孩子能够正确地看待自己的成长，乐于接受自己向成人的转变。

孩子对自己身体的了解也是对自我的一种了解。父母主动向他讲述有关这方面的知识可以帮助孩子更好地照顾自己，使他们能用更健康的心态来面对生活。

5. 教孩子加强和同龄人之间的交流

父母平时要鼓励孩子多与自己的同龄人交往，告诉他们在与同龄人交往的过程中自己的困扰也可以得到更多的启迪、疏导和帮助，不必自己独自来品味这种青春期的茫然与无助。

孩子如果放弃与同龄人交往的机会，只会让他，越来越孤僻和烦恼。这个时候也是孩子最“不合拍”的时期，会出现很多的混乱情况，心理承受能力也比较差。多和同龄人交流这种苦恼，会让孩子觉得自己并不孤单无助。

教子箴言

孩子的“心理断乳期”也就是他们学会自立的过程。可能会有很多的“阵痛”，但是也会让孩子更快地走向成熟，做一个真正的成年人，能够更好地面对和处理自己的生活。

细节 26　给孩子一颗寻找快乐的心

生活中不是缺少快乐，而是缺少一颗寻找快乐的心。给孩子一颗寻找快乐的心，就是让孩子有了飞往幸福的翅膀。

——德国理论家　罗莎·卢森堡

家教个案

刘小宝总觉得自己过得不顺心，好像什么事情都和自己别扭着来。妈妈发现他总是叹气，还说自己太倒霉了，便好奇地问他："又碰到什么不好的事了吗？"一问才知道，都是一些鸡毛蒜皮的小事，妈妈便觉得孩子小小年纪，怎么会为了一些小事烦恼。

一天放学了，小宝看到外面正在下着雨，自己又没有带雨伞，便觉得很不开心。他说："怎么就我这么倒霉呀，偏偏没有带雨伞，却碰到下雨了。"

正好这个时候，班上的小林也走了出来。他也没有带雨伞，没想到他见到这种情形却笑了起来，说道："终于可以享受一回夏天的雨了。我爸爸经常说他自己当年是怎么冒雨去上学、去上班的，今天我终于能体验一回了。"小林说完就冲到了雨中，向公交车站牌跑去，留下了在那里唉声叹气的小宝。

教育感悟

快乐是需要去创造的。孩子在平时的生活中遇到的烦恼和困难其实都不是真正能导致他们不快乐的因素，孩子对这些事情的看法是决定自己是否快乐的主要因素。如果孩子拥有一颗寻找快乐的心，就会发现自己的生活是时刻被快乐所包围的。

很多时候，人的烦恼都是由于自己的一些偏见以及不正确的认知造成的。

乐观积极的人在看问题时会尽量看到事情美好的一面，在做事情的过程中也会对事态的发展保持一种美好的希望。悲观的人则多是抱着一批判、审视的态度来看待事情的发展。

月有阴晴圆缺，人的心情也是一样，会出现难过、紧张、兴奋、喜悦的各种变化。如果孩子长期处于一种坏情绪中，不但会影响到学习和生活，也会对孩子的人际关系造成影响。所以父母要尽快想办法解决掉孩子这些不好的情绪。如果孩子遇事都能向快乐的方向去想，就不会过于沉溺到不良情绪中来。

快乐是一个人生命中的重要元素。积极乐观的心态不仅能够帮助孩子走向成功，而且能让孩子在面临困境和挫折时不屈不挠。另外，良好的心态也有助于孩子身心的健康。大家经常说，有什么样的心态就会有什么样的人生。

现在的孩子面临的压力很大，如果不能拥有快乐的心态，就更容易陷入到消极悲观的情绪中。父母也要做快乐的人，然后再鼓励自己的孩子去做快乐的人，快乐地接受失败挫折，快乐地改正错误，引导孩子拥有一颗能寻找快乐的心。

专家建议

如何让孩子快乐地成长应该是父母最应该关心的事。只有拥有了一颗能找寻快乐的心，才能拥有一个快乐的人生。

1. 让孩子悦纳自己

父母要让孩子明白，很多时候只要改变了自己的心情，也就改变了自己生活的世界。是否拥有一个好的心态也将决定着孩子是否会有幸福和快乐，这种快乐爸爸妈妈是可以给予孩子的。

能够悦纳自己这点很重要。一个人只有能够乐于接受自己，才能够乐于去接受这个世界。要学会喜欢自己的优点，更能够坦然地接受自己的缺点。多对自己说："太棒了，我今天没有迟到。""太棒了，今天的作业提前完成了。"觉得事情都很棒，就是有了一颗去主动寻找快乐的心。

2. 让孩子学会善待别人

善待自己也许比较好做到，但是要做到善待别人可不那么容易。在平时的家庭生活和学校生活中，孩子都不可避免地要跟许多人接触。这其中会有他们喜欢的人，也会有他们不喜欢的人，这样一来，就要让孩子学会接纳别人。

要让孩子明白，在与人相处的过程中要多看他人的长处，而不要过于计较别人的短处。多给人微笑和赞美，少给人抱怨和批评。这样一来，你也会渐渐地收获到更多人的善意和好评，获得更多的快乐。

3. 培养孩子具有成功者的心态

父母要注意培养孩子具有成功者的心态。要让孩子在做事情的时候能够从内心深处觉得我能行，我可以做得很好。如果老是觉得自己是一个失败者，什么都不行，那么也会过得非常不快乐。

让孩子多跟自己比赛，不断地战胜自我，觉得自己是一个成功的人，能够自信地喊出“我可以做得很好”来增加对自己的信心。这样，孩子可以渐渐地做得更好，更自信快乐地生活。

小东的爸爸平时就注意培养孩子成功者的心态，发现孩子表现出色的地方，就及时地表扬，在孩子遇到失败和挫折的时候给孩子以鼓励。他经常跟孩子说：“你真棒。”父母的帮助和鼓励能培养孩子的自信，小东也时刻觉得自己是很有能力的。因此小东平时也是一个很大胆和独立的孩子，每天都是精力充沛乐呵呵的。

父母要经常给孩子鼓励，培养孩子一种成功者的心态。这样孩子在自己的生活中就能够寻找到更多快乐。

4. 教孩子面对错误不害怕

孩子很多消极不开心的状态都出现在自己一次次的失败和错误之后。当孩子无法及时地调整好自己的心理状态从打击中走出来，就会渐渐地觉得自己真的是很笨、很无能，也就失去了去体会快乐的心，从而在困难面前无能为力，感到害怕。

东林的妈妈很注意孩子的教育。在东林两岁的时候，有一天他想自己从冰箱里拿出那个大的玻璃牛奶瓶倒奶喝，可是刚一拿出来奶瓶就掉到了地上。

牛奶洒了一地，妈妈看见连忙笑着说："你好厉害啊，都会用牛奶拖地啦，那样地板会更香哦。"东林一听也乐了，连忙用一块清洗池子的海绵把地抹一遍，说是要让所有的地都变成香的。妈妈等孩子玩够了之后便让孩子用水把手洗干净，又用拖把把地拖了一遍。

父母要让孩子明白，错误不可怕，只是一次学习的机会而已，通过犯错可以学会很多有价值的东西，下次再遇到就不会再犯了。父母要教孩子用学习的心态来看待自己的错误，不要害怕犯错，只要能够更好地改正错误就好了。

5. 让孩子学会把烦恼说出来

孩子心里有了不开心的事情情绪失落时，父母要引导孩子把不快都发泄出来，不要闷在心里。

平时生活中，孩子考试考砸了、比赛失败了等父母都要及时地对孩子进行开导，帮孩子走出这种失落的情绪，让孩子能够坦然地面对结果，分析问题的原因。付出了就是快乐，要学会淡化对结果的重视。

教子箴言

快乐是最能滋养孩子心灵的灵药，父母给孩子一颗寻找快乐的心，是给孩子最大的一笔财富。能够更多地从生活中看到快乐，也就学会了用乐观的心态来面对生活。

细节 27　培养孩子博大的胸怀

宽广的胸怀能够容纳更广阔的天空，孩子的宽容心更是可爱。能够宽容地对待别人的缺点和错误，也能收获到更多的爱。

——英国诗人　济慈

家教个案

王明的爸爸刚给王明买了一个新的遥控汽车。他一个人正高兴地在楼下的花园里玩，这时候几个同龄的孩子边打边闹地跑了过来。他们没看见遥控汽车，其中一个孩子一脚就踩了上去。王明一声尖叫就冲了过来，拿起来一看，汽车一个反光镜给踩坏了，前面的玻璃也裂了一条缝，几个孩子吓坏了，不知道怎么办好。

王明就对那个孩子说："东西已经坏了，你说怎么办吧？"那个孩子连忙向他道歉，说很对不起。但王明不接受道歉，无奈之下那个孩子只好去找自己的父母。孩子的妈妈看了就对王明说："还可以玩，我们的家境也不好，你看要不我给你40块钱吧。"王明听了不依不饶，说道："不行，我这个也是新买的，我要新的，这个坏的给你们。"那个孩子的妈妈没办法只好赔了王明一个新的遥控汽车。

教育感悟

宽容是一种非常珍贵的品质，表现在能够原谅别人对自己的过错。富有宽容心的人也往往是心地善良的人，受人喜爱和拥护。孩子如果养成了心胸宽广的好品质，也就找到了幸福快乐的源泉。

孩子在少年时期往往会认识不到宽容的重要性，做事情喜欢凭自己的脾气。父母要明白，这是由于孩子生活经验少、阅历浅造成的。孩子在碰到事情时容易由着自己的性子，想怎么样就怎么样，不在乎别人的感受，只计较自己的得失。受到小的委屈也经常变得斤斤计较，耿耿于怀。父母要让孩子明白，宽容是一种人生的智慧，有利于建立起良好的人际关系，使自己的人生之路越走越宽。

让孩子学会宽容，先要让孩子学会尊重和理解人。当孩子拥有一颗善良的、能为他人着想的心之后，宽容之心的培养也就非常容易了。一个不懂得宽容的孩子容易陷入仇恨、暴力、偏执，让人不愿意走近他们。这样一来，便会影响孩子与人之间的和睦相处，影响孩子的长远发展。

宽容心不仅体现在“人”事上，也体现在“物”上。要让孩子平时多接触新事物，能随时感受到事物发展所带来的变化，培养出孩子独立解决问题的能力。孩子平时如果能够多接触到生活中的一些细微变化，有创新和应变意识，便可以从容地接纳新的“人”、“事”变化，以一种积极的心态来看待这些事物。

培养孩子博大的胸怀是孩子一生宝贵的财富。父母要让孩子明白，一个具有宽广胸襟的人才能收获很多友谊和帮助。父母要让孩子明白，生活中人人都会犯错误，做了错事不是得到报应才算是真的公平，因为这样只会形成消极怨恨的情绪，使人际关系陷入紧张，不利于人与人之间的和谐相处。

专家建议

如何让孩子拥有博大宽容的胸襟这也需要一个长期培养的过程，父母可以采用下面的一些方式方法来对孩子进行引导和培养。

1. 教会孩子换位思考

孩子没有宽容之心，就要让孩子学会换位思考。把自己放在对方的位置，会希望自己受到对方怎样的对待呢？如果孩子只能从自己的角度来考虑问题，那就不会去顾及别人的心理感受，也无法做到对别人的理解和尊重了。

今天在学校，有一个同学在上美术课的时候不小心把颜料弄到了小勤的花裙子上。那个同学觉得特别不好意思，连忙来给她道歉，还说要帮小勤去洗。

小勤看了看觉得问题不大，就对那个同学说：“没关系，反正我这是花裙子，看着也不是很明显，就不用洗了。我回家再洗就行了，没关系的。”那个同学听后特别感动，经过这件事后她们俩成为了很好的朋友。

父母要让孩子学会换位思考。当别人对自己犯了错误之后要多想想别人的感受，而不是自己的，这样做就能使宽容变得更容易。换位思考才可以更好地才感受别人的想法，也更容易原谅别人无心犯下的错误，为孩子赢得更多的欢迎和支持。

2. 父母要做孩子的榜样

父母在为人处事上要做一个心胸宽广的人，不要为了一些小事而斤斤计较，对人多报以友善和理解，用自己对人对事的善良之心来感染和熏陶孩子。当别人不小心损害了自己的利益时要宽容，当孩子因小事而犯错时父母要给予宽容，让孩子体会到被人宽容的温暖和感激。

3. 让孩子多参与群体活动

群体活动可以培养孩子的很多好品质，也可以培养出孩子一个宽广、宽容的心胸。在群体活动中孩子与人交往的密切程度要远远高于简单的人际交流和沟通。同时，在群体活动中孩子会碰到各种各样的人或事，犯错误的频率也会更高。

小磊的爸爸经常带孩子去参加各种联谊活动。他发现孩子在与别的孩子玩时都会特别地懂礼貌，至少比在家要强，还会很经常地使用“谢谢”、“对不起”、“没关系”这些礼貌用语。要是不小心被别人碰了一下或踩了一下，小磊也是笑笑就没事了。

多参与这些活动之后爸爸发现小磊懂礼貌了，会关心人了，也比以前有同情心。爸爸问小磊：“为什么你在和大家一起玩时那么懂事儿？”儿子说了一句：“这样，大家才可以一起高高兴兴地玩啊。”

孩子在群体生活中将学会如何与人友好相处，如何做一个被大家广泛接受的人。学会理解他人、尊重他人，这是学会宽容的基础。在群体活动中要遵守共同的群体规范，也会让孩子体会到更多碰撞和矛盾，这是锻炼孩子学会宽容的好场所。

4. 理智对待孩子之间的偏激行为

在平时生活中，自家孩子和其他孩子出现冲突之后父母要恰当区分对错，而且最好不要直接介入，要让孩子自己来处理这些问题。当然父母可以给孩子一些好的建议，但要具体怎么操作还是让孩子自己去解决。

对孩子的偏激行为既不要漠不关心，也不要过于关心和支持孩子的行为。不鼓励孩子间进行谩骂对打，要引导孩子对人有同情心、要相互尊重。事后可以和孩子探讨一下如何做一个心胸宽广、懂得宽容的孩子。

5. 教孩子正确对待新鲜事物

父母要鼓励孩子能够善于接受新事物和应对变化，不要对一些不同的有差别的事物抱有成见，不愿接受。

让孩子多去接触外面的新世界，培养孩子一种开放包容的心态，让孩子对各种新鲜的事物都能抱着一种欢迎尊重的态度，不排斥、不诋毁，这样也可以帮助孩子在以后的社会中乐于接纳一些陌生的人和事。

教子箴言

宽容是一种优良的品德，也是一种过人的智慧。一个具有宽容心的人也能够收获到更多的幸福和快乐。如果孩子学会了宽容，那么他就掌握了与人相处的智慧，就能生活得更快乐。

细节28 培养孩子的同情心

同情心是善良的根基，能够让人变得温和，使人可以更加敏锐地察觉到别人的痛苦，给他们帮助，它让人看到更多的爱，也乐于去付出更多的爱。

——美国作家　马克·吐温

家教个案

夏天到了，刘东在放学的时候听到路旁的水沟里有青蛙的叫声，便和几个调皮的男孩子一起到沟里去捕捉青蛙。不一会儿，他就抓到了三只。刘东高兴极了，问道："你们谁有小刀，借我用一下。"然后他就在旁边的草坪上开始解剖起青蛙来，看到青蛙在痛苦地挣扎还不停地笑。

旁边走过来一位老爷爷，他看到几个孩子在那里解剖青蛙觉得很残忍，就对他们说："你们这样子可不好啊。现在的青蛙已经越来越少，而且还是保护动物。你们怎么说杀就杀了呢，要爱护这种小动物啊。"

刘东听后说道："这是我们的事，不要您来管，我们想怎么玩就怎么玩。"老爷爷看了看这几个孩子只好摇摇头走了。刘东他们玩了一会儿觉得没有兴致了，便各自回家了，剩下那三只半死不活的青蛙在草地上挣扎着。

教育感悟

在这个充满竞争的社会里，孩子的同情心似乎也在急剧地下降。他们变得越来越冷漠，除了自己的事情和心理感受之外，别人的痛苦都不在他们考虑范围之内。

同情心是爱的一种体现，缺乏同情心的人只会关心自己的得与失，甚至喜欢把自己的快乐建立在别人的痛苦之上。这样的孩子是很可怕的，因为将来他们的冷漠也会用在对待自己父母的身上。所以养育一个有同情心的孩子是非常必要的。

在平时的生活中，父母一定要注意给孩子正确的引导。对孩子的要求不能够只是看他是否学习认真、成绩好，还要关注对孩子爱心的培养。培养孩子善良、关心人的品质，是一项很细致、很微妙但也是意义深远的工作。要注意培养孩子对情感的感受能力。

情感也是培养同情心中很重要的一点，父母要注意让孩子生活在一个富有人情味的环境中。在平时的家庭和邻里生活中，父母要让孩子感受到父母之间是相亲相爱的。孝敬长辈，待人友好，全家人在一起是一种和睦友善的关系。父母的言传身教有利于孩子学会关心别人，在别人出现不幸和痛苦时能够心生同情。

孩子的同情心不是一朝一夕就能培养起来的，也不是通过口头宣传就可以让孩子养成的，它需要一些情境化的感染。在特定的情景中，父母要对孩子进行正确的引导，让孩子能够渐渐地养成对人有同情之心。

平时也要让孩子去做一些帮助人的事情。一个乐于助人的孩子也是一个善于感受别人疾苦的人，他会关注到别人的感受也能对人显示出尊重。这样的孩子在碰到弱小病患的情况下，一定会给予自己的同情和关怀。

同情心也就是传统美德中的仁爱之心、善良之心，富有同情心的人也能得到别人的爱护和拥护。

专家建议

要培养孩子的同情心，增加孩子的爱心、善心。父母可以采用下面的一些方法来对孩子进行引导。

1. 鼓励孩子养小动物或植物

研究表明，饲养小动物的孩子更容易具有同情心，情感更细腻，能体贴关心人。父母可以在平时根据孩子的意愿，帮孩子选择一些小动物饲养，通过对小动物的养育，让孩子学持“知冷热，通人情”。让孩子能够明白，小动物、植物也是有自己的生命的，通过培养孩子对动植物的仁爱之心有助于培养孩子的同情心。

2. 培养孩子的礼貌习惯

父母如果希望自己的孩子能够富有同情心，还要注意培养孩子的文明礼貌习惯。在平时的生活中，文明礼貌在孩子的行为举止表现中十分重要。能够文明礼貌待人的孩子，也会收获别人的关爱和尊重。在相互交流中，孩子能深切地感受到人与人交往的温暖，这是让孩子远离冷漠的好方法，而冷漠正好是同情心的天敌。

3. 父母要多给孩子展示善良亲切的一面

有时候，父母对别人非常善良亲切，可是在自己孩子面前却特别严厉、冷漠，这样不利于培养孩子的同情心。父母这样待孩子只会让他们很畏惧自己，也很听话，但是孩子的内心却没得到所渴望的爱。久而久之，孩子的心灵也会变得冷漠狭隘，对人没有很温暖的情感，也就让孩子失去了去感受爱和去爱人的能力。

小平的爸爸妈妈平时对孩子的要求很严格。妈妈是一位人民教师，所以对于孩子的成绩非常在意，平时对孩子说话的语气也是命令多于请求，还特别吝啬给孩子笑脸和夸奖。

小平在学习上很专注努力，话也不多。只要小平拿到了高分，妈妈就会很高兴，终于能够把自己的笑脸展现给小平。生活在这种家庭教育环境中，小平也变成了一个很冷漠的人，从来不愿意主动地去关心自己的父母。

父母给予孩子的温暖，能够更好地培育出孩子的同情之心。孩子心中有爱，才能够更好地去同情他人。

4. 保护孩子的同情心萌芽

孩子并不是生来就没有同情心的，只是在以后成长的岁月中同情心因为得不到滋养而死掉了。当年幼的孩子在生活中表现出同情的时候，父母要及时给予鼓励和保护。孩子有时候在看到别的小朋友受伤哭泣之后，自己也会觉得像受了伤一样，流露出痛苦的表情。这就是孩子同情心幼芽的流露，要好好保护。

今天逛街的时候，王丁看到一个和自己的年龄差不多的小孩子在天桥上和一个穿得破烂又肮脏的老人乞讨。王丁觉得他们特别可怜，就拉着妈妈不想走，满脸都是哀伤的表情。

妈妈看到之后，虽然明明知道这是别人假装出来的，但是孩子还小，是不会明白的。便对孩子说："小弟弟很可怜，对吧？这儿是两块钱，你拿去给他吧，让他也可以去买东西吃。"王丁便高兴地拿去给了他们了，那个人对小丁很感激地说了几声"谢谢"，小丁也对自己做的事觉得很自豪。

孩子的同情心在生活中经常会有流露，父母要注意给予保护，让孩子的同情心能够成长成孩子心灵中的参天大树。

5. 鼓励孩子多参与爱心行动

平时如果学校举行爱心活动，父母一定要积极地支持孩子去参加，如果孩子有不乐意的言行要及时给予指正，让孩子学会在这类事情中换位思考。父母有机会还可以带着孩子到孤儿院和敬老院去给那里的人提供帮助，让孩子明白生活中还是有很多事需要获得大家热心的帮助的，培养孩子的仁爱之心。

教子箴言

孩子的同情心是从一点一滴的小事中折射出来的，同情心是善之根。同情心也是温暖别人的最强大的力量，做一个会去温暖别人的孩子才能够更明白仁爱的力量。

细节29　帮孩子走出抑郁

抑郁的人看不到天上的阳光，它是扼杀心灵最残酷的毒药，年少的孩子不应该去承受这种沉重的精神负担。

——英国哲学家　培根

家教个案

小磊不是特别爱说话，平时没事就喜欢一个人待在家里玩，妈妈让他出去和别的小朋友一起玩他也不乐意。这是因为小磊是在单亲家庭长大的，他一直有一个心结。别的孩子都能够和爸爸一起去跑步、打球，而他只能够自己一个人在公园里玩，在稍微大一点之后，他对这个问题就比较敏感了，渐渐地就有一些抑郁了。

小磊的妈妈平时比较忙，看到孩子这样心里也很难过，但又无能为力，不知道该如何帮孩子走出这种抑郁的状态。

教育感悟

孩子并不能够很容易地就解决掉自己碰到的问题度过困惑时期，也不能够像大人一样能从中吸取经验，所以容易让这些不良的情绪在心中越积越多，最终走向抑郁。孩子受到心理创伤而走入抑郁的原因是多种多样的，暴力、自然灾害、家庭成员的去世、身体的病变，都可以让孩子受到创伤而陷入抑郁。

当孩子出现了明显的焦虑不安和恐惧、开始离群索居、对人表现出明显的不信任、经常抱怨自己的身体不舒服、对学校和学习生活没有兴趣的时候，父母就要对孩子的行为引起注意了，这些现象都可能是孩子出现抑郁的前兆。孩子一旦出现抑郁的苗头父母应给予及时的疏导，或者找专业心理医生让孩子把心结说出来，以便给予解决，不要让孩子的状况出现恶化而走入抑郁。

现在抑郁已经成为继自卑之后影响孩子心理健康的第二大杀手。随着社会竞争压力的增加，现在的孩子在生活中会碰到更多的问题和挫折，孩子面临的心理危机也在增长。而经历失败是孩子生活中不可避免的事情。因此父母要教导孩子，如何正确地去面对这些问题，能够尽快地从这些不良情绪中走出来。学会释放自己的压力，不要让过多的压力积聚在自己的心中，最后导致精神状态消极影响身心健康。

目前，抑郁已经属于一种比较严重的儿童心理疾病。患儿会精神疲倦，对任何事情都提不起兴趣，在人际关系上也表现得非常被动，觉得自己的人生无意义情况，严重的还会走上自杀的道路。孩子患了抑郁症会出现失眠、食欲下降等情况，无法集中自己的注意力。父母如发现孩子出现类似的情况时应该引起重视，及时带孩子就医。

心理发育不良是孩子患上抑郁的基础，高期望值的压力是患病的条件。心理发育不良是指孩子对事情过于痴迷，过于追求完美，太过嫉妒，对人过于依赖等，都可能成为孩子患上抑郁的原因。

专家建议

抑郁对孩子心理健康会造成很大的影响，父母要早发现，早带孩子治疗，让孩子尽快地找回自己健康的心理。

1. 找出孩子患抑郁的原因并化解

孩子出现抑郁都是有原因的，可能是孩子还太小，一时还不能接受，而且患病的原因一般多为外因，这些外因在孩子的心中造成了严重的阴影。父母在找到原因之后，就要对孩子进行相应开导让孩子学会坚强。

对于一些自己也无法改变的事情父母要学会接受，千万不要在孩子出现症状之后对孩子进行训斥，这样根本改变不了孩子的现状。

2. 给孩子创造更多的交流机会

孩子在出现抑郁的症状之后，父母要注意多让孩子与他人交流。有意识地让孩子多去接触一些同龄的孩子，鼓励孩子积极地与人交流，渐渐唤醒孩子失落的自信。在平时的家庭生活中，多给孩子一些关爱，让孩子感受到来自家庭和父母的关怀与温暖。一些家庭事务也要让孩子参与进来，让孩子多一些交流的机会。

小森最近总是说自己的身体不舒服，没食欲，吃东西也说没滋味，这些症状都是在他听到父母要离婚的消息之后才出现的。平时父母也只是吵吵闹闹的，现在要离婚了，不管是跟爸爸还是跟妈妈，他心里都觉得很难过。

妈妈知道了这种情况之后对孩子更加关心，什么事情都要问一问孩子的想法，尽量地想让孩子能够解开心结，让孩子明白这不是他的错，是父母之间的问题。

父母对于抑郁的孩子，除了多给他们关爱之外也要注意多与孩子交流，在增强交流的过程中让孩子能够把不良的情绪排解出去。

3. 让孩子拥有广泛的兴趣

患上抑郁的孩子最在乎的是有没有人能够陪他们玩，真正地去感受和体味他们的痛苦和无奈。父母在这个时候要多陪孩子玩，努力让孩子觉得生活中还是有很多人在关心他们、爱着他们。

最近一段时间，王冰情绪比较低落，因为他养的一条小狗病死了。王冰的妈妈也不知道该怎么安慰他才好，因为不能提小狗，只要一说到小动物他的心里就难受了。

为了这件事，爸爸妈妈在星期天陪着他一起去游乐园玩，想着法子地逗王冰高兴。刚开始王冰还是不开心，渐渐地就被游乐场孩子们的欢乐气氛给感染了，脸上有了笑意。随着时间的推移，王冰终于走出了情绪低落、开心地笑了。

对什么事情都没有兴趣也是孩子陷入抑郁的表现。多带孩子到一些欢乐的场所去玩，让孩子能够在一些活动和运动中重新找到自己的兴趣。孩子拥有了广泛的兴趣之后就可以在平时的生活中把自己的更多精力转移到兴趣上去，有了不良情绪之后也能够及时地通过兴趣来成功转移。

4. 减轻孩子的心理压力

孩子有问题，父母的责任最重大。如果孩子在心理上有了问题，父母要先从自己身上来找原因。很多时候，孩子的不开心和抑郁也与压力太大有关系，这个时候父母就要来帮孩子减压。

对于一些过于追求完美的孩子，父母要让孩子不要对完美太过执著，让他们知道，有时候缺陷也是一种美。如果孩子对某些事情过于痴迷，而对其他的事情都没有兴趣，父母也要引导孩子去发现生活的其他地方也有美丽的事情存在着。

5. 给孩子关爱和尊重

父母要注意关爱自己的孩子。虽然父母内心深处对孩子都是非常疼爱的但却把这种爱深埋在心里，不懂表达。而平时对孩子又过于严厉，这样是不能够让孩子真正感受到父母的关爱的，反而会让他觉得自己是个不招人喜欢、让父母讨厌的孩子。

对于孩子的一些兴趣和爱好也要给予尊重，不随便打击孩子的爱好和兴趣。只有在父母温暖的关爱下成长的孩子才不会觉得孤寂，不会因不被人重视和理解而陷入到消极的情绪中去。

教子箴言

抑郁只能够把更多不良的情绪郁结在心中，是非常不利于身心健康的。孩子的生活中不应该承受太多的不快乐和不开心，父母应该疏导孩子的不良情绪，让他们知道，生活中不是缺少欢乐，而是缺少发现快乐的眼睛。

细节 30 指导孩子战胜焦虑的侵袭

过度的焦虑会严重影响孩子的智力发展，并且容易诱发抑郁、孤僻、自卑等心理疾病。因此，父母发现孩子的焦虑情绪后应予以科学引导，使孩子尽早摆脱困扰。

——俄国心理学家　巴甫洛夫

家教个案

小杰上初三了。在这个面临中考的关键一年，老师和父母都很重视，无论家里还是学校，到处都是紧张的气氛。小杰本来成绩不错，而父母更是对他寄予厚望，期望他一定考上重点高中，为以后上一流大学铺平道路。

小杰是个内向细心的孩子，很有上进心。他不想辜负父母的期望，却因此背上了沉重的思想包袱。每次考试之前，他都陷入矛盾的心境：一方面希望时间慢点过，好多复习一会儿功课；另一方面又觉得考前特别难熬，希望时间快点过。因此心情烦躁，学习效率很低，考试结果也十分不理想。

这种情况越来越严重，以后每逢考试小杰就着急心慌，看不进书，睡不好觉，严重影响了他的临场发挥，成绩也从中上水平滑到了中下水平。看着教室黑板上中考倒计时的天数一天天减小，小杰觉得考试的压力犹如一个正在膨胀的阴影，让他觉得越来越沉重，从而陷入了无法摆脱的焦虑甚至恐惧之中。

教育感悟

焦虑是一种不愉快的情绪反应，它是因害怕产生某种不良后果而带来的忧虑、紧张、失望、不安、恐惧、焦躁、羞愧等交织在一起的心理感受。在生活中，每个人都会有焦虑的体验，这是一种正常的心理现象。

对于孩子来说，焦虑通常体现在以下三个方面：第一是考试焦虑。在考试前、上台表演前、体育比赛等情境中，常常伴有焦虑的体验；第二是适应新环境的焦虑。有的孩子在改变环境，如转学、住校等情况下，不知如何跟新的老师、同学相处，不知怎样照顾、安排好自己的生活，就会产生焦虑感；第三是青春期焦虑。处于生长发育期的孩子对自己过分关注，常担心自己长不高、长得不漂亮，对青春期出现的生理现象，如女孩的痛经、男孩的遗精等感到焦虑，都是一种常见的心理情绪。另外，在出现重大家庭变故时，如父母离异、亲人死亡或遭受冤枉、歧视等情况时也会产生焦虑。

科学研究表明，适度的、可以控制的焦虑对人是有益的，它会促进孩子的健康成长。但当焦虑超过了一定的限度，使人陷入惶恐不安、忧心如焚、彻夜难眠、不思饮食时，就发展成为焦虑障碍。它会严重影响孩子的学习和生活，有的孩子甚至产生严重的恐惧感和攻击性行为。如果父母不能及时发现并帮助孩子解除焦虑，将产生严重的后果。

焦虑的产生原因有多种，内在原因是由于不自信、追求完美、过分看重结果或性格懦弱、胆小怕事、情绪易波动、挫折承受力低。外在原因是外部压力增加或环境改变，使孩子感到威胁或没有安全感。孩子情感还不够稳定、不够丰富、不够深刻，情感的调控能力比较低，压力过大就易导致焦虑的产生。

焦虑应引起父母的高度注意，因为它是影响孩子健康成长的障碍——影响学习潜能的发挥和今后的社会交往，影响健康心理的培养和发展。焦虑心理会严重影响孩子的学习和生活，因此家长要关注孩子的焦虑，了解其产生的原因，及时排除孩子的焦虑心理。这同时也需要家长的耐心，不能仅凭一时的冲动和热情，而应把教育、引导时刻融入到日常生活中。

专家建议

父母要时刻关注孩子的健康成长，尤其是孩子心理的变化。当孩子出现了焦虑现象甚至焦虑障碍时，父母要及时配合学校和社会力量帮孩子走出心理困境。家长可以这样做：

1. 让孩子正确认知，建立自信

父母要帮助孩子重新构建对事物的正确认识，改变不合理的观念。不少有焦虑障碍的孩子具有完美主义倾向，对自己要求过高，当他们无法达到难以实现的目标时就会出现明显的焦虑。帮助他们建立更合适的认知模式，会有效减少他们的焦虑。

首要是学会正确认识自己，明白自己是一个怎样的人，有什么能力，想要做什么，能够做什么，然后正确地评价自己。不要太在意别人对自己的看法；其次是正确对待外界的压力和挑战。孩子的认知观念还没有成熟，容易把事情绝对化，以点带面，以偏概全，把事情想象得非常可怕或糟糕。

改变不正确的认知，对于克服焦虑情绪非常关键。要让孩子学会从多角度看问题，纠正认识的偏差，正确地对待那些容易引起焦虑的事情，如考试、升学及一些突发事件，即使出现了焦虑也能及时克服。

自信心是治疗焦虑的前提。没有自信的人，对自己完成任务的能力总是抱着怀疑的态度，因此，容易产生忧虑、紧张的情绪。对这样的孩子，父母要善于发现其长处，用赞扬和鼓励的方式帮孩子建立自信。

2. 让孩子学会自我放松

让孩子学会自我放松能有效地控制焦虑情绪的影响。放松的方式很多，如转移注意力、听音乐等。感到焦虑时，可以尝试深呼吸法、意念放松法、肌肉放松法等。深呼吸法是最常用的方法，调节呼吸可以放松心情。意念放松类似自我暗示，可闭眼默念“我很平静”、“我不紧张”等语句，通过意念来消除紧张。肌肉放松法是先闭眼、调匀呼吸、慢慢握紧拳头，再放松，在这个过程中感受肌肉的变化，帮助放松心情。

3. 调整期望值，营造和谐家庭氛围

父母都望子成龙、望女成凤，这无形中给孩子带来了很大的压力。父母要适时调整期望值，淡化分数概念。不要拿孩子与其他同学比较，避免给孩子带来压力，增加焦虑感。

父母要努力创造一个和谐、轻松的家庭氛围，放下架子，做孩子的知心朋友。与孩子进行深层次的情感交流、思想沟通，这样孩子会感到安心，产生归属感和责任感，也容易和父母形成共同目标，可以有效地杜绝焦虑的产生。

4. 让孩子及时宣泄负面情绪

缓解焦虑的最好办法是让孩子面对现实，找到产生焦虑的根本原因。不回避问题，具体情况具体解决，选择适合自己的方式来疏导不良情绪。如运动、旅游、倾诉、哭泣等。最好鼓励孩子多和朋友聚会，多和家人聊天，学会自我反省。

5. 进行积极地心理暗示

让孩子每天早晨和临睡前，在心里对自己说几句鼓励和确认的话，相信自己最棒，相信自己是有能力的人。把鼓励的话语写出来，张贴或摆在最显眼的地方。同时相信父母、老师都很爱自己，和自己有同样的想法。

教子箴言

父母要时刻关注孩子的情绪变化，及时与孩子沟通，并有耐心、有恒心。父母和孩子的共同努力，一定会让孩子走出焦虑的心理误区，快乐健康地成长。

细节 31 引导孩子克服自卑心理

适度的自卑是有益处的，但过分的自卑则使人什么事都不敢尝试，这种人会离成功越来越远，与成功越来越无缘。

——德国心理学家　阿德勒

家教个案

李卫红在初中学习成绩很好，各方面表现也不错。但自从考入重点高中后，她就习惯于把自己的各项素质与班上最好的同学比，结果把自己看得一无是处，认为自己学习能力不行、交际能力不行、动手能力不行、文体方面也没有特长……凡是能想到的项目她都可以举出几个比自己强的人，这个世界对自己太不公平了。

从此，李卫红像变了一个人。走在街上，以前小学的老师甚至认不出李卫红了。李卫红佝偻着肩膀，贴着墙角，步履沉重地走着。她认为天空也是灰色的，自己是世界上最不幸的人。因为她不再是第一名的尖子生，不再是漂亮的被大家喜欢的“美眉”，演讲不再是最棒的，运动会上有人跑到了她的前面。李卫红已经被自卑打击得抬不起头来了。

教育感悟

自卑就是自我评价过低，自己瞧不起自己。它是一种人格上的缺陷，一种失去平衡的行为状态。自卑常以一种消极防御的形式表现出来，如妒忌、猜疑、羞怯、孤僻、迁怒、自欺欺人、焦虑等。自卑使人变得十分敏感，经不起任何刺激。

自卑的孩子往往不切实际地低估自己，只看到自己的缺陷，而看不到自己的长处，老觉得自己不如别人。自卑的孩子由于对自己各方面的评价都很低，所以害怕得不到别人的尊重，从而丧失实现自我的信心。他总是以别人为参照物，罗列理由来说明自己的无知和无能。自卑会使孩子背上沉重的思想包袱，丧失前进的动力，进而影响孩子一生的发展。孩子中的自卑人数近年来呈上升趋势，要消除孩子的自卑心理，不仅需要社会和学校的教育，更加需要家长的努力。

自卑往往使孩子对学习、对生活甚至对人生失去信心，这对孩子的健康成长是非常不利的。每一个孩子不管具有怎样的差异其人格都是平等的，只要有信心劣势也可以转变。最重要的是父母自己要做出榜样，用自信和自强的精神来感化孩子，纠正其自卑心理。

造成孩子自卑的原因中固然有许多无法改变的客观因素，但是作为孩子生活中最重要的人——家长，对孩子自卑的产生与消除都有密切关系。家长对孩子的期望和评价，父母孩子间的言语和非言语的沟通方式以及日常的接触等，所有这些对孩子积极自我评价、恢复或增强自信心都具有重要影响。

要教会孩子正确地认识自身和他人的差距，学习别人的长处，发扬自己的优点和特点，因为落后与缺陷都不是我们自卑的理由。只有相信自己，以自己的努力战胜消极心态才能赢得自尊和自立。能做到这些的孩子会让父母为之自豪，会让所有的人为之钦佩，会让自己永远站立在阳光之下。

专家建议

作为家长，要用多种方法来引导和帮助自卑感强的孩子克服自卑，重新树起生活的斗志。

1. 帮助孩子重新认识自卑

自卑感是一种普遍存在的心理状态，适当程度的自卑可以使人认识到自己的不足之处，从而激发人奋发向上，拼搏进取。因此，自卑感及对其的克服、超越可以使人完善自我，是人走向成功的起点和桥梁。如果没有自卑感，也就没了进取心。其实人人都会产生自卑，只是程度不同而已。所以要正确对待自卑，不要只看到危害。

2. 帮助孩子弄清自卑产生的原因

只有找到了孩子自卑的根源，才能有针对性地加以引导和帮助。很多孩子产生自卑是由于自己的身体特点、家庭因素、学习成绩等方面的原因，因此需要得到理性、有针对性的引导。

3. 教孩子正确地运用心理防御机制

家长应教育孩子在遇到挫折的时候从多角度辩证地看问题，形成合理化认识。如，当考试成绩差时可以强调考试时临场发挥不好，或考试环境不利等其他外在原因，以减轻自身的压力。同时要教孩子利用自卑补偿法和转移法等心理防御机制，以保持心理平衡，认识到某一方面的缺陷和不足，可以通过其他方面的完美和丰富进行补偿和纠正。

通常可以使孩子从两个方面进行心理补偿：一是以勤补拙，如果某方面的不足是由于自己努力不够而潜力没有充分发挥，那么就以最大的决心和毅力去使缺陷变为完美。二是扬长避短，如长相平平就可以用优异的成绩来补偿，学习一般可以通过书法、雕刻、绘画、音乐等来获得他人所不及的特殊才艺。“失之东隅，收之桑榆”，理智地对待缺陷，寻找合适的补偿目标，从中吸取前进的动力，就能把自卑转化为一种奋发图强的动力。

4. 鼓励孩子进行积极的自我暗示

心理学家莫顿曾提出预言自动实现的原则，认为人们具有一种自动实现预言的倾向。爱默生也认为，在我们的心灵的眼睛面前，长期而稳定地放着一幅自我肖像，我们会与它越来越接近。

所以，如果我们把自己想象成胜利者，将带来无法估量的成功。当感到信心不足时，孩子应该给自己进行积极的自我暗示，把“别紧张，我也行”、“我一定能成功”之类的话写下来，或者大声说出来。

5. 家长对孩子的要求要适当

帮助孩子建立自信、克服自卑，家长的要求要适当，不能苛求孩子。家长对孩子的要求应该与孩子实际的能力和水平相适应。孩子取得成绩家长应及时表扬、鼓励，使孩子对自己充满信心。

对于平时学习成绩差考试总不及格的孩子，家长应以关心和安慰的态度帮助孩子分析错误的原因并总结经验教训，给孩子以耐心的指导，一步步地提高孩子的成绩，让孩子看到自己的进步逐渐树立自信心。

6. 尊重孩子的自尊心

自尊心是孩子健康向上的基石，帮助孩子建立自信、树立自尊心非常重要。有的孩子自尊心很强，如果做错事自己就很内疚。如果家长再对他冷嘲热讽，甚至拳脚相加，就会严重挫伤孩子的自尊心，孩子会破罐破摔，越来越差。这时家长应关心、体谅孩子，对他说人人都会犯错，只要知错就改下次不犯就行了。这样，孩子就会排解消极情绪，越来越有自信。

教子箴言

自卑并不是一朝一夕形成的，克服它也需要一个过程，家长应该有信心、有耐心、有恒心。在家长坚持不懈的努力下，孩子一定会逐渐克服自卑，建立自信，更加健康地成长。

细节 32 帮助孩子摆脱孤独

孤独让孩子失去友谊的温暖，感受不到融入集体的快乐与自信。父母要给孩子创造温馨的家庭环境，用深厚的爱来融化孩子孤独的心，培养孩子乐观、合群的健康心态。

——德国心理学家　纳齐斯·阿赫

家教个案

林欣是家里的独生女，小学时是个品学兼优的孩子，常令父母感到骄傲。上初中后，因为考进的是一所重点学校，每个学生都那么优秀，林欣便失去了从前引人注目的光环，心里就有了一种失落感。父母更是把她的学习作为头等大事，不许她再跟以前的朋友来往，让她把时间都放在学习上。

内心的失落加上来自父母及学业的压力，使本来就内向的她更加沉默寡言。每天放学回来，她很少与父母讨论学校的事情，爸妈问起来她也是简短地回应几句，然后一头扎进自己的房间。

上初中后为了让林欣能更好地学习，父母为她配置了一台电脑。林欣在网上建了自己的博客，不定期地发表自己的博文，由此认识了一些网络圈子里的朋友。在学校她没有什么亲近的朋友，生活里最好的“朋友”就是每天可以听自己倾诉的对象——博客。

教育感悟

联合国教科文组织提出，在 21 世纪，要培养孩子四种最基本的学习能力，即学会学习、学会做事、学会合作、学会生存，其中学会合作是教育最重要的基础。学会合作的前提是主动积极地与他人交往，但在现实中孤独的阴影却在很多孩子的心灵中徘徊。

孤独感是孩子成长中一种独特的心理特征。随着生理和心理的成熟，孩子与人交往、了解别人内心世界并被同龄人接受的需要越来越强烈。如果这种需要得不到满足，便会产生孤独感。

现在很多孩子都是独生子女。他们没有兄弟姐妹，终日与家人为伴，在同龄人中的社会交往能力较为欠缺，经常出现不愿、不会与同伴交往的情况。因从小就是家庭的核心，得到父母长辈的精心呵护，孩子易形成以自我为中心的观念，不会理解与体谅他人，更不会关心帮助别人。

另外，在否定型、干涉型的家庭环境里，父母批评多于鼓励、限制多于信任、缺乏与孩子的交流不能分享孩子的内心感受，这些都让孩子感到缺乏温暖，越来越孤僻、冷漠。有的父母包办了孩子的大小事情压制了孩子的主动性和独立性，使孩子对父母形成过度依赖的心理，离开父母就不知所措，就会越来越感到孤独。还有很多父母忙于工作，又不放心孩子独自出行，所以总是将孩子一个人留在家中。虽衣食无忧，物质丰富，却造成孩子心理上的孤独，久而久之，甚至会使孩子患上孤独症。

每个人从出生开始就会与他人建立各种关系。孩子的交往关系主要有亲子关系、师生关系、同伴关系、邻里关系四种。首先是与父母的关系，爱父母是做人的基点和根本。父母要从小教育孩子，学会站在父母的角度着想，与父母的感情达到共鸣。上学后，从爱父母到关心同伴、帮助他人，学会站在他人角度想，才能对孩子今后更好地进行人际交往、从“生物人”向“社会人”转化打下良好的基础。

孩童时期的人际交往体验对孩子社会行为的发展有着重要的影响。良好的、积极的交往体验会使孩子对他人信赖、尊重、友好，能更好地适应环境、适应社会。所以，父母要注重在实践中发展孩子的交往能力，让孩子远离孤独，及时摆脱孤独。

专家建议

当父母看到孩子被孤独的阴影笼罩时，希望帮助孩子尽快走出孤独，那么如何才能帮助孩子摆脱孤独呢？

1. 帮助孩子克服自卑心理

孤独的孩子通常都是缺乏自信心的孩子。他们没有与他人交往的勇气，沉默寡言，活动能力差，进取心不强，经常回避群体活动。父母要帮助孩子克服自卑心理，要让孩子相信任何人都有自己的优点和缺点，不管是学习方面还是身体特征等其他方面，自己同样具有惹人喜爱的品质，有自己的闪光点。而自卑犹如作茧自缚，不冲破自卑就难以走出孤独的沼泽。一个人只有充分相信自己，才能使别人相信你。

要让孩子克服自卑心理，首先父母要对孩子有信心，以此来感染孩子，使孩子正确认识自己，从而扬长避短。

2. 鼓励孩子多与外界交流

父母可以为孩子创造与他人接触的机会。如邀请他的伙伴到自己家里来玩，同时教给孩子一些谈话技巧，如怎样与朋友商量，怎样拒绝别人的过分要求等。

同时，父母应有意地给孩子锻炼的机会，把家里的一些外交任务教给他，如请他帮助送东西、拿牛奶等。但不要勉强孩子在客人面前表现，这会让孩子感到压力反而达不到期望的效果。

3. 引导孩子学会倾诉与分享

孩子的心中如果长期囿于孤独的感受，将损害孩子的心灵、束缚孩子的智慧。父母要创造环境和氛围让孩子学会倾诉，鼓励他自由地表达自己的感受。

孤独的孩子一般言语很少。因为缺乏沟通的对象，他总将自己的各种感受深埋心底。而分享是人际交往的一条纽带，它带来人与人之间的积极互动，并由此奠定真诚合作的基础。如果不会分享，人们之间将是一种冷冰冰的关系。远离共同合作的大家庭，就会被孤独所包围。

父母要首先敞开心怀，与孩子分享自己的生活、学习心得、交友体会，甚至不安与烦恼等。慢慢打开孩子的心扉引起孩子共鸣，孩子就逐渐学会了与人倾诉与分享，就会慢慢远离孤独，融入集体。

4. 培养孩子广泛的兴趣与爱好

兴趣可以让孩子全心投入到自己喜爱的事情中，内心产生一种积极的情愫，一举扫除孤独、落寞、自卑的消极心理。孩子在兴趣中发现自己的价值，从而产生自信心，就会变得开朗大方，能积极与他人探讨与分享。兴趣也使孩子能找到共同爱好的朋友，广泛交友是治疗孤独的良方。

5. 不断完善孩子的性格

孤独的孩子一般较内向。父母要积极引导孩子，学会和孩子一起感受快乐。例如给孩子讲笑话和幽默故事，参加孩子们的游戏，带孩子出去玩等。耐心对待孩子，不提出过高的要求，不给孩子太大的压力。

对于孩子的畏缩行为，父母要尽量克制自己的情绪，不要做出太强烈的反应，最好为孩子选择一两个性格开朗、身体健康的伙伴经常相处，共同学习、玩耍等，让孩子受到潜移默化的影响，性格得到不断完善。

教子箴言

古人说："独学而无友，则孤陋而寡闻。"孩子的健康成长离不开良好的友谊氛围，战胜孤独是孩子顺利成长的前提。

细节33 让孩子远离虚荣心的干扰

虚荣心很难说是一种恶行，然而一切恶行都围绕虚荣心而生，都不过是满足虚荣心的手段。孩子在虚荣心的驱使下很容易追求虚浮，迷失自我。让孩子从小远离虚荣的侵蚀，才能培养起健全的心智。

——法国哲学家　伯格森

家教个案

王强是家中的独子，父母都是中高层管理人士，家境不错。王强自小乖巧可爱，可自从上初中后，他发生了很大的变化。

在穿着上他除了上学时按规定必须穿校服外，其他时间全都要求穿名牌——鞋子必要阿迪达斯、耐克，皮带要选鳄鱼。父母去年给他买了一款1000多元的手机，以便与孩子随时沟通，可他最近又吵着要换一款3000元的新手机，说自己的手机已经落伍了。

平时，父母每星期都给他100元零花钱，有时150元，但是他还是说钱不够用，要求父母每星期再多给点零花钱。父母问他那些钱怎么花了，他说有时与同学们互请吃麦当劳、肯德基，有时看到精品店有些东西不错就买了。父母觉得他花钱太大手大脚，没立刻答应他的要求。他气得几天不与父母说话，还摔东西，最终父母只好向他妥协。

由于住得离学校较远，父母每天开车送他上学。可上初中后王强只让父亲送他，因为他觉得妈妈开的奇瑞QQ丢他的面子。而父亲开的是本田，与其他同学父母的车相比还算过得去。

教育感悟

虚荣心理是指一个人借用外在的、表面的或他人的荣光，来弥补自己的不足，赢得别人的注意和尊重。它是一种被扭曲了的自尊心，俗语形容为“打肿脸充胖子”。虚荣心与人的心理品质、思想修养有直接的关系。自尊心过强、自私心过重、自信心缺乏、爱讲面子等，容易使人产生虚荣心理。

中国有种独特的社会心理——“面子”观，在很多人看来，面子代表着荣誉和尊严，丢面子就意味着丢脸这是决不能接受的。于是有些人通过“打肿脸充胖子”来显示自我，为了追求面子，他们不惜采用撒谎、投机等不正当手段。

孩子随着年龄的增长自我意识不断增强，期待着向同伴展示出自己最美好的一面，以赢得大家的认可、称赞，与之伴随的就是虚荣心的产生。适度的虚荣心可以激发孩子见贤思齐、积极进取的内在动力，但是强烈的虚荣心会导致孩子在成长中出现各种问题。

虚荣心很强的人往往是华而不实的人。他们在物质上讲排场、搞攀比，在社交上好出风头，在人格上很自负、嫉妒心重，在学习上不刻苦，为了满足其虚荣心而经常说谎，情绪不稳定，缺乏意志力等。虚荣让孩子只被外表的浮华所吸引、折服，而蔑视内在品质的养成，从而变得做作、装腔作势、浮躁不安，如喜欢谈论有名的亲戚、热衷追求时髦、喜欢摆阔、好表现自己、对表扬沾沾自喜、对批评耿耿于怀等。

虚荣心理是发展优良道德品质的绊脚石，因为它会衍生出自私、虚伪、欺骗等不良行为，让孩子迷失自我，缺乏自知之明。它也是情感变化的导火索，因为虚荣的人需求过多、过高，而现实条件不能使他得到满足，由此他怨天尤人，愤怒压抑。长久积累下来会引起情感的畸变和人格的变态，不仅会影响孩子的学习和人际关系，而且对孩子的心理、生理的正常发育都会造成很大的危害。

父母要正确引导孩子的虚荣心，及时制止由此带来的负面影响，让孩子树立正确的人生观和价值观，从小培养孩子追求知识、踏实做人的作风和习惯，努力为孩子营造一个健康的生长环境，使他们从小远离虚荣。

专家建议

虚荣让孩子戴上色彩鲜艳的沉重枷锁，在人生的道路上走得步履蹒跚。父母要让孩子远离虚荣心的干扰，可以从以下几方面着手：

1. 父母端正教育思想

孩子是父母的镜子。父母要给孩子正确的社会观和价值观，首先要从自身做起，摆正心态，端正教育思想。

父母在为孩子爱慕虚荣而发愁时，反思一下自己的言行，也许孩子虚荣正是来自自己的不良影响。如每逢家里来了客人，父母总是自豪地拿出孩子获得的各种奖状让人欣赏，这就在不经意间暗示了孩子：怎样让师长为自己感到骄傲而满足成人的虚荣心，也就将自己的虚荣心转嫁给了孩子。长此以往，不仅滋生了孩子的优越感，而且使得他们不能心平气和地去面对平凡，从而去苛求自己各方面都要比别人强。

让孩子不爱虚荣，父母要先放弃虚荣：不要时时处处炫耀孩子的优点；不要过分争强好胜地拿自己孩子和别人的孩子比；应该营造勤恳务实的家风，让孩子杜绝虚荣恶习的污染。

2. 采用正确的教育方法

有的父母为了怕孩子受委屈，往往满足孩子的过分要求；有的家长采用打骂的办法，让孩子口服心不服。其实最好的办法还是多给孩子讲道理，告诉孩子虚荣是个转瞬即逝的肥皂泡，不应追求这种不属于自己的东西。而要脚踏实地去掌握知识、学习技能，靠自己的真实本领才会赢得别人的尊重。

3. 让孩子正确评价自己

正确评价自己，就要正确认识自己、愉快接受自己。首先要让孩子认识到人不可能十全十美，自己既有长处也有短处，既有超过别人的地方、也有不如人的地方。勇敢面对现实，接受自己真实的个体差异，才能保持一颗平常心，学会扬其所长避其所短，在发挥自己优势的同时不断完善自己。

让孩子正确评价自己，首先父母要客观地评价孩子。父母不要夸大孩子的优点，也不要掩盖孩子的缺点，对孩子的表扬要适度。过度表扬会让孩子虚荣心膨胀，为了赢得别人的赞扬而做傻事，出现本末倒置的现象。

4. 巧妙地拒绝孩子的虚荣

当孩子有虚荣的行为和想法时，父母应该告诉孩子，随大流是最没有意义的事情。只有独特才能给人留下难忘的印象，体现自己的能力和眼光。

如孩子过生日，总是想让自己的生日聚会像其他小伙伴的一样风光。父母可以给孩子提供很多可行性建议：如果孩子喜欢小动物，在动物园度过他的生日是不错的选择；如果孩子喜欢运动，和小伙伴一起来一场体育比赛应该更有意思。

对于大一点的孩子，父母还可以给出开支限度，让他自己做预算：邀请哪些人、安排什么节目、准备什么物品等，从选择菜单到付账都由孩子做主。这既可培养孩子的自立精神，也能让孩子充分发挥自己的才华，策划一个独到的令人难忘的生日聚会。

教子箴言

虚荣心容易让孩子心中产生阴影，甚至造成行为上的迷失。因此，身为父母应及时给予孩子思想上的引导和品德教育，让孩子正确认识自我和他人，克服爱慕虚荣的心理。

细节34 莫让攀比心将孩子引入人生歧途

孩子之间的互相攀比不是一个人或一个家庭的责任，它牵涉到教育的深层内容，是一个全社会必须关注和重视的问题。

——俄罗斯教育家　苏霍姆林斯基

家教个案

自上初二开始，涛涛都不穿父母为他买的衣服了。因为同学穿的都是名牌，什么李宁、特步、阿迪达斯等，不是名牌不穿。这些衣服价格都很贵，一套下来最少也要个五六百。涛涛父母都是工人，爸爸去年还下岗了，家里每个月经济都很紧张。

妈妈认为衣服只要整洁、舒适就行，没必要讲这个排场。可是涛涛根本不认同父母的观点，就认定要穿名牌。原因是学校同学都这么穿，如果我穿普通衣服别的同学会笑我。

更让父母感到可气又可笑的是，父母迫于他的压力狠下心为他买了一套阿迪达斯的衣服。每次换洗衣服的时候，他都会特意叮嘱妈妈洗衣服时小心一点儿，不要把裤子上那个阿迪达斯的标志洗掉了，父母觉得很无奈，不知该如何对待孩子的这种攀比心理。

教育感悟

随着物质生活水平的提高，每个家庭可供支配的财富越来越多。加上孩子喜欢追求新鲜事物、喜欢猎奇的天性，攀比之风在孩子中间慢慢地滋长起来。

孩子适当有点攀比心是正常的，这与孩子心理发展特点有关系。因为孩子在幼儿期就有表现的欲望，他们会用好看的玩具、漂亮的衣服或者受到奖励的行为来吸引大家的注意。但过分的不切实际的攀比则会发展成虚荣。

孩子正处于认识与评价自我的关键期，在追求名牌的背后有着正常的心理动因，就是寻找自我角色定位。在孩子觉醒的自我意识中，父母和学校的教导已不是唯一的价值准则。他们渴望拥有自己的思想和价值标准，在同辈中获得认同感，所以才会有“追星”、偶像崇拜的流行。

攀比心是每个人都存在的心理现象。只要父母引导得当，攀比不会转化成虚荣，而且能成为孩子进步的动力。例如某贫困家庭的孩子上大学以后，看到同学的奢华就要求父母变卖家产或向别人借钱来满足自己购买名牌用品的欲望，这是典型的虚荣表现；但如果他通过努力学习考取奖学金，或课余做兼职赚钱来满足自己的物质欲望，就体现了攀比心理的正面推动作用。

如何有效地利用好孩子的攀比心理呢？作为家长，首先要引导孩子在积极正面的地方有攀比心，例如学习、品行、技能等，千万要注意别让孩子往追求物质、不良行为等方向发展；其次，家长要鼓励孩子以正当的方式并通过个人的努力来赢过别人；同时要注意别令孩子压力过大，防止他钻牛角尖，必要时要安慰孩子，让他放松心情。

攀比是孩子满足好胜心和不甘落后的一种不成熟表现，他们并不清楚什么值得追求、什么更有意义。当孩子出现攀比行为时，父母应该反思一下：是否给孩子的积极关注不够？要在平时多肯定孩子内在的优势，如善良、智慧、责任心等。

另外，对待孩子的购买欲望延迟满足是最好的方法——让他们学会忍耐，了解到只有付出一定努力才能得到想要的东西，比如让孩子自己攒钱买。

专家建议

攀比心通常是以“自我”和“虚荣”为基础。追求“别人有的我要有，别人没有的我也要有”，甚至我要好过你以此来获得“平等”的心理满足。攀比心理隐含着孩子自我意识的成长，父母对此不假思索地大方付款或严厉批评加以拒绝都不是最佳的解决方式。父母应该这样做：

1. 父母首先树立健康的消费观

孩子攀比很大程度上受了父母的不当影响。有的父母喜欢把牌子货堆砌在孩子身上，从而彰显自己的身份、地位和品位。这些家长不断灌输一种“我们家很有钱”的观念，造成孩子日后追求虚荣；有的父母不懂如何表达对孩子的爱，就不断满足孩子的物质愿望，还不停地提醒孩子："这些是名牌货，爸妈爱你才舍得买给你的。"这容易造成孩子价值观的偏歪，使他以后单纯追求物质享受。有的经济状况不好的家庭，父母心存自卑担心孩子被人瞧不起，所以哪怕自己再苦再累，也不让孩子落后于人。这导致孩子错误地认为面子是最重要的，日后可能为了撑面子而做出不切实际的行为。

因此，父母树立健康的消费观是教育孩子的前提。

2. 干扰孩子的不合理攀比

有个偷窃团体，罪犯都是初中生，其首领这样表述作案动机："看人家经常一餐花一百多元，有一千多元的相机，多带劲！我没那么多钱，就带几个同学去偷了。"一语道出是由于不合理的攀比产生不实际的需求，由此导致犯罪。

满足孩子的所有要求是不可能的，有求必应会助长孩子贪婪的欲望，还可能将孩子引人深渊，因此父母对孩子不合理的攀比必须进行干扰。那么怎样才能有效地干扰孩子的攀比心理呢？

孩子的心理和行为主要受自我情绪的控制而缺乏理智感，他们不了解有的东西自己为什么不能有。因此，简单拒绝他的要求只会让他感到比不上别人，甚至认为父母不爱他。所以用反攀比或改变攀比兴奋点的方法更有效。

如当孩子看到别的小孩有电动火车他也想要时，可根据孩子现有的心爱玩具，问他是不是每个小朋友也都有。或者针对孩子的专长，如唱歌、画画、学习等问孩子在班里谁在这方面较好。当孩子看到自己有的东西别人也没有、自己的专长别人比不上时就能理解：不是每个人都可以拥有别人同样的东西，每个人的条件不同所获得的东西也是不同的，所以人与人不能攀比。

3. 利用攀比心理激励孩子向好的方面发展

孩子与人攀比说明孩子当时的心理有竞争倾向，想达到别人同样的水平或超越别人。父母如果能抓住这种心理，让孩子在学习、才能、意志力、良好行为等方面进行攀比，正确引导孩子发奋努力、勇于赶超，将有助于孩子心理的健康发展。同时也可以将攀比化为动机，让孩子设法实现自己的需要，如鼓励孩子自制玩具、积存零花钱来买想要的东西等，以培养孩子的独立性、自主性等良好心理品质。

教子箴言

很多孩子往往不是比学习，而是比物质、比地位，从而走上攀比的歧路，其中多数是受父母影响。所以父母应首先反省自己，摆正自己的心态，多和孩子探讨正确的人生观，防止攀比心将孩子引入歧途。

细节 35　帮孩子克服过分依赖心理

具有依赖性格的孩子如果不及时给予纠正，长期下去可能形成依赖性人格障碍，带来一系列的心理疾病。父母一定要从小培养孩子的独立性，克服孩子过分依赖的心理。

——德国心理学家　西奥多·阿多诺

家教个案

7 岁的贝贝上二年级了，成绩还可以，就是学习不太自觉。她常常不知道老师每天布置的作业是什么，非要打电话问别的同学才行。回家后更是不知道主动做作业，一定要在妈妈的陪伴督促下才能按时完成。

如果妈妈不陪她做作业，她一小时都难写几个字。今天中午妈妈送她去学校，她又要求妈妈站在身边看她做作业。妈妈觉得孩子的依赖性太强了，气得转身就走。贝贝立刻哭起来，让妈妈感到下不了台，狠狠地打了女儿一巴掌。妈妈现在很困惑：对这样严重依赖父母的孩子，该如何提高她的自立能力呢？

教育感悟

依赖心理主要表现为缺乏信心，没有主见，能力不足，甘愿处于从属地位。缺少独立生活的勇气与能力，做事祈求他人帮助，性格优柔寡断，遇事难做决定。孩子的依赖主要表现在三个方面：对父母的依赖。在家里处处让父母包办、代劳，自己的动手、动脑能力极差；对老师的依赖。表现为对老师的要求奉为圣旨，如果老师没有提出具体要求，孩子就会茫然不知所措；对玩具的依赖。少数孩子对玩具有依赖，这主要是由于缺乏亲情抚慰所引起的，表现为孩子离开了某个陪伴物就会出现忐忑不安的现象。

调查显示，近年来患上恋物癖的孩子逐渐增加。这与很多父母忙于事业，或者不断强调教育的比重而忽略了亲情抚慰有关。

孩子从依赖别人到独立是成长必经的过程。学龄前让孩子觉得家人可以信赖，是孩子产生安全感的基础。可是“依赖”有其正面和负面的作用，如果孩子对大人的信赖演变成利用大人来做他该做的事，以避开接受失败挫折的挑战，那么这种依赖就是负面的、不健康的。

依赖会让孩子产生没有能力、没有价值感、怨恨、挫败和生气等坏情绪。具有依赖性格的孩子如果不及时给予纠正，长期下去可能形成依赖性人格障碍，带来恐惧症、焦虑症等心理疾病。

孩子依赖产生的一大原因是长辈们的过分疼爱。因此，父母应该放手让孩子自己去尝试，要让孩子知道长辈不可能一直陪在他的身边。但是父母应该循序渐进，否则操之过急会造成反效果，如会让孩子觉得父母不够爱他。

父母培养孩子的一个最重要的目标就是帮助他成为一个独立的个体，有一天当他离开父母的时候能够独当一面，帮助孩子成为一个自立的人。

专家建议

现在许多家庭都是一个孩子，父母对孩子是含在口里怕化了、捧在手里怕掉了。孩子集万般宠爱于一身，什么事只要喊一声“妈妈”或“爸爸”就万事大吉。但现实生活竞争激烈、压力重重，溺爱中的孩子一旦离开父母和亲人建造的水晶宫走向社会，就会像离开水的鱼一样难以生存，不能适应社会的需要。因此父母应该这样帮助孩子克服依赖心理：

1. 从小培养孩子独立做事

目前大多数孩子都是独生子女，父母包办了孩子的衣食住行，使孩子产生了依赖父母的心理，滋生了一种“反正有人会帮我解决”的思维定式。

父母要从小培养孩子的独立精神，当孩子出现模仿父母去做事的行为时父母应及时给予鼓励。如说“宝宝真棒，已经可以自己穿衣服了”。这些话会让孩子产生自豪感，以后会更加积极地去尝试。

父母要根据孩子的不同年龄，把合适的事情慢慢交给孩子去做。自己扮演鼓励、示范和维护安全的角色，而不是凡事替他做好一切。孩子也能够从“自己能做”的锻炼和经验中，逐渐去除自己的依赖心理。在有一些事情的处理上父母可以多问问孩子的意见，让他们学会独立思考和做决定。

2. 对孩子多肯定、少打击

当孩子独立去做一件事时，即使事情不大，即使做得不好，父母也不妨鼓励一下他做事的动机和勇气。当孩子提出自己的主张或看法时，父母要多肯定、少打击，对他们合理的想法与主张应予以肯定和支持，并鼓励他们去实施，这样孩子的自主性就会一天天增强了。

3. 鼓励孩子交独立性强的朋友

父母可以鼓励孩子与独立性强的伙伴做朋友，在耳闻目睹中孩子自然而然地就会受其影响，提高了孩子独立处理事情、解决问题的能力，提高独立意识和进取心，从而形成独立的人格。

4. 不要急于求成

孩子的依赖习惯是日积月累养成的，想要一两次就让孩子有脱胎换骨的改变是不现实的。让孩子养成一个好习惯需要父母长时间的耐心与努力，按一定步骤或计划逐步进行。急于求成造成过度的变化不但使孩子产生抗拒，还会破坏亲子感情。所以父母必须有耐心、有恒心，逐步养成孩子独立自主的良好习惯。

5. 坚持原则、决不让步

有的孩子习惯了被宠溺，一旦有所改变肯定会反抗，希望重现以前“颐指气使”的美好时光。这时父母一定要坚定立场、坚守原则，不屈服于孩子的无理取闹。有必要时可以制订一些惩罚条例，让孩子明白自己的哭闹是无济于事的。

教子箴言

父母包办的事情越多，孩子的依赖性越强。相反，父母如果鼓励孩子自己的事情自己做，孩子的依赖性将会大为降低。父母要让孩子学会依赖自己，才能最终成为一个自立自强的人。

细节 36 莫让消极心态俘虏了孩子

消极心态是失败、疾病与痛苦的根源，是心灵的疾病和垃圾。这样的心灵不仅排斥财富、成功、快乐和健康，甚至会夺走生活中已有的一切。

——美国成功学家　拿破仑·希尔

家教个案

琳琳在初中时各方面都很优秀，升入高中后由于老师的教学方法以及自己的同学也即竞争对手都发生了变化，她感到非常不适应导致学习成绩下降、从初中时的全年级前几名落至高中的 138 名。

这使要强的她一接近考试就紧张，总怕自己考不好，拼命准备、夜不能眠。而考试前她又会感到头痛，甚至还会发烧。最后不是被迫中断考试，就是坚持下来成绩也不好。她痛苦地对心理咨询老师说："17 年来我第一次感到自己的无能，每当看到父母期望的目光就非常难过，不知如何做才能达到父母的要求。如今，苦闷、烦恼、忧愁、气愤充满头脑，看见书就又恨又怕，真想把它扔出去。"

教育感悟

在某个教室里，老师拿出一张中间有一个黑点的白纸，问同学们："看见了什么？"全班同学盯住白纸，齐声喊道："一个黑点。"老师沮丧地说，"这么大的白纸没看见，只盯住一个黑点，将来你的一生会非常不幸。眼光集中在黑点上，黑点会越来越大，最后整个世界都变黑了。"教室里寂静无声。沉默中老师又拿出一张黑纸，中间有一个白点。老师又问："看见什么？"全班同学心领神会地说："一个白点。"老师欣慰地笑了："太好了！无限美好的未来在等着你们。"

这个故事生动地说明了一个人心态的重要。心态就是人们面对生活所产生的心情以及自己对生活所采取的态度。事实证明，是否能获得生活和事业的成功，心态非常重要。因为生活在展示美好事物的同时总会留下一些缺憾，关键要看你更注意哪方面，如果你只看到缺憾的一面，生命就会暗淡无光、山穷水尽；如果你注意到了美好的一面，得到的将会是成功、快乐和满足。

从心理学的角度来看，消极心态就是一个人的欲望得不到满足时在心理上长期出现的极度失望、压抑等情绪。消极心态包括自卑、嫉妒、虚荣、失落等，它们就像心理上的肿瘤，妨碍人做出积极的努力。心态消极的人总是用放大镜看自己的缺陷，没有勇气迎接挑战，害怕失败、害怕丢面子，于是自己给自己设置了很多障碍。严重的消极心态会对身心造成损害，如使人患上多种疾病、产生违法乱纪的行为等。

具有消极心态的孩子在感到学习有困难时，很快就怀疑自己的能力，认为自己不能顺利地完成任务。他们在与同学的竞争中缺乏获胜的信心，并由失望产生对学习的厌烦情绪，感到无助而沮丧从而降低了努力程度，打乱了学习的计划，造成了学习上更大的困难和成绩的进一步滑坡，于是一蹶不振或者长时间难以从低落中摆脱出来。

每个人在不同的条件下都会产生某种消极心态，差别只是程度的深浅和处理的方式。父母一定要告诉孩子，成功者与失败者之间的差别仅仅是成功人士始终用最积极的思考、最乐观的精神来支配自己的人生。要想取得成功，首先要从改变心态入手。

当孩子面对困难和挑战时要具备“我能……而且我会……”的心态，把困难当成锻炼、成长的机会，学会享受解决问题的过程。摆脱消极心态、拥有积极心态不仅对孩子的学习，更会对他将来的工作和生活产生深远的影响。

专家建议

生活中孩子总会承受一些苦恼、挫折和遗憾，面对这一切是沉浸在消极的心境中不能自拔，还是勇敢地摆脱它成为生活的强者？答案是不言自明的。但怎么才能真正做到这一点呢？父母可从以下方面指导孩子：

1. 让孩子学会给自己恰当定位

父母要告诉孩子，在确立自己的目标时要定位恰当，期望值要符合自己的实际情况。否则愿望不能实现必然会给自己带来失望、压抑，从而产生消极的心态。如，孩子甲学习基础较好，他给自己的期末考试定位为平均95分；孩子乙基础不太好，就把期末考试定位为平均每科80分，结果两人都实现了自己的期望，在心理学上就认为他们都是成功的。

反过来，如果孩子乙定位为95分，那他就有可能不能实现自己的期望，从而产生失望、自卑等消极心态。因此帮助孩子克服消极心态、培养积极心态的首要条件是，让孩子学会恰当定位、期望合理。

2. 教孩子永远不对自己说“NO”

父母要让孩子认识到：在学习、生活中不要经常讲“我不行”，而要多说一些“我能行”，多给自己积极的心理暗示。因为任何人都有长处，同时也有短处，要学会在比较中发现自己的长处，找到肯定自己的支撑点树立自信心。

如理科成绩比较好的同学，文科成绩不一定突出；聪明机智的孩子不一定都具备吃苦耐劳的精神；成绩优秀的孩子很可能经不起挫折的打击。所以要让孩子在比较中挖掘自己的长处、有意识地防止与克服短处，才能充分肯定自己，增强自信心。

3. 让孩子学会及时宣泄消极情绪

当孩子心中有烦恼、不痛快、伤心的事时，父母应引导他不要闷在心里，而要向自己的朋友或亲人倾诉。即使他们不一定能提出好的解决办法，但说出来也是对自己的一种释放，对孩子的身心有益。

告诉孩子长期强制压抑情绪会使内心的体验变得更加强烈，从而会导致心理疾病。俗话说“欢乐两个人分享，就变成两份欢乐；痛苦两个人分担，就变成半份痛苦”，因此适当的时候可以鼓励孩子大声地哭出来。哭泣也是一种释放负面能量、调整机体平衡的有效方式。

4. 让孩子学会转移注意力

当孩子感到情绪消极时，父母不妨把他的注意力转向其他事物，以淡化或忘记那些令人不快的情绪反应。如带孩子去大自然中散散步，或是听轻松愉快的音乐、看喜剧电影或幽默漫画；与孩子一起逛逛街，或是买件孩子喜欢的小物品等，均可以在一定程度上排遣孩子内心的不快。

对孩子来说，内容丰富、形式多样的课余生活是心理健康发展的有效渠道。这些活动可以充分发挥孩子的潜能，激发孩子广泛的兴趣，增强孩子动手动脑的能力，陶冶情操，使孩子形成开朗乐观的性格。事实证明，多才多艺的孩子极少出现心理障碍。所以父母要让孩子多参加一些有益的课外活动，开拓孩子的心胸和视野。

5. 教孩子懂得感恩

父母要让孩子学会感恩——感激遗弃你的人，因为他教会了你独立；感激伤害你的人，因为他磨炼了你的心志；感激绊倒你的人，因为他强化了你的双腿；感激欺骗你的人，因为他增强了你的智慧；感激蔑视你的人，因为他醒觉了你的自尊。学会将一切消极的东西向积极转化，才能健康、快乐地成长。

教子箴言

父母的心态直接影响孩子的心态。如果父母是支配型的，孩子就会依赖；父母是冷漠的，孩子就会冷漠；父母是专制的，孩子就会逆反；父母是民主的，孩子就会亲切、友爱。因此父母一定要为孩子树立积极乐观的榜样。

细节37 释放孩子的委屈情绪

父母不要用讲道理的方式压抑孩子的情绪。学会换位思考，不要把成人的要求用于孩子，更要少讲“你本来应该这样做”或者“你以后应该那样做”等。释放孩子的委屈情绪，就可还孩子一片晴朗的天空。

——英国心理学家 埃里克·西曼

家教个案

一只花瓶“砰”的一声碎了，爸爸过来一看，只见张静呆立在那里，地上满是碎瓷片。“你在这里捣什么乱！你乱动花瓶干什么？”“不是我弄碎的，是猫碰坏的！”说这话的时候猫已经跑远了，它好像知道自己犯了错而躲着去了。

“错了就错了，还要怪到猫身上，它又没在这里，怎么弄的？”“呜呜，真的不是我。”觉得很委屈的张静哭了起来！“真的是猫打翻的？”

“嗯，我刚刚走到这时，猫就从那边跳过来，刚好就撞在花瓶上了。我想去救花瓶，但没来得及……”

“是这样的吗？”

“是的。然后，猫就跑到厨房去了，我想它现在一定在害怕呢，因为它做了坏事。”

爸爸仔细查看后发现了猫的脚印，知道自己的确错怪了小静。“小静，对不起，爸爸错怪你了！”爸爸非常诚恳地说。张静睁大眼睛望着爸爸，停止了哭泣，并主动拿起扫帚把地上的花瓶碎片打扫干净。

教育感悟

人的情绪是需要适当的发泄的，这是一种心理防御的有效方法。孩子的心灵脆弱而敏感，他们非常在乎身边的人，比如父母、老师、伙伴对自己的态度和看法。很多时候一句无足轻重的话语，或者在做事时受到一点挫折便会使他们感觉受到莫大的委屈。

孩子受了委屈父母首要的是让孩子把委屈说出来。有的孩子在学校受了委屈，由于年龄小，不会表达或者不敢表达，倾向于不说或者是想说又不知道怎么说，这就可能造成孩子长期的心理压力。这时候家长如果不细心观察并发现孩子的情绪变化，那么这种委屈很可能会造成孩子的心理创伤，对孩子以后健康人格的形成造成影响。所以父母需要倾听孩子的委屈，引导孩子表达出来。

孩子的心理承受能力较差，也不会用大道理来开脱自己，要孩子做到很快调整心态、豁然开朗显得太过苛求。最直接的方法就是将情绪发泄出来，这对他们的身心都有好处。尽管有时他们的方式有些过激，父母也应该给予充分理解。

父母需要做的不是阻止他们，更不是大发雷霆或使用暴力，而是让孩子懂得发泄自己的情绪，不能拿别人当出气筒也不能失去理智。当孩子情绪平复后他会比以前更懂事，还会为自己的过激行为感到惭愧，并对父母的宽容心存感激。这时再进行适时的说教，他就会心悦诚服。

作为父母要随时洞察孩子的情绪变化，当发现他情绪低落或反常时要引导他找一种好的发泄方式。父母可以试着与孩子进行心与心的交流；可以带孩子到野外登山或进行较激烈的体育活动，让他的情绪得以释放；或是主动离家一天，让他邀请好友们来开个聚会，任凭他们扯着变调的嗓子唱歌，或疯狂地扭一扭……父母会发现，孩子并不会滥用这个自由，相反，父母的理解拉近了和孩子之间的距离，彼此相处会更和睦、更愉快。

父母要有冷静的态度，及时消除误会并释放孩子的委屈，使孩子感到自己不是孤单的，还使孩子在化解委屈的过程中慢慢学会自己判断思考，培养遇事冷静的健康心态。

父母要想办法帮助孩子疏导委屈情绪，使孩子愿意向父母倾诉，并得到父母的开导和帮助。父母要及时和孩子沟通，主动和孩子谈心，鼓励他们说出心里话，让他们释放心中的苦闷、委屈、痛苦。通过引导和帮助让孩子宣泄心中的委屈，达到心理平衡，心情变得开朗起来。

专家建议

现在的孩子都是家庭的核心，备受大人的关注，因而造成他们的自我优越感越来越强，自尊心更强。因此当给予他们的关注稍微欠缺一点时，他们便觉得自己受了委屈，从而采取自我防卫机制，对父母加以抵制和抗议，这种性格对孩子将来的发展极为不利。要改变这种状况就需要父母这样正确引导孩子：

1. 让孩子把所受的委屈宣泄出来

当孩子觉得委屈的时候，父母要及时了解他们委屈的原因。不要掺杂自己的主观臆测，或与孩子一起埋怨，而应让他们的情绪得到释放，并想法转移孩子对“委屈”的关注度，引导孩子的情绪向乐观、健康的方向转变。这样才能让他们形成正常的人格。

父母应采取接纳的态度来应对孩子的负面情绪。当孩子受委屈时，让他们将委屈宣泄出来是件好事。此时，只要孩子的言行不是太过分，父母应该接受、允许孩子适度地发泄。之后再好好地去安慰孩子，用孩子能够接受的方式如讲故事、玩游戏等，设法使孩子的情绪在爆发后能够渐渐平复下来。

但是，安抚孩子不是无条件地顺从孩子，如果毫无原则地一味迁就是不能真正解决问题的。

2. 让孩子主动述说事情的经过

等孩子的情绪平静后，父母可引导孩子述说事情的来龙去脉。值得注意的是，一定要让孩子主动述说，当他们提及自己的感受时鼓励其说出为什么会有这样的感受。仔细聆听后，父母应心平气和地从其他人的角度设几个问题问孩子，引导孩子从他人的角度看问题。

3. 提高孩子的心理成熟度

心理成熟度差的孩子不太容易适应不断变化的环境，也不太容易形成良好的自我控制能力，从而在人际关系和心理健康中更容易出现问题。因此，父母要注意提高孩子的心理成熟度，要让孩子学会合理调节自己的情绪，更加成熟地处理事情。

教子箴言

父母要学会让孩子释放负面的心理能量，不管是建议还是意见、是牢骚还是委屈，都宣泄出来，这对孩子化解矛盾、保持心态平衡有着不可低估的作用。

细节38 让孩子宣泄心中的不满情绪

生气、不满是一种消极情绪反应，父母不能采取一概压制或一味迁就的简单方式去处理孩子的不满情绪，而应该针对不同情况进行疏导，这样才有利于孩子的身心健康。

——德国心理学家 艾宾浩斯

家教个案

6岁的阿彤很不高兴，他家楼上有这样一个“榜样”：早上6点半，楼上的女孩小莉已经在唱英文歌；晚上8点半，楼上的钢琴声准时响起。

“同样是6岁，同样是知识家庭的孩子，人家女儿怎么强过我家的儿子这许多？”

妈妈一面加强对阿彤的督促，一面忍不住叹息：“我要有个这样乖巧的女儿就好了。”

有一天，阿彤终于忍不住反击妈妈：“你想要楼上的小莉做女儿，我还想要楼上的小莉妈妈做妈妈呢。人家小莉妈妈比你漂亮，比你有学问！”阿彤的话使唠叨不休的妈妈顿住了，一时不知如何是好。

教育感悟

父母们可能会有这样的经历：某一天，一向乖巧的女儿忽然和你硬碰硬地大吵了一架；或是一向勤奋好学、成绩优秀的儿子突然有一天宣布他逃课一天，还打算跟老师抬杠；也可能一向规规矩矩的他，某一天把自己关在房里拼命摔东西，任你喊破喉咙也不开门。如果遇上了这样的事请不要大惊小怪，让孩子痛痛快快地发泄一回。

孩子慢慢长大了，开始用心去感受世界，开始注意别人的眼光，并想方设法引人注意。他们的心里充满幻想，跃跃欲试，又常觉得自己充满了矛盾和困惑，内心烦躁不安，想找个人大吵一架，或把自己关在屋里，声嘶力竭地大喊大叫。

这时父母最好的应对方法是保持沉默，并为自己的孩子懂得采取这种不太糟糕的发泄方式感到高兴。孩子的心理是脆弱的，如果他总把学习、生活或是人际交往中遇到的所有不愉快闷在心里，长此以往会造成心理障碍。只要孩子的言行不过分，父母就应该接受，并允许孩子适度发泄。

孩子与成人一样常有情绪变化，诸如愤怒、哀伤、失望、害怕等，想让孩子保持心理健康，必须让他适度宣泄。让孩子淋漓尽致地吐露自己的委屈、忧愁、牢骚、怨恨等不快，使其达到心理平衡。

让孩子适度地宣泄对他们的生理和心理都有益处。如果孩子心中的积郁和不快长期得不到宣泄，就会注意力不集中、行为呆板、精神失常、精神不振、人际关系紧张，严重时会给孩子个人和家庭乃至社会带来危害。有些孩子闹事、出走、轻生，就是因为不良情绪无法宣泄造成的。

因此，父母最好每天抽出一定时间与孩子交心，增进感情，让孩子把你当朋友，他才会吐露心中不快。父母要注意两点，一是谈话时要专心，在这个时间内父母不许看电视、报纸，只能与孩子彼此相对而谈。二是父母要经常抚摸孩子、拥抱孩子，让孩子能实实在在地感受到爱，时时刻刻沐浴在爱的春风之中。

专家建议

作为父母，要始终以关怀和慈爱的心情来面对孩子的情绪发泄，并保持冷静、理智的头脑，寻找解决问题的良策。当孩子宣泄不满情绪时父母要做到：

1. 让孩子静下心来

不满情绪的源头是负面经验，若负面情绪超越了自己能控制的范围，最好的方法不是释放或压抑，而是先定下心来。因为负面能量太大时，胡乱释放出来可能连自己也承受不起，也会对别人造成负面影响。要让孩子先静下心来稳定情绪，并教孩子定心的可行方法。

父母首先要使自己冷静下来，然后轻轻地拥抱孩子。保持身体接触，耐心询问他到底想要做什么。引导他说出自己的不满，然后疏导他的情绪，并告诉他父母知道他的感受,父母爱他等。孩子感受到父母的安抚获得了安全感,会慢慢平静下来。父母切不可用大声训斥或惊慌失措来刺激孩子，激化他的情绪。

2．用合理的方式让孩子发泄

父母要理解、爱护孩子，在孩子不满时允许孩子以恰当的方法发泄消极的情绪。如：痛哭一场、跺脚、敲打枕头、画一幅发怒的图画，大声说“我很生气”等。要让孩子知道父母了解他的感受，还应告诉孩子，生气时能干什么不能干什么,比如教育孩子生气时不能丢玩具、攻击他人、向大人发脾气、伤害自己等。

3．用幽默调节孩子的情绪

幽默是人管理情绪的最高境界，具有幽默感是现代人必备的心理素质之一。父母要培养孩子的幽默感,它有助于孩子形成活泼开朗、豁达乐观的性格。

要让孩子具有理解和欣赏幽默的能力，父母要善于利用生活中的“幽默培训教材”。如电视小品和相声等，对陶冶孩子幽默感会起到重要作用。这些健康、富有感染力的文艺作品有助于孩子理解和模仿，是培养孩子幽默感的最好教材。同时，父母还可以为孩子购买一些幽默书刊、画报、光盘,如《幽默与笑话》杂志、《父与子》连环画、《虎口脱险》和《摩登时代》电影光盘等。

让孩子学习幽默大师，学会用幽默调节情绪与气氛。

孩子幽默感的形成受父母影响最大，父母要带头用幽默调节亲子关系，活跃家庭生活气氛。调查显示，孩子最喜欢幽默的家长和家教，这能大大减少青春期孩子的逆反心理。

支持和鼓励孩子模仿或表演幽默节目。这既可提高孩子大胆表现自己的能力，也熏陶了孩子的幽默感。为孩子提供一些可模仿的作品，例如卓别林的动作，马克•吐温和萧伯纳的笑话，中国笑星赵本山、范伟等人的小品等。

让孩子具有幽默感，对生活保持积极乐观的态度，就可以使许多看似烦恼的事情，用幽默的方法巧妙转化，使不愉快的情绪马上消失，孩子心情立即变得轻松起来。

4. 让孩子走进大自然

大自然的奇山秀水常能震撼人的心灵，父母可以在孩子不满时带领孩子登上高山、放眼大海，让孩子开阔心胸，忘掉烦恼。带孩子走进森林，孩子会觉得一切都那么清新，这些美好的感觉往往是孩子良好情绪的诱导剂。用美丽的大自然引导孩子走出迷乱不安，使孩子性情得到不断提升，能有效地将不满化为美好的情怀。

教子箴言

每个孩子都会有一定的情绪状态，如恐惧、喜悦、愤怒、不满等。孩子的自我控制能力弱，有了不满等负面情绪就会当场发泄出来，父母要引导孩子合理宣泄，及时驱走孩子情绪的乌云。

细节 39 平息孩子的愤怒情绪

父母可以用疏导的方法将孩子的怒气引到积极的追求上，激励起孩子发奋的行动，达到转化的目的。要从提高孩子的道德修养、意志修养入手，达到缓解和平息孩子的愤怒情绪的目的。

——美国心理学家　斯金纳

家教个案

李军今年上初一，在家中受到长辈们的溺爱，养成了以自我为中心的习性。假如他与同学发生纠葛，他总是指责并强调别人的错误，而看不到或不愿承认自身的缺点。因此，他与同学之间很容易发生矛盾。

昨天中午由于打扫卫生，李军的座位被挤得很小。李军觉得很委屈，便对身后的同学埋怨说："你把桌子拉一下嘛！我都没位置了！"可后面的同学听了李军的话冷冷地说："不拉！"李军一听马上来气了，便走出位置自己拉同学的课桌。

不料拉得过猛，桌脚碰到了同学的小腿。同学也不依不饶，站起身便要打李军。李军见势也不甘示弱，两人便扭打成一团。扭打中讲桌与人都翻了，讲桌摔坏了。此刻他们才意识到了事情的严重性。

教育感悟

愤怒是一种不良的情绪状态，小到烦躁不安，大到火冒三丈等。古代有"怒伤肝、喜伤心、忧伤肺、思伤脾、恐伤肾"的说法，现代生理研究也表明，人在发怒时会有一系列生理变化，如心跳加快、胆汁增多、呼吸紧迫、脸色改变，甚至全身发抖。因此，愤怒对人健康的不利是显而易见的。

发怒是人正常的情绪体验，愤怒的导火线可能来自外部因素，如与同学、老师、父母等的摩擦，或交通阻塞、上学迟到等；也可能来自内部因素，如心中的烦恼以及对创伤性事件的记忆等。

愤怒是人类所拥有的一种完全正常、健康的情绪，但是如果无法控制愤怒，它就会引发出各种问题。因为愤怒具有极大的破坏力，人在愤怒时意志力会变得薄弱，判断力、理解力都会降低，理智和自制力容易丧失。

处理愤怒的方式有表达、压制和平息等，前两种有一定的负面影响，唯有平息才是正确的处理方式。因为心理学家认为，人的情绪不是由于某一事件直接引起的，而是因为经受了这一事件的人对事件不正确的认知和评价，导致了愤怒等负面情绪的出现。

当孩子被愤怒的情绪包围时，父母不仅要从事情本身寻找原因。更要引导孩子及时检查自己的态度，看看自己是否在用消极的态度评价所发生的事。让孩子认识到愤怒对自己没有任何益处，平息自己的怒气控制自己的攻击性情绪，不但可以赢得尊重，还可以提高自己的说服力。这样孩子无论在同伴或陌生人面前，都知道采取平和的态度而不是轻易发火。

易怒是一个人缺乏修养的表现。父母要让孩子知道，愤怒除了对自己身体有危害之外，还损害了人与人之间“和为贵”的相处之道。对于同学之间及与父母师长的分歧，只有通过心平气和的说理与沟通才能达到解决问题的目的。

父母要使孩子学会自己镇定下来，不但要控制自己的外在行为，更要控制自己的内部反应。如采取措施使心跳速度降低，缓解愤怒情绪使它慢慢平息下去，一定会出现积极的令人满意的结果。

专家建议

每个人都会动怒，愤怒情绪是人生的一大误区，是一种心理病毒，同其他病一样，可以使人重病缠身、一蹶不振。父母要想使孩子健康成长，可以从以下方面帮助孩子：

1. 提高孩子的情商

当遭遇愤怒情绪时，要让孩子学会积极调整态度、转换策略，做一些有益于解决问题的事,而不是一味地去发火,更不要和对手来玩“愤怒比赛”，要学会疏导自己的情绪。不仅是闭嘴，而要让倾听代替争吵并试着去解决问题。

要避免发怒。当生活中遇到能引起人发怒的刺激时，应力求避开，眼不见心不烦，这是自我保护性的抑制愤怒的方法。或建立一个新的兴奋灶，在受到令人发怒的刺激时，人的大脑会产生一个强烈的兴奋灶，这时如果主动在大脑皮层里建立另外一个兴奋灶，用它去代替或消除引起发怒的兴奋灶，就会使怒气平息。

总之，父母应当提高孩子控制愤怒情绪的能力，千万不要动不动就指责别人喜怒无常。提高孩子的情商，让孩子改掉这些坏毛病，使孩子成为一个容易接受别人和被别人接受的人。

2. 让孩子进行放松训练

简单的放松训练，如深呼吸、想象放松等都有助于舒缓愤怒的情绪。如果孩子和某人的关系紧张是由于暴躁脾气所造成的，那么进行放松练习是一个非常好的方法。

具体操作步骤如下：深呼吸，全身放松，缓慢地念一个能让你放松的词，如“放松”、“别激动”，一边放松身体一边重复念词。想象一个令人放松的经历，可以是亲历过的，也可以是想象出来的。也可参加瑜伽的练习放松自己的肌肉，使你觉得更加平静。每天练习以上这些放松技巧，这样在情绪紧张的状态下就能很快地加以应用。

3. 教孩子控制自己的声音

告诉孩子提高声调是不能很好控制自己的表现，大声喊叫是浪费自己的呼吸。当对手大叫时，你降低说话的声音并让声音越来越慢、越来越小，那么对方会在没有意识到的情况下跟着你降低了声音，一场战火就会因此归于平静。

4. 让孩子用倾听控制愤怒

愤怒使人仓促地做出论断，这些论断往往并不客观。父母应该告诉孩子，在和别人争得面红耳赤时，不妨放慢速度，想想自己的反应。不要不假思考地去说跳入脑海的第一句话，应该认真地倾听对方的话，冷静思考一下自己想要说的每一句话。

当遭到对方批评的时候，自己可以采取防御措施，但不要反击，要慢慢地深呼吸，控制自己的愤怒情绪。保持镇定、认真倾听，能防止事态变得更加严重。

5. 培养孩子的幽默感

幽默有助于化解愤怒，使孩子内心变得更加平和。父母可以教孩子当某人使自己勃然大怒时，可以用某些词汇来描述他，然后运用想象把这些词汇画下来。例如，如果觉得一个同学像垃圾袋或是单细胞生物，那么可以画一个垃圾袋或单细胞生物坐在他的椅子上。或者画一个垃圾袋或单细胞生物在打电话等，面目要像自己的同学一样栩栩如生。画完之后对着自己的“创作”笑一笑，愤怒情绪肯定会减弱不少。

教子箴言

父母对于暴躁易怒的孩子最主要的教育方法是引导和训练。要让孩子认识到，发怒并不能解决任何问题。要经常训练孩子主动地克制自己的怒气，分析自己究竟为什么发怒，让孩子逐渐养成制怒的习惯，从而保持积极与平稳的情绪。

细节 40 正确对待过度敏感的孩子

做人做事，适度的敏感是有益的，因为这样能及时反应，灵敏应对问题，不让别人感觉呆头呆脑。但是如果敏感过度往往会给自己套上一个精神枷锁，对办事和处世是没有半点益处的。

——德国心理学家 艾克曼

家教个案

李红今年 16 岁，她是个特别敏感的人，很少有朋友。她可以半个月不出门，只是活在自己的世界里。最近她与班上的女同学关系不太好，起因只是别人在说话讨论时，只是无意的一笑或是看着她，她就感觉别人不喜欢她，而且想到很多其他不开心的事情。类似的事情还有很多，所以家人都很小心，害怕她受伤害。

如果有朋友说买了件新衣服，她就觉得那个人是在说她没钱，不买好的衣服，可事实上她的名牌衣服有很多件。

李红的过度敏感与家庭的影响有关。她 8 岁时父母离婚，之前他们经常打架。父母离婚后，李红跟着妈妈生活，小时候妈妈对她要求很严格，让她练自己根本不喜欢的小提琴，并常用体罚、打骂等粗暴方式教育她，这让她变得非常敏感、胆小、自闭。

教育感悟

孩子的过度敏感是对周围环境不信任的一种心理表现，敏感的孩子对周围发生的事情容易从消极的方面思考。他们表面上看起来比较害羞、胆怯，内心却比较多疑。这种心理特点使他们在与人交往的过程中无法信任周围的人，有时还故意制造一些令人不快的事情，妨碍了正常的人际关系，也影响了孩子的身心健康发展。

专家认为，孩子的敏感有先天的因素，但更重要的是后天造成的。孩子敏感主要来自三个方面：其一是生理原因。孩子对本身的相貌、身材及生理上的缺陷、疾病所带来的限制非常敏感，担心受到别人的歧视、嘲笑或议论，因而产生心理敏感。其二是以往过失敏感。以往的过失行为、问题行为会造成孩子的心理敏感。其三是家庭原因。处于离异家庭、寄养家庭、贫困家庭等不利家庭环境的孩子，承受缺乏关爱和经济贫困的双重压力，他们面对其他幸福家庭的孩子会对自己的不幸产生强烈的不满甚至憎恨，害怕别人提起或蔑视自己的家庭，因此产生心理敏感。

过度敏感如不能得到及时的矫正会给孩子带来心灵的伤害，它会引发孩子的自卑，影响孩子的人际交往。心理过度敏感的孩子在人际交往中表现出紧张、拘谨躲避的状态，这阻碍了他们交往的积极性。

过度敏感还会导致孩子人格缺失，心理敏感的人常常缺乏主体意识和主动精神，意志薄弱，自信心不足，心理上表现出孤独、抑郁、焦虑、惶惑不安和紧张等情绪，丧失自信，以致造成悲观失望等人格缺失特征。敏感心理还容易产生内向性行为问题，如退缩、孤独不合群，猜疑报复和敌视、自责、自虐等。

因此父母一定要关注孩子的心灵成长，给过度敏感的孩子更多的爱和呵护，让孩子尽早"脱敏"。

专家建议

有心理敏感的孩子总觉得低人一等，不敢正视别人，不敢大声发表自己的见解，不敢和别人交流，对周围一切很敏感。常去揣摩同学朋友的反应、老师的态度，自我封闭。处理不好与他人之间的关系，失去生活信心。对于孩子的过度敏感，父母要做到：

1. 增加与孩子的心灵沟通

对于敏感的孩子，父母一定要重视心灵的沟通，不要经常责备、打骂孩子，增加孩子的心理负担，造成孩子的情绪过分紧张。

重视情感和心灵的沟通需要父母注重平时的点点滴滴。让孩子多与自己接触，通过谈话、活动等形式加强与孩子的情感交流，让孩子知道父母对他的爱，培养孩子与父母之间的信任感。这种情感的沟通可以消除孩子与父母之间的误会，尽量避免孩子的无端猜疑。

父母不要以为孩子年龄小，不告诉孩子真相就不会伤害孩子。其实孩子内心是很敏感的，一旦孩子被家长的行为所伤害，可能会带来无穷的后患。

另外，父母要细心照顾和关心孩子，用自己真挚的爱心和实际的行动去化解孩子心中的疑虑，稳定孩子的情绪让孩子逐渐开朗起来。

当然这是个长期的过程，只要父母切切实实地去做，孩子就会感受到父母的爱，会增加对父母的信任进而增加对他人的信任。

2. 避免意外事件对孩子造成影响

一般来说，重大的意外事件容易对孩子造成负面的影响，使孩子变得敏感而多疑，比如父母离异、失去亲人等重大的变故，对孩子的打击是非常大的。

孩子由于心理承受能力比较弱，往往无法承受如此大的打击，从而给孩子留下了巨大的心理创伤。因此父母应尽量维持温馨和睦的家庭氛围，避免意外事件对孩子造成不良的影响，使孩子的身心在健康的环境中得到良好的发展。

如有不可避免的事情要发生，最好提早和孩子沟通，让孩子做好充分的心理准备，减少突发事件对孩子的负面影响。

把自己的事情告诉孩子，这是尊重孩子、信任孩子。孩子也能从父母的身上汲取前进的动力，建立起自己的自信然后一步步走好自己的人生之路。

3. 让孩子发现优点、悦纳自我

心理过度敏感的孩子往往忽视自身的优点，夸大自身弱点，看不到自身价值。父母应加强孩子的自我意识和自我认识教育，让孩子学会辩证地对待自己，悦纳自我，这是发展健全自我的核心和关键。孩子要学会既欣赏自己的优点，还要接纳自己的缺点和不完美，扬长避短。

4. 让孩子建立自信、完善自我

父母要让心理敏感的孩子多方面发展、完善，以实现自己的人生价值。

孩子的自尊心不是凭空产生的，而是在实践活动中，通过其行为表现得到大家的肯定和认同，进而转变为自我肯定和自我认同的。

心理敏感的孩子要积极投身社会实践，与人为善，勤奋求学，学会技术，发展特长，在活动中展示自己的能力和才华。只有获得成就感，才能使他们获得自信心。

5. 鼓励孩子广交朋友、开放自我

孩子处于成长发展的关键时期，主体意识觉醒、独立意识增强、渴望获得友谊、具有极强的归属感。同辈群体的支撑对其社会化的顺利发展有重要作用。

心理敏感的孩子应走出自我封闭的状态，放弃顾影自怜的心理，培养“乐群”个性，广交朋友，开放自我。多交朋友中获得鼓励、信任、支持和安慰，满足各种心理需要，同时学习他人的长处调整自己的行为。从他人对自己的评价中更好地认识自己，培养正确的自我意识和个性，学会与人合作与相处。

6. 培养孩子的抗挫折能力

过于敏感的孩子往往对父母的依赖性强，意志薄弱无法承受重大的挫折。因此，父母在日常生活中应该适当地对孩子进行挫折教育，让孩子承受一些小的挫折，并鼓励孩子从挫折中站起来。

较小的挫折孩子比较能够承受，在一次次的小挫折中，孩子的抗挫折能力就会得到提高。在面对较大的挫折时，孩子也会根据自己的经验理智地去面对，而不是无法接受、束手无策。

教子箴言

父母一定要注意，孩子是不断成长的。对于他们来说，敏感可能只是阶段性的，尤其是当他们对父母特别敏感时，父母一定要用真诚去打动孩子，切忌呵斥责骂。

细节41 拔掉孩子心中妒忌的刺

嫉妒会阻碍孩子的视野，让人看不清事实，激起自己的愤怒和仇恨，带给别人伤害，也伤害到了自己。

——美国作家　埃·哈伯德

家教个案

夏琳是一个学习成绩好却很骄傲的孩子，她喜欢收获来自别人赞赏的眼神而且乐在其中。如果是谁抢了她的风头，她的脸就会变得很难看，还会想方设法地来报复别人。所以大家在知道了她的这个个性以后，有时候都喜欢躲着她，也不愿意跟她说话。

班上转来了一个新同学叫刘雪。刘雪长得很漂亮，还很爱笑，对大家也很好，所以一下子就成了班上的焦点。这样一来，夏琳的心里就特别地不平衡，只要有机会她就会在同学中散布刘雪的坏话，说她这也不好那也不好。

有一次上完美术课，大家都在水池边洗颜料盘。夏琳故意就把和着颜料的水洒在刘雪的粉色裙子上。刘雪看着自己的“花裙子”觉得很伤心，但是她还是原谅了夏琳。而相反的，看着刘雪穿着脏裙子，夏琳却觉得自己心里好受多了。渐渐地，班上的同学就给夏琳取了一个绰号——蜜蜂。

教育感悟

孩子的妒忌心理与孩子的心理承受能力、情绪管理能力有很大的关系，主要是在别人比自己优秀、表现得更好时，容易在心理上感到难受。妒忌是一种很复杂的心理，包括焦虑、恐惧、悲哀、猜疑、羞耻、内疚、敌意、报复等不良的情绪表现。

妒忌心的危害很大，因为它有很强的指向性，嫉贤妒能是它的主要表现特征。妒忌者往往会用各种方法来打击报复自己的被妒忌对象，以此来得到心理上的快慰感。妒忌心对于他人、国家和社会都会有很坏的影响，也不利于自己的成长发育，属于一种病态心理。

一般情况下，比较封闭、以自我为中心、有自卑个性的孩子容易产生妒忌心理。这类孩子不能够客观地认识自己，总是觉得自己在各种事情上都能够去超越别人，因而也就处处争强好胜，从而引发了妒忌。当孩子没有远大的志向、整天都无所事事时，也容易去挑别人的缺点。

当孩子在现实生活中的自我实现受到了阻碍，不能够去超越对手的时候就会心生妒忌。刚开始他可能是羡慕别人的成绩，渐渐地就转为仇恨和想要报复了。妒忌心理是一种破坏性的心理因素，对生活、学习、事业都会产生消极的影响。

妒忌其实就是对人的一种偏见，要让孩子远离妒忌。它会影响到孩子的人际交往关系，限制孩子的交往范围，对孩子产生不利的影响。

专家建议

如果自己的孩子得上了“红眼病”，父母要如何来帮孩子拔掉心中的这根刺呢？下面的一些方法，可以给父母一些指导。

1. 帮助孩子树立远大的人生目标

父母可以帮助孩子树立一个远大的人生目标，让孩子去积极地追求，不会因为无所事事而喜欢去挑别人的毛病。当孩子有了自己的奋斗目标之后，就会潜心埋头于个人的进步，而不会在意别人的长短，对于眼前的一些小事就不会过于计较了。

2. 帮助孩子正确客观地认识自己

人无完人，每个人都会有自己的长处和短处。父母要教会孩子来正确客观地认识自己。如此一来，孩子就不会因为自己的短处不如人而对别人心生妒忌。父母要鼓励孩子多关注自己的优势并去好好发挥，从而使自己能够不断地取得更大的进步。

3. 培养孩子的宽容心

宽容心不是与生俱来的，而妒忌却是人人都会有的，只是程度不同而已。父母要注意培养孩子拥有一个宽广博大的胸怀，让孩子能够在别人做出有损于自己的事情时报以原谅的态度，在别人能够超越自己的时候多给予赞赏，少一些批评和妒忌。

刘东是班上的滑板高手，下个星期班上的男孩要举行一场比赛。班上的张本也是一个很厉害的滑板高手，这一次也就是要看他们两个人谁能够胜出了。张本在还没有比赛时就跟大家说，自己这次一定要得第一。比赛当天，自己还故意在走路的时候把刘东给撞倒了。

刘东看到张本的举动知道他是在妒忌自己，但是这也是人之常情，因为去年就是自己得了第一，张本为此都快怀恨他一年了。比赛开始了，刘东心无杂念地开始了比赛，他只想尽力地把自己的水平给展示出来。最后，刘东又得了第一。

父母如果能够培养出孩子的宽容心，就是找到了孩子妒忌的克星。一个具有宽容品质的孩子就会远离妒忌，更不会因为妒忌而去伤害别人。

4. 让孩子学会与人分享

对于妒忌心很强的孩子，往往不乐于与人分享合作，尤其是不愿意与自己的妒忌对象分享合作。父母要有意识地帮助妒忌心强的孩子，多去与人交往和合作，让孩子能够学会如何与人分享。

刘林是一个很内向、有点儿自卑也有点儿封闭的小孩，他还特别不能忍受别人比自己更强，为此，妈妈就经常找一些同龄人来陪他一起玩耍。刚开始他也不乐意和大家一起游戏，可是渐渐地大家的欢乐情绪感染了他，他也学会了在与人分享和合作中找到快乐了。

刘林现在也能够接受别人比自己做得更好了，因为在与人游戏的过程中，经常出现我这个比你做得好，但是你那个又做得比我好的情况。如此胜负也就不是太重要了，因为谁都不可能样样都做得最好。

获得了良好的与人交往的能力后，孩子就会走出以自我为中心的封闭状态，妒忌的刺就会在与人快乐分享的过程中自动脱落。

5. 让孩子多发挥自己的长处

父母在平时先要帮孩子认识到自己的长处，然后鼓励自己的孩子多去发挥自己的长处，在发挥中找到自信和成就感。这样孩子就不会总是拿着自己的短处去和别人的长处比，最后比得自己也是心里非常难受，还心生妒忌。

人无完人，让孩子明白每个人都是有缺点的，就是自己的妒忌对象也会有不如自己的缺点，把心思多放在发挥自己的长处上，而不是与人的比较中，这样一来自己也就不会有更多的心思去关注这些生活琐事了。

教子箴言

妒忌只会遮住孩子的眼睛，让孩子在妒忌中迷失自己，无法真正地看清自己，也看不清楚别人。一个心存妒忌的人，不能够取得更大的成功，因为容纳不下别人的优点也会让自己停止进步。

细节42 让懦弱的孩子勇敢起来

懦弱只会让人不敢去直面自己的困难，不能够用坚定的意志和勇气来找寻出路。困住自己前进脚步的不是困境，而是自己的懦弱。

——法国文学家 罗曼·罗兰

家教个案

刘莉平时是一个很胆小懦弱的孩子，每次晚上都要妈妈陪着她一起去上厕所。上一次自己的课文没有背完，老师批评了她一次，现在她都很害怕上语文老师的课。星期天大家一起去爬山，刘莉不小心在半山腰上摔了一下，她就不想爬上去了，说自己就在原地等着伙伴们，不再往上爬了。

妈妈一直觉得女儿的个性不够坚强勇敢，还没有遇到困难自己就已经先开始害怕了，遇到了更是想着去退缩，就是没有站起来面对困难和勇于拼搏的勇气。平时也有意让她参加一些体育锻炼，但是效果也不是很明显。

妈妈觉得可能是在孩子还小的时候对她过于保护造成的。在刘莉小时候，怕她受到伤害的父母总是替她出面解决一些和小朋友的矛盾纠纷，结果让孩子变得懦弱了。

教育感悟

孩子懦弱会对人有很强的依赖，这种情况多与早年的成长经历有关。在幼儿成长的早期，父母把保护孩子、养育孩子、满足孩子的一切要求作为自己的责任和义务。结果让孩子对父母形成了很强的依赖感，遇事没主见还很懦弱。

在这类孩子的心目中，有一种对父母或他人的权威依赖心理，不能够在事情中坚持自己的观点，喜欢屈从于别人的意志。做事时缺乏自信心，总想让别人来替自己做决定，不愿去负担相应的责任，在没有得到大量的意见和保证前不敢做出自己的决定。

懦弱的孩子还会经常有一种无助感和被遗弃感，让别人来为自己做大多数的决定，在生活中就是明明知道别人错了也会选择随声附和，因为害怕被别人遗弃。独立性很差，不能够去单独地完成事情。对人对事也是过度地去容忍，愿意去做别人都不愿意去做的事情。

孩子的个性过于懦弱在独处时会有不适和无助感，总是想着要逃避孤独。当自己一些很亲密的关系中止时，情绪波动很厉害，不能接受这种境况。孩子也会为自己的过于懦弱而内心非常痛苦，想能够摆脱出来做一个坚强勇敢的人。

父母要帮助孩子走出懦弱，做一个坚强、勇敢、自信的人，让孩子重新获得生活的勇气。

专家建议

孩子个性比较懦弱，不能勇敢地面对生活中的事情，父母可以采用以下一些方法来帮助孩子。

1. 要给孩子更多的鼓励

孩子平时在生活中做一些事情的时候，父母要多给他们鼓励而不是批评和训斥。批评会更加损伤孩子的自信心，让孩子在做事情时犹豫不决，不能够找到做事的勇气和自信。父母的鼓励能让孩子勇敢地迈出下一步。

2. 鼓励孩子发扬优点

父母要鼓励孩子多发挥自己的优点，增强自己的自信。自信心是孩子懦弱的克星，一个有着自己闪光点的孩子会更愿意去向人展示自己的长处。在这个过程中，孩子更有勇气去面对自己的处境，积极地面对问题，孩子的懦弱会在自信的力量下渐渐地消失。

3. 培养孩子的独立性

父母要注意在生活中培养孩子的独立性，让孩子自己的事情自己做，不代劳孩子的事情。孩子在自己的事情自己做的过程中，培养的就是一种独立面对和解决问题的能力，学会处理事情，学会自立，做事有了自己的主见，从而不依附于人，走出懦弱。

妈妈对刘洋的生活特别照顾，结果刘洋都4岁了连自己的鞋带都不会系，而且个性和小女孩一样懦弱，一点儿也不像是一个坚强的男子汉。妈妈觉得孩子的个性无法适应社会，便开始培养他的吃苦精神，自己的事情自己做。妈妈可以教他怎么来做，但是不会像过去一样什么事情都代劳了。

两个月下来，刘洋的自理能力一下子提高了很多。现在做什么事情，他都会很勇敢地说"让我自己来"，变得更加果敢了。

独立性的培养能够减少孩子对他人的依赖性，而懦弱主要表现在对人太依赖，不能够独立做事。

4. 鼓励孩子去冒险

让孩子去做一些冒险的事，这也是锻炼孩子胆量的好办法。孩子的胆子也是在慢慢的锻炼中逐渐变大的。在冒险和挑战中，孩子可以经历更多的失败和自我抉择。

黄明刚开始是一个胆子很小、很怕事的孩子，遇事也不能去果断地对待，很依赖父母。爸爸觉得孩子缺乏胆量，想培养出孩子的勇气，让他能够勇敢地面对困难，从而改变他胆小的个性。爸爸便经常带着黄明去爬山、攀岩、滑冰、跳水，让孩子参与一些比较冒险的运动项目。

在这样的训练下，黄明胆量有了很大的提高，做事情也变得更有魄力了，变成了一个勇敢的小男孩。

孩子在冒险的过程中也使自己的意志得到了磨炼，在经历过这些过之后孩子也会成长为一个更有主见的人。

5. 让孩子进行自我激励

当孩子个性比较懦弱的时候，在面对事情的时候就会没有自信，容易退缩。这个时候就要教会孩子能够积极地去自我激励。不断地从内心给自己积极的心理暗示，认为自己能行。如此一来，也就会让孩子增加去面对困难的勇气，从而能够用积极的心态来面对自己的困境。

父母教孩子学会自我激励，从而让孩子能够在消极中找到自己的强心剂，敢于去自己做决定，有自己的主见，不去盲从于别人，这样就会渐渐地从懦弱的个性中走出来。

教子箴言

懦弱是阻碍人成功的大敌，孩子要学会坚强勇敢地来面对自己生活中所碰到的任何难题，不去盲从别人，不去依赖别人，做一个有主见、自强自立的人。

细节 43 不要让残忍侵蚀孩子的心

残忍是为文明和善良所不能容忍的，孩子的心灵是幼小的、纯洁的。不要让这一方圣土沾染上肮脏和血腥的东西，它会毒害孩子最纯真的灵魂。

——希腊哲学家　毕达哥拉斯

家教个案

王勇平时很喜欢折磨小动物。家里养了小鸡和小猫，它总是喜欢去用脚踩它们，看到这些小动物在自己面前痛苦地尖叫他就会觉得很开心，觉得这是一种乐趣。妈妈每次见到这种情景都会大声地制止，但就是改不了他的这个习惯，只要妈妈不在家，还是很喜欢虐待家里的小动物。

有一次，妈妈回家时看见王勇拿着一把小刀在忙着什么。走近一看，原来他在用刀子解剖一只小鸟。看到小鸟的肠子、腿七零八落的，妈妈就受不了了。王勇还对妈妈说："今天在生物课上，老师讲了鸟的身体结构，我只是想看看老师说的是不是真的。"妈妈见了就对他说："你想了解知识妈妈不反对，但是不要残害小生命啊。了解的途径那么多，为什么要动刀子杀害它呢？"

教育感悟

孩子残忍的个性最开始是表现在对待小动物和植物上面，然后就是个性比较好斗，在与人发生冲突的时候喜欢通过武力来解决问题，对于一些残忍嗜血的场景很喜欢。在对待人和事上观点容易走极端，打起人来也很厉害，而且面不改色，非常冷漠。

还有一类孩子对别人还好，但是对待自己，有时候喜欢用残忍的手法，也就是有自虐的倾向，严重的还会有很多伤害自己的举动。这是这类孩子自我情绪发泄的一种很极端的方式，是一种较严重的心理疾病，需要好好地对孩子加以引导。

孩子之所以会做出这样一些残忍的举动，原因是多方面的。前者是孩子同情心的缺失，让孩子不能够友善地对待人和物，比较冷漠自私，在极端情形下走入了残忍。而后一种情形是孩子不健康的情绪表达方式，也与孩子的性格敏感、孤僻、压力过大有关系。

孩子的两种残忍倾向都是父母不愿意看到的。这样的孩子也不容易去感受来自别人的关爱，内心更加自闭，也不会懂得去爱人和爱自己。父母要注意从小就培养孩子的同情心，让孩子能够对弱小的事物抱着一种保护和关爱的心态，不要让残忍走入孩子的心灵，从而毒害了孩子的心理健康。

父母要将温暖和爱注入孩子的心里，让孩子成长为一个能够爱人、也能够去接受别人关爱的人。

专家建议

如果父母发现自己的孩子在生活中表现出了一些残忍的举动，就应该引起注意，反思一下自己的教育是否有缺漏。以下的一些方法可以帮助父母改变孩子残忍的性格。

1. 让孩子远离暴力污染

父母要关注孩子平时看的电视和书籍，不要让孩子接触暴力的情节。现在的很多成人电视中都会有不同程度的暴力镜头，如果父母对孩子不加管制，孩子在看多了这类节目之后，出于好奇和刺激就会去模仿，从而让孩子有了暴力倾向。

黄跃平时很喜欢和爸爸一起看一些香港的警匪片，每次父子俩都看得很高兴，一起随故事情节而紧张或放声大笑。黄跃刚刚上小学一年级，还分不清楚现实和电视中的情景，对电视中的大哥产生了崇拜，在学校里也让变得很凶狠，只要是别人和自己有冲突，就会和别人很激烈地对打。

对于黄跃的行为，老师也多次提出了批评；可是他的这些行为，并没有因为老师的批评而改变。又有一次，在学校里他用石头把一个小男孩的头给砸破了。父母很纳闷孩子怎么这样了，一问才知道是他从电视上学来的。

父母不要让孩子和成人一样去接触传媒中的暴力情景，要有所管制，让孩子在成长过程中尽量少接触残忍暴力的场景。

2. 培养孩子的同情心

父母要注意对孩子同情心的培养。同情心是孩子善良、仁爱等心理品质的基础，父母注意培养孩子的同情心能够增强孩子的感受能力，还会让孩子学会为别人着想，在碰到有弱小者被欺负时就会心生保护的欲望。

3. 教会孩子管理好自己的情绪

孩子出现过激的举动也是由于自己的情绪受到了极大的干扰，找不到合适的可以发泄的途径，然后就会采用一种很暴力残忍的方式来发泄自己心中的愤怒。要让孩子学会正确的情绪管理方法，在生气时可以用正当健康的方式来表达自己的愤怒。

王品的爸爸是一个脾气很暴躁的人，动不动就会摔东西、掀桌子。王品在还小的时候也有了这种倾向，只要他一生气就想通过摔东西来发泄。妈妈看到孩子这样，觉得不能让孩子养成这样的性格。每次孩子生气的时候，就引导他能够用和妈妈吵架的方式发泄自己的情绪。

渐渐地王品长大了，妈妈就让他在自己很生气的时候去练练沙袋、跑跑步、打打球，把自己情绪转移或发泄出来。

管理好自己的情绪并用一种正当的方式来发泄自己的情绪，才能让孩子不用暴力的方式来管理自己的不良情绪。

4. 给孩子一个和谐友善的家庭

父母平时要注意给孩子营造一个和谐友善的家庭环境，不要在孩子面前经常表现出自己很残忍暴力的一面。孩子的分辨能力比较弱，而模仿能力却很强，这样就很容易让残忍进入到孩子的心灵，不利于孩子心理的健康发育和成长。

5. 培养孩子对残忍的厌弃心理

父母在对孩子的教育过程中，要有意识地让孩子对一些很残忍的情景产生厌恶的心情，这就需要父母在平时的生活中，用自己对待残忍的态度来感染孩子。当孩子对这些残忍的东西心怀厌恶的时候，就会在自己的言行中抵制类似的事情发生，而不是去追随和模仿。

教子箴言

孩子的心灵是一方神圣的净土，残忍和丑陋是不受人欢迎的，它能够摧残人的善良和友爱。残忍是一种不健康的极端的病态心理，父母千万不要让孩子受到污染。

细节 44 纠正孩子的以自我为中心

以自我为中心是一种严重的人格缺陷。孩子们以自我为中心通常只知道享受和索取，不懂得付出与回报，从而导致他们难为周围的人所接受。

——美国心理学家　罗杰斯

家教个案

菲菲上四年级了。一天，她正在客厅里摆弄自己的玩具，这时姑姑带着女儿，也就是菲菲9岁的小表妹来串门了。小表妹拿着一个新式的玩具,菲菲借过来就开始玩。于是小表妹拿起菲菲的积木玩，菲菲的小脸上露出了不悦的神色。

小表妹便说："你把我的玩具拿走了，我不玩你的玩具那我玩什么呢？"菲菲竟然一下子把玩具塞到表妹怀里，并从她手里抢过自己的玩具，菲菲的妈妈和姑姑见了都忍不住责备起菲菲来。哪知道她竟然哭了起来，边哭边说："你们都护着妹妹，不护着我，我没有人心疼没有人爱。"妈妈气得狠狠地批评了她一顿，可是菲菲却哭得更厉害了。

教育感悟

对于两到三岁的孩子来说，他们通常只能想到自己。在他们的内心里还没有建立起别人的概念，他们说话常以"我"开头，例如"我要吃饭"、"我要出去"。这是因为他们的认知能力有限，头脑里还没有建立起他人的形象，不知道还有"你"、"他"，还有别人。

这是一种正常的心理现象。随着年龄的增长，他们对外界事物有了更多的认识，经过父母的正确引导，孩子们以自我为中心的意识就会消失。他们不仅关注自己，也会开始关注他人。

在现实生活中，我们常常看到许多学龄的孩子却依旧保留着幼儿时期的自我为中心的意识，做出许多不合情理的事情来。例如上述案例中的菲菲，她就觉得自己周围的人都应该以自己为中心，别人的需求都可以不满足，但她的需要必须得到完全地满足。这是非常典型的以自我为中心的表现，也是一种极其自私的行为。

孩子的这种行为多半是由于父母不正确的教养方式造成的。现在大部分家庭都只有一个孩子，父母疼之爱之唯恐不及，一味地纵容孩子毫无节制地索取，却从来不让他们给予回报。这种不良的亲子关系必然造成孩子错误的认识，那就是我身边的所有人都是为我服务的，我的需要都必须得到满足。

以自我为中心的孩子不可能受到大家的欢迎。人是社会的人，终有一天会走进社会，而这样的孩子将难于融入社会。孩子们把注意力更多地集中于自己的需要上，自然难以关注他人，这样又怎么会形成良好的人际关系、怎么能与他人进行顺畅的沟通呢？

自我为中心的现象几乎人人都有，但是由于个体知识水平和内在修养的不同而有所差异。如果以自我为中心过于严重，就会对人际交往、个人情绪和健康等造成不良影响。人总以自我为中心，过分地向他人索取，当得不到他人的配合时便会产生心理不平衡，造成一系列的心理疾病。

父母要帮助孩子走出以自我为中心的人格困境，在尊重孩子自我意识发展的科学规律的前提下，父母应该采取及时有效的教养方式。

专家建议

作为父母应该给孩子真正科学的教育，过分宠爱会造成孩子以自我为中心的意识过于严重，影响他们的身心发展。

1. 给孩子正确的爱

父母爱孩子就应该为他们的将来多考虑，而不是事事为孩子包办。这样培养出来的孩子才能够形成独立的人格，摆脱自我中心意识对他们将来发展的影响。

当孩子到了可以自己处理某件事情的年龄时就放手让他们自己去处理。父母过度的保护和给予会造成孩子严重的自我中心意识，父母不要整天围着孩子转，这不是正确的爱。

2. 坦然接受孩子的爱

爱是一个互动的过程，一方的付出能够得到另一方的珍惜、感谢与回报这才是爱的全部。因此，父母在平时的生活中应该坦然地接受孩子的爱，引导他们关注他人的意识。

郑琳凡是个三年级的小女孩，父母很疼爱她。有一次，父母和她像往常一样吃晚饭，妈妈照例把郑琳凡最爱吃的鸡腿夹给了她，郑琳凡此时心里一动，心想："平时父母对我多好啊，鸡腿从来都是我吃。"

于是她把两只鸡腿分别夹给了父母。妈妈刚想说自己不爱吃，却被爸爸拦住了。事后，爸爸告诉妈妈："孩子的爱心要保护，何况你还不是真的不爱吃鸡腿，有付出有回报才是真正的爱啊。"

孩子的心不是铁做的，只是在父母的一次又一次的拒绝中渐渐硬了起来。因此父母在平时的生活中，应该坦然接受孩子的回报，例如在厨房里做饭，儿子也要来帮忙时不要嫌他做得不好添乱，而是要轻轻地拍拍他的肩膀，称赞一声"儿子真懂事"，这比给他们吃最好、穿最好的更有意义。

3. 教孩子学会感恩

对于他人的付出不懂得感恩，时间一长必然造成孩子严重的自我为中心。他们认为这一切都是自己应得的，因此不需要感谢任何人。他们认为父母照顾他们是义务，老师关心他们也是义务。因此，父母应该指导孩子养成感恩的习惯，对于别人的付出懂得感恩、珍惜和回报。

小雯是个五年级的小女孩，教师节那天，妈妈让她给老师打个电话问候一下。

小雯非常不乐意，妈妈便问她："平时老师对你这么好，难道你问候一下不应该吗？"小雯说："那是因为我成绩好！"妈妈又问她："如果老师不关心你，你成绩好不好与他们有关吗？"小雯听了低头向妈妈承认了错误，然后拿起电话，给老师们送去节日的祝福。

4. 鼓励孩子多与同伴交往

一般擅长交往的孩子都没有严重的自我中心意识，因为他们知道人是社会的人，自己的需求要满足，别人的需求也需要满足。他们不把自己的观念强加于他人，不以自己的好恶作为衡量的标准，尊重他人的意见，这是一种健康的心理状况。

在日常生活中，父母应该有意识地为孩子创设与同伴相处的机会，让他们在和同伴的交往中学会抛弃严重的自我意识，学会关注他人的需要，学会平衡自己与他人的关系。

5. 教孩子学会分享

父母应该鼓励孩子把玩具拿出来与同伴分享，懂得分享的孩子才能顺利跳出自我中心意识。孩子有好吃的给其他小伙伴吃了，别的小伙伴下次有了好吃的才会给他吃。分享就是一个资源共享的过程，也是引导孩子抛弃自我意识、走出过度关注自我误区的好办法。

教 子 箴 言

幼儿时期的自我中心意识是一种很正常的生理和心理现象，因为他们认知水平尚不成熟。但是随着年龄的增长，如果孩子依旧以自我为中心，不懂得与人分享，不懂得感恩与付出，那就是一种人格的缺陷了。

细节45　让孩子学会调适害羞心理

害羞是每个人都有的一种心理，它是人类的天性，但是过度害羞就会给人们的生活带来一定的困扰。因此，每个人都必须学会调适自己的害羞心理。

——法国教育学家　顾拜旦

家教个案

王雪盈在外人看来是个很内向的孩子。周五的最后一节课，班里照例组织了一次班会活动。老师为了提高班会活动的参与度，便提议采用成语接龙的游戏，规则是没有答出来的同学必须上台为大家表演节目。

王雪盈内心开始紧张起来，她很害怕自己答不上来，她心想："要上台表演节目该多难为情啊。"

正在王雪盈思忖间，她仿佛听到同学们在倒数计时，"10""9"……原来，这个游戏已经轮到自己了，可是刚才她走了神，没听清前一个同学的成语，无奈她只能表演节目了。这让她更加紧张，她的脸开始涨红起来了，心跳也加速了。

一分钟过去了，她依旧傻傻地坐在座位上，头都快低到课桌底下去了。她心里乱极了，"现在同学们一定在笑话我吧。"老师走到她身边，鼓励她站起来为大家表演。她嗫嚅着想要拒绝，可是却连一句完整的话也没有说出口。

教育感悟

害羞是人类普遍具有的情感，它是人们面对陌生事物的一种本能反应。一般来说，家里来了陌生人，孩子就会表现得很害羞，他们通常把自己关在屋子里不敢出来，说话声音也明显地变小了。

害羞的孩子通常会被人认为胆小与不自信，因为他们面对陌生事物时表现得非常畏惧，不敢去面对，总是怀疑自己是否有能力做好某件事情。

孩子在大约一至两岁的时候都会经历一段害羞期，他们见到陌生人时会躲进妈妈的怀里，不敢迎视他人的目光。但是在经历了害羞期后，孩子们大部分都可以正常地参加社会交往活动。但是有一些孩子却依然表现得非常害羞，甚至到了工作岗位后也依旧如此。

孩子之所以会害羞主要有两方面的原因：一是遗传因素的影响，另一个是环境的影响。

一般来说，父母比较内向害羞，孩子也会表现得更为害羞一些，但这并不绝对。许多天生害羞的孩子经过有意识的锻炼也可以成为活泼、外向的孩子。有一些孩子由于身体上的一些缺陷而担心别人看不起自己，轻视自己，也容易产生害羞的心理。

环境的影响包括父母的教养方式和文化环境。美国人非常重视孩子社交能力的培养，因此美国孩子通常没有中国孩子害羞。受中国传统文化影响，一般父母都不认为孩子害羞是什么大问题，他们甚至不太支持孩子太出风头。另一方面，父母的教养方式也会引起孩子的害羞心理。父母过于严厉或者对孩子过度保护也会造成孩子产生害羞心理。

适当的害羞不会影响正常的生活，但是如果害羞心理过重则会影响孩子的正常发展。一个害羞的孩子不敢迎接挑战，没有跟自己、跟命运叫板的勇气和决心，不敢独自做出决定，自然会错失成功的机会。孩子过度害羞也会在社会交往中遭遇挫折，不能满足自己交往和受到尊重的需要。

害羞的心理完全可以通过训练和教育进行调适。因此，父母应该采取及时有效的教育方式来帮助孩子调适他们的害羞心理。

专家建议

父母可以通过以下几个途径来帮助孩子调适他们的害羞心理。

1. 接受孩子害羞的本性

害羞是人类的本性，父母的训练可以帮助孩子缓解这种心理，但是却不能完全根除。对于孩子的害羞心理父母首先应该坦然接受，然后再采取针对性的措施。

孩子害羞了，说明他心里很害怕，不知道怎么办。父母不要因为他的害羞行为而愤怒，而应该温和地宽慰他们，告诉他们害羞是很正常的，然后再采取正确的方法来训练他们。

2. 父母要以身作则

父母有比孩子更多的生活经验，即使以前是一个比较害羞的人，经过生活和社会的磨炼后也会掌握一些克服害羞的方法。因此，父母可以给孩子做具体的示范，告诉他们害羞可以通过各种方式克服。

父母平时对孩子说话时应该正视他们的眼睛，告诉他们这是尊重他人的表现。平时有客人来的时候让孩子在旁边看看父母是如何与人打交道的。

3. 指导孩子进行积极的心理暗示

积极的心理暗示可以使孩子克服自己的害羞心理。积极的心理暗示会让孩子的内心产生一股力量，激励他们去行动，这是克服害羞心理最好的方法。

郑鹏是个四年级的男孩，他以前也很害羞，但是经过妈妈的引导后他已经没有以前害羞了。郑鹏以前不敢和小区里的小伙伴们玩，他怕人家不愿意让自己加入，妈妈告诉他："如果害怕就让自己勇敢一点，不要害怕拒绝。"

有一次，小伙伴们正在玩捉迷藏的游戏，这对他的吸引力太大了。他鼓起勇气走上去说："我也想参加，可以吗？"伙伴们答应了，而且还在一起玩得很开心。从那以后，他就经常这样暗示自己，现在，他都敢在班里发表演讲了。

当孩子感到害羞时，让他们思考一下为什么要害羞，到底在害怕什么呢？找出自己害怕的原因后，再对自己进行积极的心理暗示。如果怕同学笑话，那就告诉自己不要害怕，其实并没有人注意自己。

4. 尽量不要责备孩子

对孩子的责备会让他们觉得自己很不受欢迎，得不到认可。造成孩子在他人面前没有自信，不敢发言，这也是造成孩子害羞的重要原因。

思慧是个上三年级的女孩，她很害羞。从小到大妈妈总是在批评她，说她太懒，每天连自己的房间也不整理。

思慧刚想开口说自己不会，妈妈又把话接过去了，说："谁天生就会干活啊？还不都是自己学会的。你就使劲懒吧，看你这样儿一点出息都没有！”思慧在妈妈的责备声中变得越来越内向和害羞。

父母平时尽量不要责备孩子，即使孩子做错了事情也要先耐心地听孩子讲明原因，不要急于责备，更不要在情绪激动的情况下打骂孩子。

5. 利用小目标进行强化

目标对人的行为具有非常大的激励和导向作用。孩子的害羞心理有时候是冰冻三尺非一日之寒，这时候父母就应该从小目标出发，不断地引导孩子克服内心的害羞，使他们慢慢成长为一个心理健康的孩子。

平时在生活中父母就可以为孩子设立一些目标。例如家里来客人了，如果他可以望着客人的眼睛谈话，那么就给他一些奖励，通过这些小行为的纠正、小目标的实现，让孩子慢慢克服害羞心理。

6. 告诉孩子提前做好准备

一个有良好准备的人肯定能克服害羞。害羞通常情况下都表现为孩子对自己即将做的事情没有把握，但这个把握从哪里来呢？如果孩子事先对这一切有了充分的准备，那么就等于有了更大的把握。因此，良好的准备可以帮助孩子缓解害羞心理。

与其让孩子过度地紧张和害羞，不如让他们开始着手准备自己即将要做的事情。例如孩子明天要参加班里的活动，那就让孩子把节目先准备出来，然后反复练习，当孩子对这个节目熟练之后，他就能很好地控制自己的害羞心理，顺利地完成节目的表演。

教子箴言

每个人都会有害羞的时候，适当的害羞并不会影响正常的生活。但是如果孩子过度害羞，父母就应该反省一下自己的教养方式了。并应该用鼓励代替批评指责，慢慢改善孩子的害羞心理。

细节46 避免孩子自我感觉的过度膨胀

自我感觉过度膨胀是孩子对自己过于关注造成的不良后果，它会使孩子沉迷在自己的世界里，忽略周围的环境，日益变得冷漠和孤僻。

——日本教育学家　铃木镇一

家教个案

琳琳以前是个非常活泼开朗的孩子，但是一次舞蹈比赛彻底改变了她。那次是她第一次参加市里的舞蹈比赛，她为此准备了很久。她是舞蹈老师最为信任和器重的学生，每一个舞蹈动作都力求完美。当老师告诉她决定让她参加市里的舞蹈比赛的当天，她就开始了艰苦和认真的训练。

她也不知道怎么会在那个她无比熟悉的舞台上出那么大糗，在做那个她已经练习了几百遍的旋转动作时，她居然摔倒了。她倔强地站起来，勉强表演完了后面的动作，刚回到后台就哭了起来。

任凭父母、老师怎么安慰她都听不进去。她认为所有的人都在嘲笑她，老师和父母再也不会以她为傲了。她用手紧紧地捂着自己的胸口，拼命想制止自己的哭泣，可是这一切都那么徒劳。不知哭了多久，她才由父母领着麻木地回到了家里。从此以后她便拒绝再学习舞蹈，人也变得冷漠而孤僻了。

教育感悟

自我感觉过度膨胀是指人过度关注自己的感受，不愿意把注意力转移到周围的环境中去，从而导致人容易沉浸在自己的情绪和苦恼之中无法自拔。

心理学上说人都有社会归属的需要。如果一个人过于关注自己的内心感受，就会把自己的心封闭起来，不愿意关注他人和周围的环境，从而无法满足自己实现社会归属的需要。

上例中的琳琳在表演失误后过于关注自己的失败，感觉自己太没用了，她只顾着伤心和难过，不愿意接受老师、父母的劝慰，也不愿意转移自己的注意力，只顾沉浸在自己失败的情绪里，导致她不愿意接触外界环境。

人是社会中的人，我们不仅要顾及自己的感受和体会，还要积极地关注和接触外界，实现社会归属的需要。人生活在社会之中，在遇到一些事情、一些人后总会有一些感觉，例如感觉成功与失败或者快乐与悲伤。如果此时孩子们不能适当忽略这些感觉，把注意力转移到周围环境中，便会导致他们养成一些不良性格和习惯。

孩子如果一味地沉浸在自己的成功之中，便可能导致他们孤高自傲的不良心理，如果孩子过度沉浸在失败里，便会产生自卑等心理。

孩子的自我感觉过度膨胀和他们的性格、习惯以及父母的教育方式都有很大的关系。一般那些乐于分享、乐于与人交往的孩子，相对来说不容易自我感觉膨胀，因为他们善于把注意力转移到他人身上，关注他人的需求。另外，有一些孩子过于追求完美也容易造成自我感觉膨胀，他们总觉得自己做得不够好，不愿意从别人的角度来看待事情。

自我感觉膨胀的孩子难以顺利地赢得良好的人际交往，没有关注他人和社会的习惯，总是沉浸在自己的世界里，很容易形成孤僻、冷漠的性格。过分关注自我感觉的孩子，不懂得尊重别人的想法和观点，不会真诚地关心和帮助他人。

专家建议

教育的一项重要的功能是培养孩子的社会性，而孩子自我感觉过度膨胀，是阻碍孩子社会性形成的重要因素。因此，父母应该采取科学有效的方法对他们进行引导。

1. 父母要给孩子充分的尊重

尊重孩子是分享孩子内心感受的重要途径，如果父母不尊重孩子的想法和观点，他们便会把自己的想法和观点隐藏起来，任由它们在内心里膨胀。当孩子失败时，父母不听他们的解释，只顾一味地说教，孩子无处诉说的苦恼便会积蓄在心里并迅速膨胀。

盈盈的数学成绩一直不错，可这次她的数学测试却只得了70分。妈妈看到她的试题就发怒了，她不仅阻止了女儿的解释，更是开始了长篇大论的说教。盈盈心里想："我已经够烦的了，她还没完没了，真烦。"

听完妈妈的训斥她回到房间里又开始不断地反思，越想越烦躁，心情也越来越坏。她认为没有人能够理解自己，后来，成绩也越来越差了。

父母应该尊重孩子，理解他们的想法。当他们失败时听他们倾诉，不要一次又一次地让他们想起自己的失败。当他们成功时也要与他们分享，但不宜过度赞扬。

2. 让孩子明白骄傲的危害

谦虚使人进步，骄傲使人落后。一个骄傲的人最容易自我感觉膨胀，把自己的成就看得过于重要，不把别人放在眼里，心浮气躁，不再努力地学习知识提高自己，当然会落于人后了。

父母应该多给孩子讲讲骄傲的危害，例如它会使孩子看不清自己的真实情况，盲目地认为自己什么都最好，没有什么需要改进的，自我感觉过于膨胀，最后导致失败等。孩子明白了骄傲的危害后，便能够时刻提醒自己，可以防止他们的自我感觉过度膨胀。

3. 培养孩子谦虚的美德

无知使人骄傲，博学使人谦逊。一个对世界、自我认识不彻底的人往往容易骄傲，自我感觉良好，不把别人放在眼里，也不懂得尊重别人。而一个对世界、自我认识深刻的人才能体会到知识的无边无界和自己力量的薄弱。

李云丽学习成绩好，并且为人谦虚，这一切都来源于妈妈的教育。云丽以前听不进别人的话，常常打断别人说话，认为自己什么都对。妈妈发现后便告诉她："你根本没有听别人说完话，怎么知道别人不对呢？"

云丽是个聪明的孩子，她觉得妈妈说得很有道理。于是她尝试着倾听和学习，慢慢地养成了谦虚谨慎的美德。

父母应该鼓励孩子多学习知识，体会到知识的无穷无尽和个人力量的有限，同时让孩子多倾听他人，而且要听得进去他人的批评，这样才能使他们变得谦虚谨慎、不骄不躁。

4. 让自负的孩子去吃点苦头

孩子之所以骄傲自负是因为他们没有意识到自己的不足，父母的循循善诱往往难以改变孩子的自负情结。父母可以让他们吃点苦头来帮助他们看清自己的不足，从而不再自负。

父母可以让孩子去尝试他们不擅长的项目，例如孩子说自己不是没有能力整理房间，而是不愿意整理房间，父母可以利用激将法让他们去整理一次，当真正着手整理时，孩子就会发现自己还有许多不懂的地方，自然就不会再骄傲自负了。

5. 利用名人效应改变骄傲的孩子

爱因斯坦是近代世界上最伟大的科学家之一，但是当别人夸奖他取得的成就时，他却说自己的成就就像大海里的一朵浪花，只是比平常的浪花大一点而已。名人的谦虚态度是孩子学习的最好榜样，因此，父母可以多给孩子讲一些名人谦虚的故事，帮助他们克服骄傲的毛病，用谦虚谨慎的态度来对待学习和生活。

教子箴言

自我感觉过于膨胀会导致孩子心理发展不健康，也容易使孩子脱离社会这个大群体。父母应该利用科学、合理的教养方式，帮助孩子主动去关注他人，适当忽略自己，走出自我感觉膨胀的误区。

细节 47 打开孩子自闭的心扉

自闭是关上了自己与外界交流的大门，也同时挡住了外面的广阔天空和美丽的风景。千万不要把自己的心门锁住，不要拒绝世界的精彩。

——法国文学家 罗曼·罗兰

家教个案

小云的父母在孩子两个月的时候就发现自己的孩子和别人不同，她对于外界任何声音刺激都表现得不敏感。不论是打雷还是放鞭炮，表情都非常平静，就像没听到一样。孩子后来身体各方面的发育也很好，只是语言发育迟缓。两岁多了还不会说话，行为较刻板。

小云现在三岁了，不喜欢与人交流，只爱玩一些固定的玩具。和父母间没有目光上的交流，比较孤独，爱看电视广告。说话时分不清“你”、“我”、“他”。妈妈觉得孩子很怪异，就带她到医院就诊，一诊断是患上了自闭症。刚听到这个消息妈妈很无助也很绝望，但是他们很爱小云，只要有方法都愿意去积极地尝试，帮助孩子找寻到快乐。

教育感悟

患有自闭症的孩子被称为无法走进“星星的孩子”。专家也称这类孩子就像是一个外星人，无意间闯入了地球，进入了一个正常的家庭。我们要做的不是如何去改变他们，而是学着去了解他们的语言和文化，走入他们的世界。

许多被关在家里的自闭的孩子，因为无处寻找乐趣，也没有地方可以宣泄自己的感情，从而走向了发脾气或者自残。父母对于这种自闭的孩子要主动地多带孩子出门，走到人群中去，并让他们参与到大家的活动当中。这类孩子不同于普通的孩子，他们不会自己去寻找乐趣，所以父母只能从外部条件上来丰富他们的生活，让他们尽可能多地接触到各种各样的生活情境。

父母在发现自己的孩子有自闭症之后，要坦然地接受这个事实，而且要去主动地参加一些相应的培训，因为要照顾一个自闭儿是一生的事。父母要积极地寻找有效的治疗措施，走入孩子的内心世界中，做孩子最好的老师。

自闭的儿童生活在自己的世界里，有一些正常人所无法理解的怪癖，很多医生对自闭症的了解也不多。在医学上，自闭症也被称之为孤独症，是儿童发展的第一障碍。80% 的患儿需要终生护理，属于残疾儿童系列。在自闭儿的患病过程中，男孩的比例要远远高于女孩，这类孩子语言、社会交往能力差，情绪失调。

孩子患上自闭症既有遗传的因素，也有环境污染的原因，和孩子后天的教育和养育也有关系。如果孩子在一岁以内没有得到适当的关照，父母很少与他们进行语言交流，这类孩子易患病。

专家建议

孩子有了自闭的倾向之后，父母一定要注意及时进行调整，这主要是针对一些后天自闭的情况而言。父母可以从以下一些方面注意预防孩子的自闭症。

1. 掌握相关的育儿知识

现在对于育儿相关知识进行介绍的书越来越多，父母要积极地去学习。在发现了孩子的问题之后就去积极地给予一定的治疗，不要只是把孩子的一些异常行为当作是孩子在调皮捣蛋，或者是采用一种粗暴的方式来对孩子进行制止。

在父母忽视孩子的需要、对孩子的想法进行打击以及孩子的心理需求得不到满足的时候，他们只能够向自己求助，便会将自己的心灵闸门向外界关闭。而孩子一旦在自己的内心世界中找到了寄托，就不会再有跟外界打交道的欲望。

2. 别让孩子在网络中找寻安慰

网络是一个虚拟的空间，千万不要让已经有自闭倾向的孩子走入。孩子平时觉得空虚孤独，找不到交流和发泄的渠道，就会在网络中交友，参与到社区活动中，打游戏，在虚拟世界中来满足他们的交友、自尊、发泄这类基本的心理需求，这些情况都是不利于孩子的身心健康正常发育的。

小白的爸爸妈妈平时都很忙，每天上班下班，一点儿陪他的时间都没有，很多时候他都睡着了父母才回来。平时爸爸觉得他年纪还小，就让他待在屋子里玩。4岁时，爸爸教会了孩子玩电脑游戏，从此电脑就成了小白最好的朋友。在游戏的世界里，小白找到了自己的快乐。一年以后，父母发现了一个怪现象，孩子的话是越来越少，表情也越来越少，行为也渐渐地显得呆板。去医院检查才知道孩子已经开始走向自闭了。

父母不要把孩子扔给电脑来照顾，要多给孩子关爱，多和孩子交流。让孩子能够正常体味社会生活，不要远离人群，走入虚拟世界。

3. 多给自己的孩子关爱

在孩子很小的时候，父母就要注意与孩子的情感交流，一岁左右的孩子其实就已经有了记忆和情感的需要了。孩子在3岁前受到的教育在他们成年之后还会起到一定的作用。父母平时要多给孩子关爱，因为父母的爱是孩子心灵健康成长的良药。如果觉得孩子还小，不去注意他的心理需求，就会让孩子在很年幼的时候感受到孤独和不被爱，从而向自己的内心来寻求寄托，走入自闭。

林林的妈妈平时自己一个人照顾孩子，还要做家务。孩子还不到一岁，哭了也没有时间管，就让孩子自己去哭。渐渐地她就发现自己的孩子有了一些异样，对声音不是很敏感了，看到自己走过来也没有太大的反应，还不会与自己进行眼神的交流了。到医院一问医生才知道这孩子有自闭的倾向了。

父母的关爱是让孩子远离自闭的最好方式，孩子只会在缺乏情感交流对象时，才会陷入自闭的状态中。

4. 注意环境对孩子的影响

孩子天性需要同伴和玩乐，所以父母要让孩子在一个好的环境中成长，不要把孩子关在狭小的生活空间里，这样会让孩子找不到更多的乐趣，从而陷入孤独。

即使是在室内也应该让孩子以活动为主，而不要只是单纯地看电视、玩游戏。要尽量选择离公园近、楼层低的住处，让孩子方便接触到真实的社区生活，培养孩子正常的交往能力。

5. 学会走进孩子的内心

父母平时要多和自己的孩子交流，学会走进孩子的内心世界，去体会他的欢乐忧愁，真切地了解到孩子的心理需要，为孩子排忧，也会满足孩子对于父母爱的需求。对于年幼的孩子，父母要多陪孩子睡觉，不要交给保姆或者爷爷奶奶。跟孩子多一些情感交流的机会和时间，时刻注意到孩子的心理需要，尤其是年纪小的孩子，这是父母对孩子最好的示爱方式。

教子箴言

自闭是锁住孩子心门的严重心理疾病，也会快速剥夺孩子体味快乐的能力，使孩子远离人群走入了自己的世界，把一切喜怒哀乐都封锁。这样的孩子最孤独，最需要爱。

细节48 帮助孩子摆脱自虐

自虐中感受到的快乐是心灵扭曲的快乐，这是一种不健康的逃避方式，只会让人越来越走向真正的痛苦，而得不到真实的快乐。

——法国思想家 爱尔维修

家教个案

云巧是以身高优势被市重点高中以体育特长生录取的。入学前妈妈对她寄予厚望，希望她能继续给父母争光。云巧是个性格较内向的女孩，高个子为她赢来了更多的关注。班上的同学都是各所初中考上来的尖子生，一个月后，她发现自己成了班上成绩最差的一个人。

云巧的成绩使她觉得很羞愧，总觉得有人在笑她四肢发达、头脑简单。一天，下自习后她一个人到操场上去跑步。她跑了一圈又一圈，虽然已经感到自己的身体快要承受不住了，这种难受的状态突然让她觉得很过瘾，很舒服。

所以云巧也就坚持着没有停下来，突然她觉得血往上涌，一下子瘫在了地上，昏迷的瞬间她竟然很开心地笑了。幸好被发现得及时，才脱离了生命危险。

教育感悟

对于孩子身上出现的自虐行为，多是因自己的一些需求没有得到满足而又不能够用完整的语言来表达，情绪无法发泄，只好通过自虐来引起大人的注意，也让自己的心绪可以恢复平静。有的孩子虽然年纪小，对自己的要求却很高，在无法得到满足的时候就会自虐。如果孩子受到了不当的责骂，自己又无力去反抗的时候也会引发自虐。

父母在孩子生气时不要惊慌，也不要责骂、怒斥自己的孩子，更不要去刻意地纠正孩子的错误，这样都不是好的安抚方法。要学会及时转移愤怒的孩子的注意力，可以把孩子抱起来到外面去走一走，看一看，避免孩子做出伤害自己的行为。不要让孩子觉得他自虐这一招很管用，这样他们以后就会用自虐来要挟父母达成自己的心愿。

父母要以平常心来看待年幼孩子的一些自虐行为，这种习惯一般会随着孩子年纪的增长而消失。孩子一般表现为在地上打滚、捏自己、抓头发、打脸、敲头、撞墙……表现不一。父母所能做的就是注意他们的安全，多花一些时间来陪孩子，让孩子能够感受到父母的关爱，并尽量地去满足他们的一些需求。孩子行为异常不要毫不介意，任由发展。

孩子的自虐也和个性太好强有关，一个个性太好胜的孩子在对自己的言行或成绩不满意的时候，喜欢通过一些自虐的行为来解决问题。这个时期的孩子多正处于敏感期，父母一定要为他们挖一道疏解情绪的沟渠，用正确的方法来引导这类孩子，千万不要把他们推向极端，否则自杀、自残的事都可能发生在孩子身上。

孩子伤害自己也是希望能够通过这种方式来获得心理压力的缓解，是孩子自己解决问题的一种方式。孩子在打自己的时候，心里的一些情绪也就跟着发泄出来，这样孩子也就会感觉到舒服了。父母要引导孩子用语言或其他正常的活动来发泄自己的情绪，告诉他们这种伤害自己的方式让父母很担心。

专家建议

孩子出现了自虐的倾向，父母们都很担心。要怎样帮孩子学会正确的情绪疏解方式，让孩子用健康的方式把自己的坏情绪都发泄出来呢？可以采用下面的一些方法。

1. 降低对孩子过高的期望值

研究发现，自虐与父母的教育有很大的关系。父母过于望子成龙而忽略了孩子的现实水平，这样一来就会使孩子的心理压力过大。喜欢自虐的孩子性格比较内向，自卑，沟通能力也很差，在面对父母过高的期望值时苦闷无法排泄，就会走向自虐。

小本是个文弱的孩子，父母把所有的希望都寄托在他的身上。每次小本的考试也是父母的考试，他的生活就像是一个时刻走动的钟，没有可以喘气的机会。要期末考试了，妈妈说这次他定要进入前五名。小本觉得压力特别大，他觉得越是往前走自己的对手就越强，而自己的潜力也像发挥到了尽头一样。想到这里他就觉得很恨自己，开始用钢笔刺自己的手，都流血了也不觉得疼。妈妈看见后吓坏了，小本却在这个时候觉得自己很轻松。

父母平时一定要给孩子一个合理的期望值，不要让孩子有过高的压力，这样不利于孩子心理的健康发育。

2. 学会听孩子的心声

孩子在恨自己的同时易走向自虐，觉得都是由于自己的错，才做不好这些事情。因此父母要学会认真地倾听孩子的谈话，不要认为孩子的话都很幼稚可笑，从而把孩子眼中的事都当成小事，对孩子的言论很漠视，疏远了亲子关系，造成了孩子情感压抑、苦恼无法排解最终走向自虐。

3. 学会转移孩子的注意力

孩子过于执著某事、对自己不满意的时候。父母要会转移孩子的注意力，年幼的孩子可以抱到外面去走一走、转一转，转换他们的思绪；年纪较大的孩子可以降低孩子对事情的期望值。如果孩子不喜欢这样可以停止学习，例如学琴、学画画。毕竟一个心理健康的孩子、能够快乐生活的孩子对父母来说才最重要。

小同正在学弹琴，每次在大家面前表演时都能得到大家的表扬，她也很高兴，对于自己的琴艺比较有自信。有一次，爸爸的几个同事一起到家里玩，小同也给大家表演了一段。

可是中间一不小心走了音，对于这件事她觉得很丢脸，好强的她竟然开始打自己的脸。大家都惊呆了，爸爸也连忙走过来对她说："没事的，你才5岁，能够弹到这样已经很棒了。"可是小同还是边哭边打自己。

在孩子正处于失败情绪的控制之下时，父母要及时转移孩子的注意力，让孩子能够转换情绪，不被不良情绪所困扰。

4. 不随意责骂孩子

父母在孩子平时犯错了之后，不要用责骂的方式来教育自己的孩子，这样起不到好的教育效果，不但无法让孩子充分认识到问题出在哪里，还会让孩子的自尊心受到严重的损伤。导致孩子陷入自责的状态中，从而选择用极端的方式来释放自己的愤怒。

教子箴言

用自虐的方式来发泄自己的情绪是很不健康的一种情绪发泄方式，残害自己的肢体只会给自己和父母的心理带来更大的伤害，让自己越来越走向极端。

细节 49 纠正孩子的说谎习惯

谎言是一种毒药，它不仅能够毒害别人，也最终会伤害到自己。用谎言建构起来的堡垒是脆弱的，经不起一丁点儿事实的考验。

——美国心理学家 艾琳·C·卡瑟拉

家教个案

王林今天在家里玩，看到了家里的柜子上有一个很漂亮精致的盒子。正好爸爸妈妈不在家，他便爬上去拿了下来。原来是一个装古钱币的盒子。他便从里面找出了两枚比较新的悄悄地放到了文具盒里。

第二天他就拿到学校跟别人炫耀了。大家也觉得很好奇，有的说自己家里也有，就是爸爸妈妈不让自己拿出来。王林还骗大家这个是妈妈给他的，让他拿着玩。

一个月之后的某一天，妈妈无意间在给孩子收拾床铺时发现了这两枚古钱币，就去问他有没有去碰柜子上的盒子。王林见事情败露便一口咬定是自己在路上捡到的，死不承认。妈妈看了一下明明就是家里的，可是孩子却要说谎。

教育感悟

孩子说谎的原因有很多，可以分为好几种说谎类型。说谎是作弊和欺骗在言语方面的表现，如果父母不加以注意和调整，就容易让孩子养成说谎的习惯，不利于孩子的发展。因为不讲诚信的人在与人交往的过程中也会是一个不守信用的人。

孩子最开始说谎可能是为了逃避父母的责骂，要用说谎来掩饰自己的错误。在形成习惯了之后，就会接二连三地采用说谎的方式来掩盖自己的错误。

有的孩子是自己不愿意去面对的事情出现了，出于逃避的目的来说谎，以达到推诿的目的。另外，虚荣好面子，也是孩子说谎的原因之一。父母要分析清楚自己的孩子说谎的原因，再来有针对性地进行教育。

对于四至五岁的孩子说谎的行为，父母千万不要将其视为孩子的品行问题，因为幼儿的说谎行为和成人的说谎行为是有本质区别的，幼儿的谎言在一定程度上不是一种真正意义上的谎言。

孩子的谎言可以分为幻想式、补偿式、夸大式、社交型、防卫型、逃避型、报复型、安全型等。父母在面对孩子的谎言时一定要分清楚原因，不要觉得只要是在说谎就要批评。父母要多了解一下孩子的心理特点，然后来对孩子进行相应的科学引导，让孩子能够保留住聪明，又不至于养成坏的品质。

父母要学会揭开孩子说谎的面纱，正确地来看待孩子谎言背后的真实，然后才能够真正地对症下药，让孩子改掉说谎的坏习惯。

专家建议

父母要如何来面对孩子的各种谎言呢？怎样做才可以让孩子既不受到伤害又可以改掉说谎的坏毛病呢？父母可以采用下面的方法。

1. 用冷静、温和的态度来面对孩子的谎言

父母要发现孩子对自己说谎时，不要马上就勃然大怒，也不要明确指出孩子说谎。孩子在做事情时不可能是一帆风顺的，在孩子遇到挫折时会因为害怕受到责备而说谎。父母首先不要苛求自己的孩子一定要成功，允许孩子的不成功和犯错，如果父母此时的情绪过于激动，做出一些冲动的举动，就会伤害到孩子的自尊心。

2. 建构孩子的心理安全空间

在孩子的谎言中，很多类型都和孩子缺乏安全感有关。为了避免孩子说谎，父母就要注意来构建孩子的安全空间，让孩子在犯了错或遇到自己不想面对的事情以及看到别人比自己好之后，都不用通过谎言来保护自己。

3. 父母做好诚信的表率

平时父母在生活中要做好孩子诚信的表率，即使孩子年纪还小，也要让他们明白诚信的重要性。

旭东的妈妈说好了，如果他这次的数学考试得了第一名，就带他去游乐园玩。结果成绩下来他真得了第一名，妈妈却好像忘记了自己的许诺一样。旭东再次跟妈妈提起这件事之后，妈妈才恍然大悟。但是妈妈还是推掉了他的要求，对他说可不可以下次，明天她还有事，没有时间。旭东听后觉得很失落，觉得妈妈怎么可以说话不算数呢。

父母答应孩子的事情一定要办到，不要无法实现就随便编一个理由来应付孩子。孩子会觉得父母不可信，认为说谎是生活中一件很正常的事情，大家都会犯，没什么大不了的。

4. 让孩子主动来认错

孩子说了谎话之后父母也可以主动等孩子来认错。对于一些行为型的谎言，例如孩子喜欢将东西都据为己有，结果把别的小朋友的玩具也拿回来，还对父母撒谎，这样一来就可以等孩子自己来认错。

明明很喜欢电动小火车，正好班上小科有一辆，中午他偷偷地把它放在了自己的书包里。回到家妈妈问这是从哪儿来的，他说是自己捡的。妈妈也知道孩子是在撒谎，但没有拆穿他。

第二天，小科就跟老师说自己的东西不见了，老师便在课堂上说有哪个同学捡到了可以交给他，还一再地强调好孩子是不能够随便拿别人的东西的。同学之间也都在议论纷纷。明明觉得心里很不好受，回家后就不喜欢玩小火车了，于是第二天他就带去还给了小科。

父母在发现孩子撒谎后可以辅助讲一些孩子要诚实的故事给他们听，给孩子一种心理压力，让孩子自己认识到行为的错误，来主动认错，这样的效果才是最好的。

5. 多让孩子读一些诚信的故事

父母在孩子还小的时候就可以有意识地让孩子多读一些有关诚信的书，让孩子能够知道，撒谎是个不被大家所喜欢的坏习惯，培养起孩子良好的诚信意识。如此一来就可以让孩子在面对是要说谎还是讲真话时，打好心理预防针，不去做一个不诚实的孩子。

教子箴言

诚信的孩子才能够得到更多人的信赖和帮助。诚实是金，也是与人建立良好人际关系的保证。遵守自己的承诺，才能够获得别人的尊重。

细节 50　改变孩子的偏执心理

偏执心理会给孩子的正常生活和学习带来不利的影响。父母对待患有偏执型人格障碍的孩子应采用心理治疗的方法，以克服多疑敏感、固执和以自我为中心的人格缺陷。

——德国新人文主义教育学家　洪堡

家教个案

陈磊刚升入初中，入学时老师对学生也不太熟悉，因为他个子较高，就先指定他担任班长。过了一个多月，他人际关系不好，常常用命令的语气和同学们说话，老师决定撤销他的班长职务，选王辉当班长。

所以陈磊以为是曾经和他闹过别扭的王辉在背后给老师打的小报告，对王辉耿耿于怀，认为所有的人都对他不好，所以要对王辉进行报复。他所谓的报复就是不配合王辉的工作，不打扫卫生，不按时交作业，老是给王辉出难题。老师和别的同学一和他讲道理他就不耐烦，还和老师顶嘴，和同学争辩。渐渐地，老师和同学都不爱和他交流，渐渐疏远了他。

教育感悟

陈磊的情况就属于偏执型人格障碍。偏执型人格又叫妄想型人格，表现为：对外界的反应极度敏感；多疑、心胸狭隘；不能接受别人获得成就，一旦比自己强就会产生病态嫉妒；还经常自以为是，高估自己的实力，就算失败也不从自身找原因，而是把失败的责任归到别人身上，因而会过分警惕；经常感到自卑，不会轻易地信任别人，认为别人做任何事情都是有目的的；容易感情用事等。

据1988年青少年心理卫生调查资料表明，这种人格障碍的人数占心理障碍总人数的5.8%，但因为偏执型人格的人很少有自知之明，通常认识不到自己的行为属于偏执行为，因此在社会上所占的比例不详，实际情况有可能要超过现在的这个数据。

偏执性格的孩子往往对自己评价很高，独断专行，听不进去别人的意见或者过分敏感，不能和人真诚交往。在家不能和其他家庭成员和睦相处，在外不能与朋友、同事相处融洽，别人就只能选择对他们敬而远之，这对于孩子人格的健康发展和正常的人际交往，都会产生很大的阻碍。

偏执性格的形成有很多原因，其中幼年生活环境的影响不容小视。父母对孩子的溺爱可以使孩子变得任性霸道，时间一长就会形成偏执性格。如果孩子所处的家庭中的成员关系不和谐，经常吵闹，使得孩子的人格没有得到健全的发展，也会造成孩子偏执性格的形成。

偏执心理一旦形成就有一定的稳定性，想完全帮助孩子走出偏执的阴影很困难，所以患病初期的有效调节就显得格外重要。父母平时要多留意自己的孩子，一旦发现孩子出现了偏执性格的倾向就要认真分析孩子产生这种性格的原因，然后采取措施改变孩子的偏执心理。

专家建议

偏执心理会给孩子的正常生活和学习带来不利的影响，对偏执型人格障碍的孩子应主要采用心理治疗，以克服多疑敏感、固执和以自我为中心的人格缺陷。

1. 积极为孩子创造良好的人际交往关系

想要孩子克服偏执心理就要让他多与人交流，减少对人的猜忌和不信任。父母要从家庭入手，积极为孩子创造一个和谐的人际交往环境。要保证家庭成员之间相互理解、相互尊重，父母不轻易地责骂、批评孩子，要多和孩子交流，了解孩子的心理并与之保持良好的沟通。同时也要鼓励孩子走出去，多与同学、朋友交流思想，也可以邀请性格开朗的孩子来家里做客、玩游戏，让孩子在轻松的环境中改变个性。

2. 教孩子学会控制自己的情绪

人在生活中总会碰到不顺心的事，孩子也是如此。父母要教育孩子不能一遇到不顺心的事情就把过错归结到别人身上，更不能迁怒他人。如果那样只会使自己的朋友越来越少，心情越来越差，最后导致偏执性格的形成。

华华是个在爸爸妈妈的娇惯中长大的孩子。在她的眼里，她就是太阳，所有人都得围着她转，她所说的所做的都是对的，不允许别人说她不好。在幼儿园里，她自认为比别的孩子都优秀，什么荣誉都该她自己一个人得到。

那次班里要选个代表参加唱歌比赛，华华没有被选上，她就怀疑是董乐在背后搞鬼，向老师说她坏话了，她当场就冲董乐发火；她经过的地方，只要看到别人在小声说话都以为是在说她坏话，她控制不住自己的情绪，总会恶狠狠地瞪着他们，甚至会小声地骂他们……因此，别人都很害怕会一不小心惹到她，都不自觉地疏远了她。

正是因为华华的偏执性格导致她控制不了自己的情绪，失去了很多朋友。因此，父母要在平时的日常生活中有意识地锻炼孩子控制脾气的能力。

父母可以教给孩子自我暗示的方法，让孩子经常提醒自己控制自己的脾气。处世待人时注意纠正自己的心态，这样会明显减轻敌意心理和强烈的情绪反应。父母要让孩子知道，生活在这个社会上和别人发生矛盾和冲突是很正常的，要用宽容和谅解的心去对待别人，这样才会远离偏执性格的困扰。

3. 引导孩子学会心胸开阔

偏执的孩子往往觉得别人处处针对他，所以会对现实不满，经常被一种不安全的痛苦情绪所支配，这样就会导致心胸狭窄。他们为了发泄自己心中对社会和他人的不满，就会处处责难他人。

李旭性格很要强，一看到别的孩子比他优秀就会很难受，这次老师随口夸奖了王东几句字写得好，李旭就忍不住开始嫉妒他了。他趁中午大家不在的时候，偷偷地把王东的练字本给撕掉了。

在家里，如果爸爸妈妈夸奖别人家的孩子，他也会怨恨爸爸妈妈，他不允许爸爸妈妈在他面前表扬别人，他觉得自己是最优秀的。

父母一旦发现自己的孩子出现了偏执的情形，就应该引导孩子主动去帮助身边有困难的人，这样就会让孩子体会到助人为乐的快乐，也可以培养孩子对他人和社会的宽容心。心胸开阔了，孩子就会改变以前狭隘的人生观，正确地看待自己的成败，理解别人的优点，宽容别人的过失，也就会摆脱偏执性格的困扰了。

4.帮助孩子走出以自我为中心的心理误区

性格偏执的孩子容易自大，有的孩子也会表现为内心自卑，要以独断专行来掩饰自己的真实感受。但其主要特征还是以自我为中心，看不起他人，这对于孩子身心的健康发展是有害的。

父母要想让孩子成为一个容易与人相处的人，就要鼓励他们投入到有意义的集体活动中去，时间一长孩子就会以正常的心态来看待自己和身边的人了。

教子箴言

偏执心理往往带有很强的稳定性，早期的预防和发现具有很大的意义。父母发现孩子有偏执的倾向时，就要分析孩子出现这种倾向的原因，然后采取积极的措施改变孩子的偏执心理。

细节 51　从心入手，纠正孩子的贪玩

贪玩是每个孩子的天性，很多孩子都存在贪玩的毛病。对待贪玩的孩子父母不要过于焦虑。当贪玩影响了孩子的正常学习及生活时，家长就有必要对其进行干预了。

——德国教育学家　第斯多惠

家教个案

陶刚今年9岁了，上小学三年级。他每天都特别贪玩，不是在家看电视，就是玩网络游戏，或者就是和一群同学出去疯玩，对学习不感兴趣，没把心思放在学习上。开家长会时老师说他上课听讲时也总是心不在焉的，总是东张西望，有时还往窗户外面看，也不知道在想什么。

老师提问他问题时他竟然让老师再重复一遍，有时候他在课桌下面搞小动作，同桌都受到他的影响。他的家庭作业完成得也不好，存在明显的应付倾向，出错现象也很严重。因此陶刚在班里的学习成绩很是一般，这让陶刚的父母看在眼里、急在心上。

教育感悟

由于孩子的身心发展特点的局限和孩子自制力的缺失，贪玩的现象在孩子身上很常见。他们往往不能把注意力放在学习上，而是让玩的情绪占据专注学习的时间，影响了正常学习。

孩子贪玩不是坏事，孩子能在玩中学到很多书本上学不到的知识。父母对孩子的贪玩不能一律压制，而应该区别对待。当贪玩严重阻碍了孩子的学习和生活时，父母要正确引导孩子，根据孩子贪玩的原因纠正孩子贪玩的习惯。

父母需要认真分析孩子贪玩的原因：对孩子的教育方式不恰当，孩子出现贪玩的情绪时不加约束，使孩子沉溺于贪玩中；孩子不喜欢学习，缺乏学习的兴趣；孩子注意力不集中；孩子学习成绩不理想，缺少成功体验，对自己自暴自弃；身边的伙伴普遍贪玩，不爱学习；外界的诱惑干扰了孩子学习的注意力等。

研究发现，孩子的贪玩与平时的饮食也有很大的关系。孩子喜欢玩，并且不会感觉到疲惫，可能与孩子平时多食鱼、肉、蛋等高脂肪、高蛋白饮食有关系；孩子经常喝含兴奋成份的饮料以及多吃人工合成色素类食物及挑食、偏食引起缺铁性贫血等，也可以引起儿童的注意力不集中，外在表现为贪玩。

所以对待贪玩的孩子，父母需要从心入手，分析孩子贪玩的原因，有针对性地纠正孩子的贪玩。只要父母方法得当、态度认真，给予孩子充分的关心和帮助，相信孩子贪玩的习惯能得到很好的改善。

专家建议

孩子贪玩不是病，父母要认真对待，既不能压制孩子爱玩的天性，也不能对孩子的贪玩放任不管。聪明的父母应该做到以下几点：

1. 培养孩子的学习兴趣

兴趣是引导孩子学习的最好老师。很多孩子不爱学习是因为对学习不感兴趣，把学习看成很痛苦的事情，而玩却能给孩子带来快乐。孩子对学习感兴趣了，就不会把过多的精力放在玩上了。培养起孩子的学习兴趣，孩子的注意力就会得到有效的转移。

李倩是个爱和朋友玩的孩子，妈妈经常下班后还要到处去找她，有时候都到吃饭的时间她还没有回家。回到家做作业也不积极，老想着看电视。妈妈发现孩子爱玩是因为对学习不感兴趣，因为她老是和妈妈抱怨学习没意思。

妈妈知道了孩子贪玩的原因后决定帮她改掉这个坏习惯。妈妈发现孩子对作文有着浓厚的兴趣，她经常会自己写一些小文章，妈妈就和某个亲子网站取得了联系，把孩子的作品展示在网上。孩子看了觉得特别有成就感，对语文的兴趣也提高了，语文成绩的提高也带动了其他学科成绩的提高。孩子对学习感兴趣了，就不自觉地和贪玩说再见了。

父母不但要关注孩子的成长，还要关注孩子对哪方面的知识有兴趣，并且加以引导和培养，以此来改变孩子爱玩的习性，帮助孩子健康成长。

2. 注重培养孩子的注意力

孩子的注意力不集中也是造成孩子贪玩的一个主要原因。孩子的自我意识不强，对自己又缺乏足够的控制能力，外界新鲜的事物总会诱惑他们，分散他们的注意力，干扰他们正在进行的活动。同时，由于年龄限制和自身发展特点，孩了注意力集中的品质还没有形成，因此不能把贪玩的注意力转移到学习上来，这是每位父母都要重视的事情。

不少孩子因为注意力差，常常听不懂老师的讲课内容，从而逐渐对学习失去了信心和兴趣，进而出现贪玩的习性，不爱学习。所以，父母要重视培养孩子的注意力，父母可以给孩子规定在一定时间内需要完成的任务，从点滴做起，培养孩子的注意力。

3. 为孩子营造良好的学习氛围

有什么样的父母就会教育出什么样的孩子，父母的言行会潜移默化地影响孩子。因此，父母要为孩子营造良好的学习氛围。父母必须做孩子学习的榜样，乐于学习，整日沉溺于麻将、电视的父母是不会教育出爱学习、不贪玩的孩子的。

苏斌今年上三年级，以前他是个爱学习的孩子，可是最近作业也不好好完成，上课时还经常有小动作，其实，苏斌现在的状况和父母有很大的关系。苏斌的爸爸妈妈最近迷上了麻将，把打麻将当做生活中很重要的内容。他们经常邀请一些朋友来家里玩。不但噪声扰乱了苏斌的正常学习，妈妈还经常指使他去给大人买吃的喝的。在这样的环境中，苏斌也不自觉地爱上了玩。爸爸妈妈打麻将也不管他，他就草草地完成作业，然后去打游戏。

父母有教育孩子的责任和义务，要用良好的学习氛围引导孩子不再贪玩。苏斌的贪玩是在父母的影响下形成的，父母要意识到自己的言行给孩子带来的影响，积极地为孩子营造良好的学习氛围。可以每周约定一个家庭成员共同读书的时间，逐渐让孩子远离贪玩，做爱学习的好孩子。

4. 教育孩子学会管理自己

有专家说，对孩子最好的教育是孩子对自己的教育。父母不可能时时刻刻盯着孩子，这就需要教育孩子自己管理自己。增强孩子的自制力，让孩子认识到学习是孩子的天职，只有现在好好学习才能保证以后好好玩。要帮助孩子树立该玩的时候就好好玩，该学的时候就好好学的思想。

孩子由于自身认识和经验的局限，往往缺乏自制力。父母要帮助孩子从小事做起，增强自己的自制力，让孩子逐渐学会管理自己，从根本上改变孩子贪玩的坏习惯。

教子箴言

贪玩的孩子更需要父母的引导。爱玩是孩子的普遍心理，父母要分析孩子贪玩的原因，在生活中增强孩子的自制力。只要父母培养方法得当，相信孩子贪玩的习惯能得到很好的改善。

细节52 冰释孩子的逆反心理

孩子出现逆反心理是一种必然，只不过是程度不同而已。如果父母能够尊重孩子，对孩子的疑问和困惑认真对待并耐心倾听，就会削弱孩子的逆反心理。

——日本启蒙思想家 福泽谕吉

家教个案

高崎是个个性很强的男孩。从他记事起妈妈就卧床不起，爸爸因为长期照顾妈妈而意志消沉，对他也会经常流露出不耐烦的情绪。妈妈病情恶化不幸去世，他就把所有的过错归结到爸爸身上，认为是爸爸害死了妈妈。

他对爸爸产生了怨恨，对于爸爸的话从不放心上，还和他对着干；这种情况在爸爸给他娶了个继母之后更加严重。高崎几乎都不和爸爸说话，并且爸爸让他往东他偏往西，从不按照爸爸的意思办。还处处针对继母，以不礼貌的语言顶撞她，继母和爸爸越是生气、他就越高兴。他完全没有意识到他的行为给家庭带来的影响，反而享受着逆反的乐趣。

教育感悟

高崎的逆反心理说明他把自己当成了大人，有了自己的观念和独立意识，一旦父亲的做法让他不满意时，这种心理就出现了。孩子的逆反心理是孩子在成长过程中的一种心态，即孩子对事物的看法和父母的观念出现误差时萌发出的逆反心理。

逆反心理是孩子心智不成熟的表现，是孩子的一种偏激思想，它让孩子无法客观准确地看待问题，而是采取极端的方式去解决问题。逆反心理如果得不到及时的纠正会让孩子形成狭隘的心理、听不进父母的忠告，严重的还会导致心理疾病。

随着孩子的长大，父母的烦恼也越来越多。他们发现孩子脾气大了，不再那么听话了；和父母的关系也没有以前融洽了；父母为孩子考虑，帮孩子做事，孩子非但不感谢反而表现出怨恨的情绪，这都是孩子的逆反心理在作怪。

存在逆反心理的孩子一般不懂得尊敬父母，缺乏良好的修养，有的还在学校顶撞老师。他们听不进去别人善意的劝告，反而把和别人对着干当成很英勇的表现。孩子的这种逆反心理如果得不到父母的正确引导，对孩子的发展极为不利。

孩子出现逆反心理的原因主要有：自己的独立意识越来越强烈，但是父母仍然把他们当小孩看待，他们想用逆反的行为来证明自己已经长大了；父母对孩子经常采取批评、训斥的教育方式，刺激了孩子的自尊心；父母关系不和谐使孩子产生厌烦的情绪；身边朋友的影响以及孩子产生顶撞父母是勇敢的表现的错觉等。

每个孩子在成长过程中都会萌发出独立意识和逆反心理。父母要认真对待，既不能放任不管也不可盲目压制。作为父母必须正确认识孩子的逆反心理，以便用科学的方法化解和矫正这种不正常的心理。

专家建议

父母要意识到，逆反心理期是每个孩子成长道路上必然会经历的一段时期，应该认识到逆反心理对孩子的身心发展带来的危害，所以要采用正确的方式来化解孩子的逆反心理。建议父母从以下几个方面入手：

1. 分析孩子出现逆反心理的实质

孩子出现逆反心理一般是在孩子自我感觉已经长大，开始有了独立意识的时候。他们一方面想独立，另一方面又无法脱离对父母的依赖，是孩子成长的过渡期和转折期。

父母要意识到孩子的逆反心理是孩子心理成长上很大的进步，因为他们表现出了独立的倾向，这对于孩子的发展是有很大帮助的。同时也要意识到，孩子出现逆反心理对孩子的身心健康发展也有消极影响。

孩子有独立意识是可喜的，但是处处和父母对着干则是错误的举动。这不仅会让父母伤心，对自己的成长也是极不负责任的。父母要认真分析孩子出现逆反心理的实质，从细微处入手，采用科学的方法帮孩子走出逆反的误区。

2. 加强和孩子的沟通

有的父母很少关注孩子的心理变化，只是一味地按照自己的想法去塑造孩子，对孩子提出很高的要求，孩子一旦没有达到父母的期望，父母就会批评孩子，而不去倾听孩子的想法。时间一长，孩子就会产生对立情绪和逆反心理。

所以，父母要重视和孩子的沟通，站在孩子的角度设身处地地为他们考虑，让孩子和父母的关系变得融洽，孩子在心理上产生了对父母的依赖和敬重，就会远离逆反的情绪了。

3. 父母要学会尊重孩子

孩子在心理上产生了独立意识，希望父母以平等的态度来对待他们，而不是把他们当成孩子，让他们无条件地服从父母的安排。这就要求父母学会尊重孩子，和孩子建立一种平等关系，让孩子对父母的安排选择性地执行。

魏强平时是个很听话的孩子，可是最近越来越不把妈妈的话放心上。妈妈觉得这是孩子的逆反心理在作怪，于是决定和孩子好好交流一下。这天吃过晚饭后，妈妈摸着孩子的头问："是不是妈妈最近做了什么不恰当的事情让你不开心了？"

魏强说："已经上五年级了，想和同学一起玩，可你老是让我放学后就回家做作业。"妈妈听了孩子的话才知道，原来孩子怪她不理解自己，才会出现和妈妈对着干的情绪。经过这次沟通后，妈妈就允许魏强在不影响自己学习的情况下可以和伙伴玩。孩子的逆反情绪明显减轻了。

父母要理解孩子、尊重孩子，不要用自己的权威身份来强制孩子按自己的命令办事，这样会激发孩子的逆反心理。对于孩子的选择和喜欢做的事情也不要一味地加以阻拦，而是要听取孩子的意见，相信并尊重孩子的选择。

4. 不要拒绝孩子的合理要求

孩子有很强的好奇心，一旦好奇心被父母拒绝或否定就会产生和父母的对立情绪，然后就不听父母的话而故意和父母对着干。

所以，父母对于孩子的要求不要一味地拒绝，如果要求合理，父母应该相信孩子的能力，满足孩子对事物的好奇心。父母要认真分析孩子的行为，有针对性地满足，同时也不能对孩子一点约束都没有。

5. 用表扬来化解孩子的逆反心理

存在逆反心理的孩子性格一般比较好强，他们不希望自己落后于别人，父母应该抓住孩子的这个心理，用适时的表扬来化解孩子的逆反心理。

梦涵是个特别爱听夸奖的小女孩，今年5岁了。她不听妈妈话的时候，妈妈都会用夸奖她的招数来让她听话。这天妈妈带她去商场，她非要妈妈抱着她走，可是当时妈妈手上提着大包小包的东西，根本没法抱她。只见妈妈指着一个自己走路的孩子说，梦涵比她听话，不会让妈妈抱的。这招果真奏效，梦涵乐滋滋地自己走路了。

父母对孩子的批评和指责可以帮助孩子认识到自己的错误，但是也会让孩子产生对父母的怨恨，而表扬和鼓励则会让孩子充满信心，从而摆脱逆反心理。

教子箴言

逆反是孩子的本能心理，存在于孩子的每个阶段。面对逆反孩子，只要他不是无药可救地故意捣蛋，父母不要时时板着脸，可以采用转移注意力和冷处理等方法，更重要的是要学会用鼓励的方法教育孩子。

细节53 引导孩子的好奇心

好奇心是孩子创造力的火花，是孩子自主探索的动力。父母应该珍视孩子的好奇心，对孩子的好奇心进行有效的启发和引导，帮助孩子发展健康的好奇心。

——荷兰人文主义思想家　伊拉斯谟

家教个案

童童今年4岁了，她对很多事情都感到很好奇，都想弄个明白。比如：天为什么会下雨？雨是从哪里来的？为什么时针会动？为什么母鸡会下蛋，而公鸡不会呢？为什么爸爸要刮胡子，而妈妈却没有胡子？

她把自己的疑惑都讲给妈妈听，想从妈妈那里得到答案来满足自己的好奇心。起初妈妈还能耐心地给她解释，可是时间一长妈妈觉得孩子怎么那么多问题呢，自己小时候也没有问过妈妈那么多问题啊。所以后来童童再问妈妈时，妈妈很不耐烦地敷衍了事。结果孩子变得沉默多了，渐渐地对事情都失去了兴趣。

教育感悟

童童妈妈的做法是不可取的，她摧残了孩子的好奇心，使得孩子对身边的事情失去了兴趣，这对于孩子的进步和发展是不利的。爱迪生曾说过，天才就是百分之一的灵感加上百分之九十九的勤奋。百分之一的灵感其实就是指的好奇心。

好奇心是孩子的天性。孩子对周围的人和事都充满好奇，他们总是希望能从别人那里得到自己想要的答案，他们最先求助的当然是自己的父母。父母要认识到好奇心对于孩子的重要性。好奇心是兴趣的先导，也贯穿着创造力，是孩子自主学习的起点，也是孩子认识世界、了解世界的动力源泉。但凡有所创新的人，无不都有强烈的好奇心。

父母要认真对待孩子的好奇心，不能视而不见，也不能给孩子泼冷水。父母应该善于发现孩子的好奇心并给予及时的引导，让孩子在强烈好奇心的驱使下做出成就。孩子的好奇心一般表现为好问和好动。对于孩子提出的问题，父母要耐心地解释；对于孩子的好动表现出来的“破坏”，父母也要给予理解，不能采取批评、训斥的教育方式。同时，父母要善于激发孩子的好奇心，对于孩子的每一点进步都给予正面的鼓励和支持，让孩子在自己的好奇心里体验快乐。

现实生活中很多父母都忽视了孩子的好奇心或是无意中扼杀了孩子的好奇心。孩子的好奇心一旦受挫，就会形成劣性的心理阴影，导致对身边的新鲜事物失去兴趣，对学习也失去信心，这将严重影响孩子的身心健康和创造力的发展，也就谈不上创新了。因此，父母的一句不耐烦的话很可能就会让孩子从科学家、发明家成为普通的人。所以每位父母都应该善待孩子的好奇心，积极引导孩子的好奇心向有助于孩子的方向发展。

专家建议

每个孩子都有成为科学家、发明家的可能。孩子有强烈的好奇心这是帮助他们通往成功的重要助力，父母要注意发现孩子的好奇心，保护孩子的好奇心，使他们的好奇心和创造力得以发展。父母要如何引导孩子的好奇心呢？建议从以下几个方面入手：

1. 正确对待孩子的好奇心

孩子对于新鲜事物有好奇心是孩子创造力的体现，父母要正确对待孩子的这种天性，这对于孩子的智力发展和处事做人都有很大的帮助。

陈强是个时不时就有新点子的孩子，这与他爸爸对他的培养是分不开的。在陈强很小的时候，他就对各种事物非常有好奇心，而且还是个不折不扣的“破坏狂”。每次他玩玩具时，都会好奇地把玩具拆开来看一看，开始时妈妈特别生气，觉得孩子不知道珍惜，可是爸爸却认为孩子有好奇心是件好事。孩子拆开玩具说明孩子有很强的求知欲，能够尝试研究东西。所以他该支持孩子的行为。妈妈在他的说服下就不再批评孩子了。

在父母宽松的教育中，陈强上学后表现出了很大的优势，后来还在学校的发明创造比赛中取得了二等奖的好成绩。

陈强的父母正确保护了他的好奇心，才使得他能在发明中取得成绩。孩子在好奇心的基础上才会产生创新的意识，探索的兴趣才会更浓厚。父母要正确对待孩子的好奇心，给孩子一点搞破坏的空间，有时失去的可能是一件玩具，但是收获的却是孩子享用一生的财富——创造力。

2. 父母要用好奇心来理解孩子的好奇心

很多父母很容易忽视孩子的好奇心，是因为孩子的问题和好奇心在大人看来是没有任何实际意义和价值的。所以要引导孩子的好奇心，父母首先要有好奇心，站在孩子的角度来思考问题，尊重孩子的好奇心。

父母要采用多种方式激发孩子的好奇心，可以利用周围的环境来刺激孩子的好奇心。家里的电视机坏了，父母可以让孩子看看是电源坏了、插座坏了，还是电视机自身出问题了？和孩子一起分享发现的愉悦，一起来探索这个神奇的世界。

3. 给孩子适度的空间和时间

现在的孩子多是独生子女，父母总是希望事事为孩子代劳，这样容易出现对孩子管得过严的问题。父母总是规定孩子可以在哪些范围玩，可以玩什么，而不允许孩子有自己的空间和时间来尝试新鲜的事物。

这样孩子就会感到压力，并且会把创新看成一种负担。时间一长，孩子的兴趣和好奇心就会消失。所以，父母给孩子适度的空间和时间是保护孩子好奇心的一个重要方面。

对于孩子来说世界是很神奇的，父母要做的就是在保证孩子安全的情况下，给孩子更多的时间和更大的空间，让孩子自行去发现让他们感兴趣的事物，在实践中培养孩子的好奇心。

4. 鼓励和启发孩子提问

高尔基说过，对孩子的问题如果父母回答说等你长大了就会懂，这等于打消了孩子的好奇心和求知欲。孩子提问说明孩子的求知欲很强，父母应该鼓励他们，启发孩子提问，不要敷衍塞责。

巧巧是个很可爱的女孩，有一天她好奇地问妈妈晚上鸟儿睡在哪里，妈妈没有直接回答孩子，而是耐心地让孩子想想鸟儿会去哪里睡。孩子说它就随便找个空地睡了，待会儿又说它会在花园里的草地上睡，妈妈夸奖孩子很有创意。

然后在一个傍晚，妈妈带孩子来到一片小树林里，让她亲眼看看鸟儿在哪里睡觉。孩子发现鸟儿在树上的窝里睡觉。妈妈的做法激起了孩子的好奇心，对孩子创新意识的产生有很大帮助。

对于孩子的提问，父母要认真对待，要鼓励孩子对自己的问题进行探索，自己寻求答案。对于父母自己无法回答的问题，父母要和孩子一起来寻求答案，而不要用错误的答案来误导孩子。

教子箴言

每个孩子对世界都有强烈的好奇心，作为父母，最重要的是能够发现、发掘孩子宝贵的好奇心并注意保护孩子的好奇心，培养孩子的创新意识。

细节54 引导孩子的求胜心

求胜心是孩子取得进步的动力，但是太强的求胜心却是孩子成长道路上的绊脚石。父母要积极引导孩子的求胜心在正确的道路上发展，帮助孩子取得成功。

——德国教育家 福禄倍尔

家教个案

常莎今年4岁了，书房里有个很大的书橱，里面摆着很多书，常莎经常翻这些书。有一天，她突然很骄傲地对妈妈说："我会读书了。"妈妈听到她的话还以为孩子说着玩呢，也没有当回事。她以为妈妈没听到，撅着小嘴再次对妈妈说自己会读书了。妈妈觉得孩子很无聊，就没有答理她。

其实常莎也知道自己还不会读书，但是她突然宣布会读书了是她求胜心的自然流露。她想让自己的求胜心得到妈妈的认可和表扬，可是妈妈却错过了一个培养孩子求胜心的好机会。从那以后，常莎对任何事情都显得缺乏信心。

教育感悟

孩子对某件事情表现出来的积极性和主动性是他们孩子成长过程中具有很大价值和意义的事，也就是我们常说的求胜心。孩子的生活和学习一般都是靠自身的心理力量来启动热情，获取知识的，父母对孩子的期望及引导都是通过内因起作用的，这里的内因就是孩子的求胜心。

孩子的求胜心是把双刃剑，适度的求胜心是人生路上不断前进的动力，它能够激发孩子的各种潜能，帮助孩子鼓起勇气，但是运用得不恰当就会把孩子引入歧途。求胜心切的孩子往往无法坦然地面对所遭受的挫折和打击，心理承受能力较差，严重的还会导致自卑和嫉妒。求胜心强的孩子往往性格过于刚硬，容易处理不好和他人的人际关系，也就不会懂得合作的重要性。

父母要让孩子知道，每个人都有自己的长处与短处，要想事事超过别人是不可能的。父母要教育孩子学会正确的自我评价和分析，发现自己的优点和缺点，做到扬长避短。同时还要保持一颗平常心和宽容心，虚心学习他人的优点和长处，变好胜心为博采众长，不断完善自己，进而走向成功。

孩子的自我意识越来越强烈，他们希望自己的表现能够得到大人的认可，这是培养孩子求胜心的一个重要方法。孩子缺乏求胜心会表现得缺乏自信，求胜心过强则会表现出对比自己优秀的人产生嫉妒心理，这对孩子的成长都是不利的。父母要引导孩子的求胜心，帮助孩子摆正心态，正确运用孩子的求胜心，让它成为孩子进步的砝码。

专家建议

孩子一般把握不好求胜心的度，从而导致各种错误的产生。父母要以自己的经验来教育孩子，引导孩子的求胜心，帮助孩子顺利成长。建议父母从以下几点入手：

1. 教给孩子把握求胜心的度

把握好求胜心的度是保证孩子取得成功的关键。适度的求胜心可以帮助孩子建立起必要的信心，获得进步的动力，是孩子成长路上的润滑剂。但是过强的求胜心则会对孩子的正常发展起到阻碍的作用，它会引起孩子的嫉妒心理，不能正确地认识自己，还会导致和他人的交际出现障碍。

父母要教孩子把握好分寸，让积极的求胜心成为孩子前进道路上源源不断的动力，而不是成为孩子发展道路上的绊脚石。

2. 用表扬唤起孩子的求胜心

孩子的求胜心不是与生俱来的，是靠后天父母的悉心培养和锻炼得来的。有智慧的父母要积极地为孩子创造成功的机会，让孩子在成功的体验中激发起求胜心，用及时的表扬来唤起孩子的求胜心。

李娟今年上一年级了。学校组织的家长观摩课上老师要求孩子自己主动参加一个小比赛，别的孩子都踊跃参加，可是李娟却无动于衷，这让妈妈有点着急。回家后，妈妈决定好好地培养孩子的求胜心。

她让李娟和爸爸妈妈一起玩游戏，看看谁得第一。爸爸妈妈故意让着孩子，让李娟拿了第一。妈妈适时地表扬了孩子，一下子激发了孩子的求胜心和竞争意识。在学习中，孩子也明显地具有了积极进取的精神。

李娟的妈妈正是用表扬的方法激起了孩子的求胜心。求胜心是每个人都要具备的基本品质，对于处在学习阶段的孩子更是不可或缺。它是孩子学习路上强大的精神支撑。父母一定不要忽视对于缺乏信心的孩子的教育，要多采用表扬的方式唤起孩子的求胜心。

3. 给求胜心切的孩子降降温

很多孩子都希望出人头地，他们表现出很强的求胜心。求胜心强的孩子总是觉得自己高人一等，从而蔑视身边的人。但是很多事实证明自己并不比别人强，这便严重打击了孩子的进取心。

罗慧今年上五年级，是个特别自信、求胜心切的女孩。她是班里的学习委员，自以为每次考试都能傲视群雄。所以她有一种自我优越感，觉得自己比其他同学都强。她的求胜心切还表现为嫉妒平时表现好的同学，有时候他们向她请教问题她都以不会为由推脱，这使得她在班里的人缘不好，自然也不会开心了。

这次学校举办数学竞赛，求胜心切的她本以为胜券在握的，可是连前十名都没有挤进去，这让她很受打击。

罗慧的求胜心切导致了她不能坦然地面对失败。她嫉妒比她优秀的同学，又使她失去了不少朋友，对她的生活、学习都造成了不好的影响。父母应该从这个例子中看到求胜心切对孩子的危害，及时地为求胜心切的孩子降降温，带他们回到正确的轨道上来。

4. 父母做孩子的榜样

很多父母经常把生活中和工作中自己求胜心切的一面或是缺乏求胜心的一面流露出来，给孩子传达一种错误的人生态度。所以，建议父母在孩子面前要起到榜样作用，不要让自己错误的观念影响到孩子。

父母在孩子面前既要显示出积极向上的人生理念，又要表现出达观的人生态度，以平和的心态面对人生的每次挑战。只要父母做孩子的榜样，相信孩子会拥有适度的求胜心。

5. 教孩子正确控制自己的求胜情绪

引导孩子的求胜心，教孩子积极控制自己的情绪很关键。父母要帮助孩子树立良好的心态，有求胜心是好的，但要学会正确地看待成功和失败，不去考虑结果如何，只要好好享受过程就足够了。

孩子学会正确控制自己的情绪也就能好好地把握自己的求胜心，把它用到合适的地方，这是每个孩子成长路上不可缺失的自我教育。

教子箴言

任何事物都有两面性，适度的求胜心是人生路上不断前进的动力，它能够激发孩子的各种潜能，帮助孩子鼓起勇气，但是运用得不恰当就会把孩子引入歧途。父母要引导孩子的好胜心，帮助孩子正确运用自己的好胜心，让它成为自己进步的助力。

细节 55 让孩子摆脱浮躁

浮躁是当今社会孩子身上存在的一种很普遍的不健康的病态心理，对孩子的身心发展和生活、学习等都极易造成危害，父母必须及时给予纠正，帮孩子摆脱浮躁。

——美国教育家 马斯洛

家教个案

秦建是三年级的学生，在班里的学习成绩还不错。可是最近整个人变得很浮躁，做事也不踏实了。妈妈一教育他他就开始发脾气，根本就听不进去。其实这与孩子在学校的近况有关。

秦建因为学习成绩好一直都是班里的班长，可是他脾气不好，同学们也不爱和他交往，威信不高。这几天班主任说要进行班干部换届选举，让同学们自己投票，得票最多的当选。想想自己的人缘不好，这次选举肯定没戏了，但是秦建的面子上又过不去，这让他心烦气躁，人也变得浮躁了。妈妈看在眼里，急在心上，却不知道该如何帮助孩子摆脱困境。

教育感悟

浮躁是现代社会中人们普遍存在的一种病态心理，在孩子中很是普遍。浮躁指孩子做事时情绪轻浮、轻率、焦躁不安，做事往往缺乏恒心，做着一件事时总是不能安心地把一件事做好，心里不安分，总想不通过努力就获得成功，急功近利，整天也不知道自己应该做些什么。有浮躁情绪的孩子一般脾气很大。

浮躁对孩子的影响很大。浮躁的孩子一般情绪不稳定，对事情缺乏信心，应变能力较差，喜欢和别人攀比，一旦觉得自己比不上别人就显示出无比的焦急。这种浮躁的心情有时候会转化为盲目的行动，不考虑事情的后果，甚至会让孩子走向犯罪的道路。

孩子存在浮躁情绪的原因很多：现在的社会竞争很激烈，对于孩子也是一样，他们害怕自己跟不上社会的节奏，怕被社会所淘汰；父母本身就浮躁，把这种不良情绪传达给了孩子；孩子的意志力很差，对事情缺乏恒心；孩子对自己的能力认识不够，看低自己或是高估自己；周围比自己优秀的孩子太多，自己想出人头地却看不到希望；心理适应能力较差等。浮躁的孩子比正常的孩子更难以成功，而失败又会加剧孩子的浮躁，对孩子的生活、学习都有极大的危害。

父母要帮助孩子意识到浮躁是一种心理上的疾病，对身心发展有着很大的危害。找到孩子浮躁的深层原因，然后培养孩子尊重现实的态度和做事务实的作风，让孩子对问题多进行分析思考从而治愈孩子的浮躁。

专家建议

浮躁会影响孩子的正常生活和学习，父母要静下心来认真分析孩子浮躁的原因，采取积极的措施来纠正孩子的浮躁情绪。建议父母做到以下几点：

1. 帮助孩子分析浮躁的原因

父母要注意和孩子的沟通，发现孩子有浮躁的倾向时就要耐心地和孩子一起分析浮躁的原因。

引起孩子浮躁情绪原因主要有内部原因和外部原因。不管什么原因，父母要尽量多和孩子沟通，给孩子充分的尊重和理解，倾听孩子内心的话，然后用关爱为孩子解答困惑，疏导孩子的浮躁心理。如果孩子是因为家庭环境产生浮躁情绪，就要积极营建良好的家庭环境；如果孩子是因为自身压力过大，父母就要帮助孩子正确调整对自己的期望，平心静气地迎接每次挑战。

2. 父母要摆脱浮躁的困扰

现在很多父母无法适应节奏如此之快的生活，所以经常患得患失，心神不安。他们急于在社会中出人头地或是想改变现在的生活状态，表现出急功近利、浮躁的情绪，这对于整天和父母生活在一起的孩子有很大的影响。

金沙今年9岁了，爸爸妈妈的工作压力很大，经常在家里抱怨工作上不开心的事情，有时候还会乱发脾气。这天，妈妈回家就开始说工作上的事情。自己辛辛苦苦在这个职位上干了十多年了，本以为这次提升会轮到自己的，可是名额竟然被一个刚来半年的小伙子给抢走了。爸爸非但没有劝解妈妈，反而也开始抱怨，弄得家里的气氛很不好。

孩子为了让爸爸妈妈降降火，特意为他们泡了茶，却不曾想到被暴躁的妈妈打翻在地，这让金沙委屈得不行。长期下去，金沙的情绪难免不会受到父母情绪的影响。

父母要想让孩子摆脱浮躁，就要为孩子树立良好的榜样，遇事不急躁、心态平和，坦然面对生活、工作中的各种困难，这样的父母才能教育出沉着冷静的孩子。

3. 培养孩子的意志力来克服浮躁

父母往往重视对孩子的知识教育却忽视了对孩子意志品质的培养，因而容易使孩子做事急躁冒进，缺乏恒心。意志力强的孩子往往能很好地控制自己的浮躁情绪，意志力薄弱的孩子做事时则怕吃苦受累，一遇到不顺心的事情就会心烦意乱、乱了阵脚。

父母要从身边的小事入手，逐渐培养孩子的意志力，让孩子用意志力来克服自己浮躁的情绪。父母可以让孩子多进行一些安静的活动，比如培养孩子的画画爱好，让孩子在安静画画的过程中使情绪稳定下来，意志力也得到了提高。

4. 对孩子实行激励教育

孩子对自己的评价不客观，一旦达不到自己预想的目标就会出现浮躁的心理。父母要抓住孩子的心理，善用表扬的教育方式来让孩子摆脱浮躁。

今年6岁的刘成是个很冒失的小男孩，他一天到晚总是给爸爸妈妈制造状况，大人拿他的急性子没办法。有一次周末妈妈带他去游乐园玩，孩子看着自己最想玩的摩天轮上已经坐满了人便开始着急。妈妈此时灵机一动，夸奖孩子有耐心，在乖乖地等下一轮，说完还摸了孩子的头。孩子第一次在发脾气时听到如此贴心的话，浮躁的情绪顿时化解掉了。妈妈以后经常用这招，而且屡试不爽。孩子浮躁的情绪也有了很大的改善。

父母要留心孩子的情绪变化，当孩子表现出浮躁的情绪时要及时表扬孩子，稳定孩子的情绪，使孩子在心理上产生成就感，这样就能适当地熄灭孩子心中的浮躁之火。

5. 教给孩子学会积极的自我暗示

孩子控制情绪的能力较差，这就需要父母教孩子学会一些积极的自我暗示。比如：在孩子将要发脾气时，可以在心里默念“发脾气不好，要冷静”；也可以让孩子做一些动作转移自己的浮躁情绪。学会积极的自我暗示能够帮助孩子更好地摆脱浮躁的困扰。

教子箴言

父母要帮助孩子树立远大的理想，使孩子明确生活的目的，并且积极地追求崇高理想，对生活和学习有高度责任感，这对防止孩子浮躁心理的滋生和蔓延是十分有必要的。

细节56 改变孩子的懒惰

懒惰是孩子生活、学习中的天敌。克服懒惰正如克服任何一种坏毛病一样，是件很困难的事情。但是只要教育孩子决心与懒惰分手，并且在实际的生活学习中持之以恒，就一定会改变懒惰的。

——英国科学教育思想家　赫胥黎

家教个案

莫岩是个在父母的溺爱中成长起来的孩子。周日不用上学，都上午十点多了还不起床，妈妈做好饭叫他好几次了他还是不起来。平时他就是个很懒惰的孩子，早晨起床每次都不准时，磨蹭到快迟到了才匆忙地离开。回家后也不先做作业，妈妈让他做完作业再玩他也不搭理。

因为生活的懒惰也造成了学习上的懒惰心理。当天的事情老是想着明天再做，明日复明日，欠下了不少学习的债。因此，他也吃到了苦头，这个暑假他光想拖着等到快开学的时候再做作业，最后一天了还没有写完，只好晚上开夜车了。

教育感悟

懒惰在每个孩子的身上都会存在，关键是看父母怎么帮助孩子去克服懒惰心理。懒惰的孩子整天没有紧迫感，听课时精神不振，不按时完成老师布置的作业，也不温习功课，这样下去势必会严重影响学习成绩。

懒惰是孩子好逸恶劳，不思进取，缺少责任心，缺少时间观念的心理表现，表现为心理上的懒惰和行动上的懒惰。有懒惰心理的学生在做当天作业时常找出各种理由拖拖拉拉，边玩边学，时间晚了就想明天早晨早点起床再完成，而第二天又无法按时起床，上学后又有了新的任务，这样明日复明日，学习成绩自然不会理想。懒惰的孩子在课堂上的表现也不积极，他们总是想着老师的问题有其他同学来回答，就会不自觉地懒得思考。

思想的懒惰必然会导致孩子行动上的懒惰。懒惰的孩子明明知道某件事应该做却迟迟不做，或者做起事来时总是无精打采，不积极、不主动。这对孩子的学习造成了极大的危害。

孩子产生懒惰心理的原因可能有父母对孩子的过度溺爱或者有的父母本身就没有时间观念、给孩子的感觉就是拖拖拉拉，孩子在这样的家庭环境中难免会懒惰。

懒惰是孩子成功路上的绊脚石，懒惰的孩子习惯于等、靠，从来不想积极地去争取，最终也只能一无所获。只有勤奋、努力才可能触摸到成功的光环，为此父母要教育孩子努力克服懒惰的习惯，帮助孩子扫除前进路上的拦路虎。

专家建议

克服懒惰的心理正如克服其他坏毛病一样，对于孩子来说是件很困难的事情。但是只要父母教育孩子坚定信心，并在平时的生活、学习中持之以恒，就一定能克服掉懒惰的坏习惯。父母应该做到以下几点：

1. 不对孩子过度溺爱

现在的父母对孩子过度溺爱是造成孩子懒惰的一个主要原因。父母对孩子的要求无条件地满足，大事小事都要大包大揽，使孩子从小就养成了“衣来伸手、饭来张口”的不劳而获的坏习惯。

今年上一年级的云则是个很懒惰的孩子，学校打扫卫生时他就跑得远远的，甚至连自己的书桌都不自己整理，这与云则爸爸妈妈的教育是分不开的。云则爸爸妈妈快40岁才有了云则，所以把他当成宝贝一样。他们给孩子所有的爱，什么事情都要为他做好，从不让他动手做家务，就连睡觉脱衣服也是妈妈代劳。

因此云则的自理能力很差，还养成了懒惰的习惯。在学校里，他很不适应学校的环境。爸爸妈妈对孩子也很头疼,很后悔对孩子的爱反而成了孩子的障碍。

父母对孩子过多的溺爱使孩子对父母产生了很强的依赖心理，他们一遇到困难和挫折时就会想到父母会替他们解决。他们没有主见、缺乏独立性，久而久之就滋生了懒惰的情绪。因此，父母要合理调整对孩子的爱，让孩子感受到父母的关爱又不能抹杀他们勤快、自主的习惯。

2. 帮助孩子制定合理的生活节奏

孩子懒惰的一个很重要的表现就是不能很好地安排自己的时间，生活散漫。帮助孩子制定有规律的、合理的生活节奏是矫治孩子懒惰习性的第一步。孩子的生活、学习井然有序，就不会养成拖拉的坏习惯了。

父母可以给孩子制定一个时间表，规定孩子在哪个时间段里做什么事情，并监督孩子严格执行，慢慢纠正孩子懒惰的坏习惯。对老师布置的作业也要按时按量完成，彻底去除“明日复明日”的不良思想倾向。

3. 用适量的家务劳动改变孩子的懒惰

父母要让孩子树立劳动最光荣的意识，不要一味溺爱孩子，要为孩子制造做家务的机会，在保证孩子安全的情况下，鼓励孩子干一些力所能及的事情，如帮助父母打扫房间卫生、洗碗、洗衣物等。

嘉亮是个很懒惰的小男孩，听老师讲他在学校不爱做值日，作业完成得也不好。妈妈决定让孩子在家里帮助父母做家务，以此来培养孩子勤劳的好习惯。妈妈贴了一张表，上面写着家里每个人负责的家务范围，在这个表的约束下孩子逐渐改变了懒惰的习惯想。

适量的家务劳动可以锻炼孩子的意志力，也可以帮助孩子远离懒惰的侵蚀。家庭环境对孩子的影响很重要，父母要在家庭生活中给孩子提供机会，给孩子锻炼的机会。孩子在家里培养的勤快的好习惯也会带到学校里去，使孩子成为受欢迎的孩子。

4. 用赏识来改善孩子的懒惰心理

懒惰的孩子以前也不一定是懒惰的，可能是孩子勤快的时候父母没有及时给予关注，孩子的心理需求没有得到满足。父母经常表扬孩子更能激发孩子的勤快意识，让孩子自觉地远离懒惰。

周喆今年六岁了，是个很懂事的孩子。以前他很懒惰，自己的东西随便乱扔，从不自觉地整理好，妈妈批评他他也听不进去。这次，妈妈说让全家都参加大扫除，干完有奖励。在妈妈的“怂恿”下，孩子热情地加入到了大扫除的行列中。

干完家务妈妈不仅表扬了他，还送给他一套他最喜欢的奥特曼。周喆尝到了甜头，以后自觉地养成了勤快的好习惯。

当孩子做完家务时父母要给予孩子适当的奖励，让孩子体会勤快的乐趣，这样孩子也会积极参加学校组织的各种劳动，从而锻炼自己的意志，远离懒惰。

教子箴言

孩子懒惰的原因是多种多样的，父母要根据不同的原因灵活采用不同的纠正方法。“冰冻三尺非一日之寒”，孩子的懒惰行为不是一朝一夕就能改变的，要鼓励孩子持之以恒，这样才能改正懒惰的行为。

细节 57　让冷漠的孩子热情起来

孩子冷漠会给人不易接近的感觉，身边的人会对他敬而远之，孩子会觉得孤单，性格也会越来越孤僻怪异。父母要有意识地帮助冷漠的孩子变得热情起来。

——法国成人教育家　保尔·朗格朗

家教个案

丁容的爸爸妈妈最近老是因为一些事情吵架，这让她感到很厌烦。于是每次放学后她都不爱和爸爸妈妈说话，总是把自己关在自己的小屋里，做完功课便蒙头睡觉，以免听到父母的吵架声。在学校里，看到同学们开心地玩耍却怎么也开心不起来，偶尔听到同学谈起自己的父母的好，羡慕的同时丁容感到了深深的无奈和自卑。

在这种消极心理的驱使下，丁容变得沉默寡言。她木然的表情和拒人于千里之外的冷漠使同学们感到她不易接近，纷纷对她敬而远之，这更使她觉得孤独无助，认为在这个世界上没有人能理解和接受自己。

时间一长，她无论做什么事都独来独往，然而心中的冷漠和孤独却时时刻刻在折磨着她，她的成绩不断下降，但是父母却没有注意到孩子的表现。

教育感悟

冷漠是指人表现出对其他人和事物漠不关心或无动于衷的态度，这是孩子的一种复杂而隐蔽的心理反应，通常是在孩子遭受到挫折和困难却无力解决的情况下发生的。孩子心智还不成熟，更需要来自各方面的关注和尊重，一旦这种需求得不到及时满足，他就会觉得看不到人生的希望，没有真正的朋友，孤寂、凄凉的心态也就会随之而来。

父母总爱抱怨自己的孩子缺乏责任感、冷漠，不懂得关心他人，但是却很少思考是什么原因导致孩子的自私与冷漠。孩子出现冷漠的情绪与缺乏责任心有关，父母对孩子加倍呵护，从不让孩子自己做事，何谈培养他们的责任感?

很多孩子都生活在几代人的溺爱中，他们习惯了坦然接受来自各方的爱，而不懂得去爱别人，这与父母把爱无私地给了孩子却忽视了教育孩子去爱别人有关。久而久之，孩子就会心安理得地认为别人爱自己是应该的，但是自己却没有责任去对别人好，于是逐渐变得冷漠起来。

冷漠是孩子的一种不良情绪，它让孩子无法体验关爱别人的幸福感，也无法品尝到关爱别人的快乐。他们不仅自我奋斗的愿望淡薄，而且推诿、推卸、推脱的习惯也甚为顽固。

这对孩子的身心健康发展和良好的人际交往都极为不利，这样的孩子是无法适应社会发展的，父母要意识到冷漠带给孩子的危害，分析孩子冷漠的原因，帮助孩子走出冷漠的桎梏，还孩子热情的本来面目。

每位父母都希望自己的孩子能够受到别人的欢迎，这就需要父母从生活点滴中用合理的方式来改善孩子的冷漠态度，帮助他们树立良好的心态和品格，为孩子在社会上的顺利发展，奠定良好的情绪基础。

专家建议

冷漠对孩子的生活和学习以及将来的工作都会造成很大的阻碍，但是孩子冷漠并不可怕，父母面对孩子的冷漠不可过于着急，而应该采取积极的措施来帮助孩子突破冷漠的束缚，帮助孩子解决心理障碍，让孩子战胜冷漠。

1. 积极营建和谐的家庭氛围

家庭是孩子成长的第一环境，家庭氛围的好坏直接影响到孩子情绪的优劣。父母要尽力为孩子营建一个和谐的氛围，让孩子渴望得到重视和关注的心理得到满足。

玉莹今年 8 岁了，是个热情的孩子。她在日记里写到自己的家庭是最幸福的家庭，因为大家都相亲相爱。玉莹的奶奶前段时间出车祸导致无法行动了，爸爸妈妈就专门请了假，轮流在家照顾奶奶。

玉莹看到父母的行为也受到了感染，她主动承担了一些家务，给爸爸妈妈减轻负担。父母看到孩子的表现也很欣慰，觉得自己的女儿是一个懂得享受爱和施予爱的好孩子。

其实孩子懂得爱和施予爱是在家庭环境的潜移默化中形成的，父母不要以工作繁忙等作为没时间教育孩子的理由。有智慧的父母要善于在日常生活中理性地对培养孩子的爱心，让孩子在被爱中懂得对别人施爱，避免单向施爱和家庭溺爱。

2. 在生活中培养孩子的爱心

孩子表现出冷漠的一个原因是缺少爱心，是自私自利的心理让孩子不愿意付出自己的爱心，变得冷漠无情。想要让孩子远离自私自利的心理、走出冷漠的误区，父母就要让孩子认识到这是个讲究公平的社会，只有付出爱才能收获爱。

周真真是个被父母娇惯大的孩子，她对于身边的事情常常采取漠视的态度。这天妈妈在楼梯间看到一只腿部受伤的小狗，小狗用求助的眼光看着真真和她妈妈，但真真的脸上没有一丝怜惜的表情。

妈妈趁机问孩子如果她在外面受伤了，妈妈又不在身边，她会不会渴望得到别人的关心。真真想了想后点了点头。妈妈让真真把小狗抱回了家，认真地为小狗处理了伤口。后来，妈妈又启发她如果找不着家了会不会着急，真真说会。妈妈肯定了孩子的想法，还在楼下贴了张布告，帮助小狗找回自己的家。无形之中，孩子的爱心就被激发出来了。

父母要从身边的小事入手，逐步培养孩子的爱心，比如可以教育孩子给公交车上的老人让座，给需要帮助的路边乞丐钱，给身边的亲人、朋友以关爱，或者积极参与公益行动，让孩子把付出爱心看做自己的一种责任。相信愿意付出爱心的孩子一定不会是一个冷漠的孩子。

3. 鼓励孩子多与身边的人交流

很多孩子不喜欢和别人交流，而是生活在自己的世界里，最终导致思维狭窄，不善与人交际，变成冷漠的人。因此，让孩子经常与别人交流，对克服孩子的冷漠心理有十分重要的作用。父母要鼓励孩子多与别人交流，也要给孩子提供认识不同人的机会，让孩子在和其他人的接触过程中，了解其他人的情感和性格，给予别人关注，就会使自己的情感变得丰富起来，自然就会远离冷漠了。

父母可以带孩子多出席一些很多人参加的聚会，让孩子多和开朗的同龄人接触，也可以邀请孩子的同学、朋友来家做客，这样就会扩大孩子的视野和交际范围，孩子的性格变得活泼开朗，冷漠也就随之而去了。

4. 让孩子为理想而努力

当孩子有了自己的理想时会感到激情澎湃，充满热情，可是碰到棘手的挫折和困难时就会变得冷漠起来。父母要鼓励孩子积极地看待挫折和困难，努力找回最初的热情。为理想而努力的过程就是帮助孩子走出冷漠，回归热情的过程。

教子箴言

每位父母都希望自己的孩子能够受到别人的欢迎，这就需要父母从点滴生活中用合理的方式来改善孩子的冷漠态度，帮助他们树立良好的心态和品格，为孩子在社会上的顺利发展，奠定良好的情绪基础。

细节58 莫让孩子在自恋的怪圈里徘徊

适度的自恋可以让孩子增加对自己的信心，而过分的自恋尤其是不当的自恋会成为孩子心灵的伤疤，影响孩子正常的社交生活，让孩子成为独裁者。

——荷兰著名教育家 伊拉斯谟

家教个案

林珊是个很爱美的孩子，虽然今年才10岁，却懂得整天梳妆打扮,还时不时地问妈妈自己是不是更加漂亮了。这让妈妈觉得很头疼。她总是觉得自己比其他女同学漂亮，每次都要求妈妈给她买些好看的衣服，她说这样自己才更美。

林珊不只是在外表上很自恋，学习上也产生了自恋的倾向。她的成绩在班里是中等的水平，可是她老是觉得自己的水平很高，常常有飘飘然的感觉。在这样的心理驱使下，林珊的学习成绩一点起色都没有。这让妈妈特别着急，不知道该怎么教育自己的孩子了。

教育感悟

多数有自恋倾向的孩子的主要性格特征是盲目地崇拜自己，高傲自大、目中无人和具有潜在的暴力倾向。他们自认为自己出类拔萃，应当得到别人的赞美。他们很难接受别人的批评，对于批评自己的人会存在恶意报复的心理。他们一厢情愿地认为别人的存在就是为了满足自己的私欲。

处于童年前期的孩子有自恋的情绪对孩子的成长是有帮助的，他们的自我意识刚刚觉醒，渴望得到别人的认可和赞许。这是培养孩子自信心的很重要的方法。所以这个时期父母要给孩子较多的表扬来满足孩子自恋的心理需求。

但是随着孩子的年龄增长，父母也要适当改变自己的教育策略，不能一成不变地认为自己的孩子永远是正确的，或者是毫无选择地满足孩子所有的要求，这样只会助长孩子的自恋情绪。

自恋有好坏之分。好的自恋是高尚的，它不是孩子的自我满足，而是孩子的自我肯定，是对自己形象自信度的展示。只有懂得爱自己的孩子，才可能有平衡的心理、良好的自我感觉，对生活、学习有积极主动的态度，对自己的能力充满自信，这样他才有能力去爱别人。

但是坏的自恋只会让孩子在骄傲、盲目的怪圈里苦苦挣扎，他们得不到别人的拥护和信任。所以，父母要注意培养孩子积极的自恋，让孩子的自恋成为前进道路上的催化剂，要抵制坏的自恋，为孩子的成功之路扫除障碍。

专家建议

孩子的成长过程中需要有适度的自恋，它能鼓舞孩子的信心，但是过度的自恋则是孩子发展中的绊脚石，让孩子沉溺于自己的世界无法自拔。父母要积极承担起培养孩子积极自恋的重要任务。

1. 父母要给孩子理性的爱

父母所表达出来的对孩子的爱，特别是能够激发孩子自恋情绪的爱必须理性，不能让孩子感到无法呼吸，以免孩子会变得狂妄自大。

今年5岁的杨榕在幼儿园里被伙伴们称为“自恋狂”。她总觉得自己是最好的，老师夸奖一个小朋友写的字好，杨榕当场就不愿意了，说妈妈说自己写的字是最好的，说着就跑过去把伙伴的本子撕烂，还让老师说她写得好，让老师和小伙伴都很尴尬。

这与杨榕父母对她的教育有关。爸爸妈妈总觉得自己的孩子是最好的，把所有的爱都倾注到孩子的身上，这让孩子觉得自己比任何人都优秀，自己就是公主，这给她的学习、交际带来了很大的影响。

孩子如果被父母溺爱，父母会不自觉地拿自己的孩子到处炫耀，孩子就会自我感觉良好。他们会觉得自己是成功的，该得到很多人的认可。

可是孩子的成长过程中也会经历挫折和苦难，如果这时候没有人及时地夸奖孩子，他们的内心就会非常痛苦，并会产生许多极端的做法，比如上文提到的杨榕。

2. 教育孩子客观地认识自我

孩子出现自恋的情绪和对自己的评价不恰当有关。自恋的孩子往往会高估自己的能力，别人一旦夸奖就会产生自己很优秀的错误意识。

父母要教育孩子从实际出发，客观地认识自我，不要让孩子觉得自己的权利很大，要给孩子制造点禁令，以此来帮助孩子找到自己合适的定位。比如孩子自以为爸爸妈妈疼爱他，就会满足他的所有要求，而父母有选择地拒绝孩子不合理的要求，则会对孩子的自恋情绪起到一定的控制作用。

3. 引导孩子走出自恋的怪圈

孩子的自恋情绪不是一朝一夕就可以去除的。父母要随时留意孩子的表现，一旦发现孩子有自恋的倾向就要提高警惕，用合适的方法帮助孩子摆脱自恋的困扰。

在孩子人生发展的每个阶段都有可能产生自恋的心理，父母要凭借自己的经验来引导孩子走出自恋的怪圈，正确地面对人生。

4. 用权威来弱化孩子的自恋意识

父母对孩子无原则的教育只会滋生孩子自恋的心理，父母要用规矩弱化孩子的自恋情绪，帮助孩子的身心健康发展。

父母的权威和孩子的自恋情绪配合能起到很好的教育效果，父母千万不要忽视这个教育原则，当孩子冒犯自己的权威时，要严厉地给孩子订下规矩，让孩子的自恋更加健康积极。

5. 对孩子进行挫折教育

自恋的孩子往往缺乏正确对待挫折的心理素质。他们在挫折面前会不知所措，自信心也会受到打击，这时就需要父母以鼓励的态度来指出孩子的不足，并引导孩子走出对自己的盲目崇拜，坦然地看待遇到的所有困难。

方州乒乓球打得挺好，他逢人就和别人说自己的球技有多高，乐此不疲。爸爸感觉到孩子的自恋情绪太严重，势必会影响孩子和别人的交往，所以为他报名参加了市里的乒乓球比赛。比赛时高手云集，方州连前十名都没有进去。那次以后，方州再也不在别人面前显摆自己了，而是踏踏实实地打球。

适当的挫折教育不仅能够锻炼孩子的意志力，还可以削弱孩子自恋的思想倾向，帮助孩子为自己准确定位，从实际出发评价自己，从而减少人生道路上的障碍。

教子箴言

父母要注意培养孩子积极的自恋，让孩子的自恋成为自己前进道路上的催化剂，要抵制坏的自恋，为孩子的成功之路扫除障碍。

细节59 让孩子远离学习焦虑

适度的学习焦虑能促进孩子不断地进步，但是过度的焦虑会阻碍孩子的学习和正常生活。父母要随时注意孩子的表现，发现孩子存在焦虑情绪时要及时帮助孩子缓解，促进孩子的身心健康。

——德国教育家　福禄倍尔

家教个案

雪晴今年4岁了，妈妈打算把她送进幼儿园，可是孩子表现出很不乐意的情绪。第一天，妈妈刚把她送进幼儿园的门，她就开始大哭。妈妈和老师都以为孩子第一天来上学,还不能很快地适应环境，所以妈妈就请了一天假陪了孩子一天。

第二天妈妈来送雪晴，她还是不愿意让妈妈离开，妈妈一走她就哭个不停。妈妈觉得孩子总要有个适应的过程，就没有在意孩子的哭闹。可是，雪晴进幼儿园都快半个月了，每天早上妈妈离开的时候还是和以前一样。

后来妈妈耐心地询问雪晴为什么不爱待在幼儿园里，雪晴哭着对妈妈说："老师问的问题我都学不会，我很着急，就不想在里面待着了。"妈妈这才意识到孩子在学习上出现焦虑情绪了。

教育感悟

由于孩子身心发展的特点和自身经验的不足，所以常常会出现焦虑的情绪。焦虑是孩子成长过程中难以回避的不良情绪之一，是孩子心理应激的正常反应。研究证明，适度的焦虑能够促进孩子的健康成长，而过度的焦虑则是孩子的一种心理疾病，对孩子正常的生活、学习极为不利。

适度的学习焦虑情绪可以促进孩子各种潜能的发挥，使孩子在学习上取得不错的成绩，而学习上的过度焦虑，则会让孩子背上沉重的包袱，从而阻碍孩子的身心发展。适度的焦虑可以让孩子产生学习的动力，唤起孩子的潜能，过分的焦虑就会产生消极作用，抑制孩子潜能的发挥。父母要意识到让孩子保持适度的焦虑对于孩子身心发展是有益的，但是一旦发现孩子的焦虑过度时，就要采取措施帮助孩子摆脱焦虑的困扰。

孩子产生学习焦虑情绪的原因很多，与自身先天心理素质有关，也与后天的成长环境和受到的教育有关。比如：对周围的环境感到陌生，不能很好地和老师、同学保持良好的关系；害怕自己的缺点会被老师批评，同学取笑；自己的知识储备不完善，学习的难度加大，孩子听不懂课或是怕考不出理想的成绩；父母和老师对孩子的期望值过高，孩子达不到老师、父母的要求，自己给自己施加了很大的压力等。

过度的焦虑会影响孩子的学习，还容易导致孩子心理上产生孤僻、抑郁、自卑等不良情绪。父母要了解焦虑的特征，留意孩子的表现，发现孩子有焦虑的倾向时，要认真分析孩子出现焦虑的原因，然后对症下药，帮助孩子走出焦虑困境。

专家建议

学习上的焦虑不仅会影响孩子的正常学习，还会伤害孩子的身心健康，导致各种心理疾病的产生。父母如果发现孩子存在焦虑情绪，就要认真观察分析，用科学的方法帮助孩子缓解焦虑。建议父母从以下几个方面入手：

1. 认真分析孩子产生焦虑的原因

意识到焦虑对孩子有很大的危害后，父母就要从深处挖掘孩子产生焦虑情绪的原因。造成孩子焦虑的原因很多，如：自己的学习基础不好，无法适应老师的节奏；父母对自己要求过于严格，怕自己达不到父母的要求而受到指责；孩子自身经验不足，遇到困难和挫折容易束手无策而产生焦虑；自己也意识到了自己的焦虑情绪，可是缺少合适的方法来排解自己的焦虑；和同学们关系紧张造成心理焦虑等。

父母要及时和孩子沟通，分析孩子焦虑的原因，然后用合适的方法帮助孩子走出焦虑。

2. 父母要先消除自身的焦虑

焦虑可以遗传给孩子，也可以作为一种情感体验传达给孩子。焦虑的父母一般心理脆弱、遇事容易紧张，孩子会在父母的言行中感受到这种焦虑表情并会受到感染，无疑更增加了孩子的压抑和焦虑，使得孩子难以从容地面对生活和学习。父母要想帮助孩子走出焦虑，必须要先消除自己的焦虑情绪。

徐鹏鹏今年要小升初了，爸爸妈妈很是为他焦急，因为孩子的成绩不是很理想，很难升入好的学校。本来徐鹏鹏根本没太在意这回事，但是整天听爸爸妈妈唉声叹气，自己不自觉地也感到了焦虑，并且这种焦虑严重影响了他的学习和正常的生活。他老是在想自己能考多少分，离那个最好的学校还差多少分。在这种情绪的支配下，他就越发没有信心，因此整日忧心忡忡，毫无学习的心思。

父母的焦虑状态严重影响了徐鹏鹏的心理状态，本来按照他的学习水平，加把劲就可以升入理想的学校的，可是最终没能如愿以偿。

孩子学习上遇到挫折和困难，父母不可过于焦虑，要把它们作为锻炼孩子的机会，应该相信自己的孩子，并采用循循善诱的方式轻松地和孩子交谈，消除孩子心理的焦虑，鼓励孩子积极地面对各种挑战，远离焦虑的困扰。

3. 帮助孩子树立战胜焦虑的信心

在日常生活中，父母除了要留意孩子的表现外，还要多关注孩子的心理健康。耐心地和孩子沟通，及时了解孩子的心理变化，只有这样才能正确地把握孩子的焦虑，找到症结所在。

父母要主动和孩子交流，不可以取笑孩子的焦虑，要尊重孩子，并且要向孩子传达这样一种思想：学习上的焦虑都是客观存在的，也是可以提前预测并合理排解的。父母要帮助孩子树立战胜焦虑的信心，鼓励孩子走出焦虑。

4. 用合理的目标来缓解孩子的焦虑

父母要帮助孩子制订符合孩子实际情况的目标，目标过高孩子会因为担心达不到而焦虑，目标过低孩子会因为没有挑战性而焦虑。这对孩子的发展都是不利的。因此，父母要帮助孩子制订合理的目标，让孩子远离焦虑。

朱青上四年级了，是班里的文艺委员。她从小就开始弹钢琴，并且弹得不错。学校最近要举办歌咏比赛，班里选她为大家弹琴。朱青很痛快地答应了。她暗下决心要帮助班级拿到第一名。

可能是孩子压力过大，在家练习钢琴的时候老是出错，一出错就发脾气，焦躁不安，这让父母很头疼。父母尝试着教育孩子尽力而为，别把目标定得太高，在父母的开导下朱青心态平和了，最后超常发挥，帮助班级顺利地拿到了第一名。

父母要留给孩子充分的发展空间，多为孩子制订跳一跳就能够着的目标。如果孩子自己把目标定得很高，父母也要帮助孩子做巧妙的调整，这样就能保证孩子不至于因为目标太高没有退路而产生焦虑或是半途而废。

教子箴言

父母要了解焦虑的特征并且多留意孩子的表现，发现孩子有焦虑的倾向时要认真分析孩子出现焦虑的原因，然后对症下药，帮助孩子走出焦虑困扰。

细节 60 改变孩子的厌学心理

很多孩子有不喜欢上学的心理，他们不上学的原因有很多，父母要从孩子身上分析原因，帮助孩子克服厌学的心理，让孩子爱学习，爱学校。

——美国教育学家 杜威

家教个案

马强今年上二年级，最近妈妈叫他起床去学校他老是慢吞吞的，这天干脆就不起床了，说是不想去学校。在妈妈的训斥下孩子还是去学校了。晚上回来后，妈妈仔细询问孩子为什么不想去上学，可是孩子似乎遮遮掩掩的，不让妈妈问。

他只是一再地强调明天不想去了。晚上爸爸给他洗澡的时候发现他的膝盖都发紫了。第二天，妈妈去学校向老师了解情况，发现孩子最近学习上也出现了一些困难，并且因为马强性格比较懦弱，前几天班里一个男生让马强帮他买吃的，马强不去，那个男生踢了马强。正是这种种原因促使马强产生了厌学的情绪。

教育感悟

孩子的厌学情绪是情绪失调的一种表现。孩子厌学是指对学校怀有恐惧的心理，无法适应学校的环境和生活。它具体表现为孩子对学习不感兴趣、讨厌学习、不喜欢学校、对学习有一种说不出的苦闷、对老师和父母有抵触情绪。厌学的孩子学习成绩一般都不理想，还会有逃学、旷课或辍学的现象。

人们做一件事都有自己的理由，孩子出现厌学情绪也是一样。一般来说，孩子的厌学情绪来自于家庭或是学校。

父母要走进孩子的生活和内心，认真分析孩子产生厌学情绪的原因，然后对症下药。父母不能根据一些表面现象来下结论，要多和孩子交流，纠正孩子的厌学想法，把孩子引导到热爱学习的道路上来。

孩子厌学不是病，但是要根治孩子的厌学问题不是件容易的事情，父母在没有找出孩子厌学的原因之前，最好不要指责孩子，要晓之以理，动之以情，有针对性地对孩子的厌学行为和厌学情绪做出正确的处理。

专家建议

1. 找出孩子厌学的诱因

孩子出现厌学的情绪是内因和外因共同作用的结果。内因主要是孩子的心理出现障碍，外因主要是家庭和学校对孩子造成的影响。一般主要有：父母对孩子期望太高，孩子心理上就会产生很大的压力，这样孩子就会觉得学习是件很痛苦的事情，就会滋生厌学的情绪；父母教育方式不恰当，一旦孩子学习上出现失误的时候就会采用打骂的教育方式，使孩子对学习产生一种恐惧心理，对孩子的厌学情绪有很大的影响；孩子不懂得如何学习，没有好的学习方法，感到学习很吃力，也会产生厌学的情绪；父母关系不和谐，家庭气氛紧张，孩子的焦虑心情也会使孩子产生厌学的情绪；社会上存在的“读书无用论”的影响也会使孩子产生厌学的心理等。

晓光所在的班级是学校的重点班，班里的同学学习成绩都很好，这让孩子感觉到了一定的压力。虽然他也好好学习，可是成绩还是不理想。他发现自己的学习方法根本就没有效率，听课时也感到很吃力，课下同学们很快就完成的作业他却要付出很多时间。就算是这样，晓光的期末考试成绩还是排在了后面，这让他很郁闷，就渐渐地不喜欢上学了，经常装病在家。

妈妈发现了之后，耐心地帮晓光分析他的情况，鼓励他树立信心，借鉴其他同学比较好的学习方法来提高学习效率，从而克服厌学的情绪。

父母要从孩子的实际情况出发，具体分析孩子厌学的原因，采取措施帮助孩子走出厌学的情绪误区。

2. 给孩子一个温暖的家庭环境

如果孩子生活在一个父母整天吵闹不安的家庭环境中就会忧心忡忡，没有精力去学习。一般情况下，关系不和的父母就没有时间去关心孩子，孩子觉得得不到尊重会产生厌学的情绪。孩子学习的时候，父母在孩子旁边大声说话、打牌、看电视等，都会刺激孩子的厌学情绪。

温暖、和睦的家庭环境会让孩子产生内心的依赖感，让孩子有坚强的后盾，孩子心情愉快了，就能把这种情绪带到学习中去。所以父母要站在孩子的角度上考虑问题，为孩子创造一个温暖的家庭环境。

3. 调动孩子学习的积极性和主动性

现在的父母对孩子的关爱无微不至，甚至在孩子学习的时候也要守在孩子身边，建议父母走开，让孩子独立学习。

明明今年上三年级了，是家里的独生子，所以爸爸妈妈格外疼他。每次他做作业时，父母都会给他准备好吃的喝的，生怕孩子受了委屈。他们还专门请了一个家教指导孩子做作业。刚开始的时候明明只是遇到不会做的题才问家教，后来明明觉得反正学教老师一讲自然就知道答案了，后来干脆每个题都去问家教。慢慢的，明明觉得学习是件很没有意思的事，和妈妈说不去上学了。明明的妈妈这才意识到，过度的呵护让孩子失去了学习的积极性和主动性。

孩子在父母的监视下学习会缺乏学习的自主性，遇到困难时他们会习惯于向父母请教，因此也就体验不到自己解决问题的快乐，这样会导致孩子觉得学习是为了取悦父母。在这样的心理驱使下，孩子就不会自觉主动地学习了，时间一长就会出现厌学的心理倾向。

4. 合理调整对孩子的期望值

父母如果对孩子没有期望值孩子会缺乏学习的动力，产生厌学心理；父母对孩子的期望值过高，会让孩子心理上产生很大的压力，孩子会觉得学习是件很痛苦的事情，也会被厌学的情绪困扰。

所以，父母要合理调整自己的期望值，让孩子爱上学习，把学习当成自己的乐趣。

5. 保持和学校的有效沟通

父母要加强和学校、老师的沟通，随时了解孩子的情况，同时要注意在孩子面前维护学校和老师的形象，让孩子保持对学校、老师的热情。要让孩子把优秀的同学作为自己学习的榜样，激励孩子改变厌学的情绪。

教子箴言

孩子厌学不是病，但是要根治孩子的厌学问题不是件容易的事情，父母在没有找出孩子厌学的原因之前，最好不要指责孩子，要晓之以理、动之以情，有针对性地对孩子的厌学行为和厌学情绪做出正确的处理。

细节 61　教会孩子对付考试焦虑

考试时适度的焦虑会激发孩子的潜能，而过度的焦虑则会抑制孩子的思维，阻碍孩子的知识重现，对考试产生不利的影响。

——美国新教育运动倡导者　赫塞林顿

家教个案

石蕾蕾今年上五年级了，平时就是个容易紧张的孩子，考试前和考试期间这种现象就更加明显。因为紧张，心里很是焦虑，学习效率也不高。

爸爸看到了女儿的焦虑，就去开导她。爸爸让她把考试看得轻些，考试对学生来说是很平常的事情，所以要放平心态坦然面对考试，那样才会取得不错的成绩。石蕾蕾听了爸爸的话，摆正心态，积极地应对每次考试。

教育感悟

石蕾蕾的考试焦虑在爸爸的教育下得到了缓解。每位父母都应该关心自己的孩子，帮助孩子走出考试焦虑。考试焦虑是孩子常见的一种心理障碍，它是孩子在应试情境中的一种复杂的情绪现象。

考试焦虑和孩子自身的认知能力、人格特点和心理素质有很大的关系。孩子最初的焦虑表现为一系列的生理反应，如心跳加快、血压升高、出汗、头疼脑昏等，然后还会引起心理上的反应，如困惑、无助、担忧、自我否定、注意力无法集中、思维停滞等。当然，孩子考试时的焦虑会因为遗传基因、自身素质等而有所不同。一般好胜心强、爱面子的孩子会比缺乏上进心的孩子产生更大的焦虑。

孩子考试出现焦虑情绪的原因很多，主要有：自己的知识掌握得不全面导致自信心不足；父母、老师的要求过高，害怕达不到要求而焦虑；身体不适产生的焦虑；考试的失败体验让孩子心理产生阴影滋生焦虑等。

考试焦虑作为一种心理障碍会给孩子的身心带来损害，严重的考试焦虑还会使孩子形成胆怯、畏缩不前的个性，影响孩子良好个性的养成。处在高度焦虑状态下的孩子往往注意力不集中，知识再现的能力下降，从而发挥失常、成绩不理想。

当孩子处于一种不能提前预知事情发展态势的情形中时就会焦虑，他们虽然具有独立的思维模式，但是因为经历的考试次数少，遇到挫折时难以找到解决问题的途径，焦虑就会顺势而生了。父母要意识到焦虑对孩子正常考试的影响，也要认识到它对孩子身心健康发展带来的隐患，及时帮助孩子预防或是减轻焦虑。

专家建议

焦虑一方面可以激发孩子的潜能，使孩子取得优异的成绩，另一方面也会阻碍孩子的正常生活、学习，使孩子落后于别人。父母要认识到焦虑的双面作用，帮助孩子正确处理焦虑。建议父母从以下几个方面入手：

1. 给孩子营造良好的家庭氛围

良好的家庭氛围会使孩子的身心得到良性发展，孩子在和谐温暖的家庭环境中成长，自然就会以平常心看待考试，从而远离焦虑。如果父母动辄训斥孩子，批评孩子无能，孩子就会对自己的能力产生怀疑，考试时就会不可避免地焦虑。

父母对孩子有监督和教育的义务，要想让孩子身心健康发展、远离焦虑的困扰，家庭成员之间的关系要和睦，有意营造一个良好的生活环境和家庭氛围，这是让孩子远离焦虑、实现健康成长的一个重要条件和重要保证。

2. 让孩子做好充分的知识储备

孩子考试前如果没有好好备考，就会在考试时产生焦虑。准备得充分的孩子考试时的焦虑水平要低于准备不充分的孩子。因此，父母要加强对孩子的考前辅导，同时重视帮助孩子提高应试技能。

小静9岁了，学习成绩一直不错。前段时间得了场大病落下了不少功课。还有半个月左右就要期末考试了，她很焦虑，害怕自己考不出理想的成绩。妈妈看出了孩子的焦虑，于是开导她抓住剩下的时间好好复习。

她帮助小静制订了严格科学的复习计划，每天监督孩子的复习情况。在妈妈的帮助下，小静以平稳的心态把自己落下的功课好好地复习了一遍，还做了不少习题。妈妈又教给了她不少考试技巧。有了充分的知识准备，小静就不再畏惧考试，也就谈不上焦虑了。

孩子掌握了全面的考试内容就会信心百倍地去参加考试，变焦虑的心情为积极的情绪，对考试产生有利的影响。父母要为孩子提供一些考试技巧，把考试过程中会遇到的情况告诉孩子，让孩子在考场上游刃有余，远离焦虑情绪的干扰。

3. 帮助孩子端正考试的动机

孩子在考试时出现焦虑的情绪与他们的动机有很大的关系。孩子对自己提出很高的要求，或是为了达到老师和父母规定的目标自己给自己施加压力。他们认为如果考试考不好会产生很严重的后果，在这种心情的驱使下孩子自然会产生焦虑情绪。

父母要帮助孩子端正考试的动机，让他们知道考试对学生来说是件很普通的事，不用刻意地为了迎合老师的要求、父母的目标而背上沉重的心理包袱。要学会放轻松，把考试当成检验自己学习情况的小测试，以轻松的心态来面对考试说不定还会有意想不到的收获。端正了考试的动机就能缓解自己的考试焦虑了。

4. 不给孩子施加太大的压力

父母望子成龙，望女成凤的心情是可以理解的，但不能在教育孩子的过程中急于求成，对孩子提出不合实际的过高期望，父母的这种心态和做法促使孩子本来脆弱的心理进入一种害怕达不到父母要求的状态，导致孩子焦虑情绪增加，因此父母不能给孩子施加太大的压力。如果孩子能力有限，产生焦虑的情况，父母要告诉孩子，焦虑是不能解决任何问题的，要相信自己，调节自己的心情，才能缓解考试引起的焦虑。

顾真是个爱学习的女孩，可是她的成绩一直都不太理想，为此她也很痛苦。妈妈老觉得在别的父母面前没有面子，她告诉顾真这次必须考到前五名，不然就不给她零花钱了。顾真根本就达不到妈妈的要求，心理产生了很大的压力，整日焦躁不安，学习成绩更差了。

教子箴言

过度的焦虑会影响孩子的考试正常发挥，并且容易导致孩子出现抑郁、自闭等不良倾向，对孩子的生活、学习都会产生不利的影响。父母发现孩子的考试焦虑情绪后要给予科学的指导，帮助孩子驱散焦虑的阴霾。

细节62 帮孩子摆脱网瘾困扰

青少年是网络世界的主体，网络塑造着孩子，父母要积极引导和适当干预，帮助孩子学会正确地运用网络，克服终日沉溺于网络的坏习惯。

——美国教育学家 罗杰斯

家教个案

晓涵今年12岁了，是个内向的孩子。她很聪明，但是过于敏感，她感觉身边没有人注意和理解她。爸爸妈妈关心的就是她的学习，对于其他的需求都不过问，就要求她把学习搞好。她总是觉得身边的同学很肤浅，只知道打打闹闹。她特别喜欢安静，经常在自己屋里看书和写文章。

有天下午回家路上，她突然不想回家就进了一个网吧，这是她第一次进去。她点击进入了一个文学聊天室。她被里面人物的见解和学识所打动了，还在里面认识了不少志同道合的朋友。从那以后，网吧就成了她每天下课之后必去的地方。在家里，她也不和父母说话，只是傻傻地待在自己屋里发呆，想那些聊得很开心的网友，有的时候因为不能去上网，她的心情就会变得非常烦躁和抑郁。父母看到孩子的情况很是头疼。

教育感悟

网络是当今时代显著的特征，它改变了孩子传统的学习方式，重新塑造着孩子。它为孩子提供了一个无限广阔的世界，为孩子打开了一扇知识的窗户。它也逐渐成为孩子学习知识、获取信息、交流思想、开发潜能、休闲娱乐的重要平台。网络还能培养孩子的想象力和创新精神，能够弥补传统教育的不足。

网络世界虽然有很多好处，却也给父母带来了很大的忧虑。孩子自我意识不强，社会经验不足，缺乏自我保护意识，往往会受到很多负面影响。

很多孩子沉迷于网络的虚拟世界中，慢慢会感到孤独、变得自闭。沉迷于网络会使孩子读、写、算的能力大大退化，还会影响孩子的逻辑思考能力、注意力、思考力的发展。另外电脑对孩子的视力、颈椎、肠胃等都有影响。

不少孩子没有正确地理解和使用网络，他们沉浸于网络所创造的虚拟世界，在网络里玩游戏、谈恋爱，对待网络传达的信息缺乏识别能力，使孩子受到暴力、色情等不良内容潜移默化的影响，自制力差的孩子很容易走上犯罪的道路。他们也因此忽视了现实生活中的情感和生活，变得孤僻、冷漠，缺少爱心，这对于孩子的身心发展和人格健全发展都极为不利。

父母要让孩子意识到网络是一把双刃剑，有其发挥良性作用的一面，也有危害孩子身心发展的一面。父母要教育孩子辩证地看待网络，要讲究度，让网络成为充实自己的工具，尽量避免网络的不利因素对孩子的影响。网络毕竟是虚幻的，但是孩子的理想只有建立在现实的世界里才会开花结果。作为父母，要找到孩子的症结所在，帮助孩子摆脱网瘾的困扰，还孩子一片心灵的净土。

专家建议

孩子的自身经验不足，自制力较差，对于信息的识别能力有限，所以会被网络误导，父母要帮助孩子增强自我保护能力，合理使用网络，做网络的主人，不做网络的奴隶。

1. 父母要了解网瘾的症状

父母要想帮助孩子摆脱网瘾的困扰，必须首先了解网瘾的症状。在网瘾早期，孩子会感觉到上网的快乐，然后精神上对网络产生很强的依赖心理，渴望上网。后来发展为躯体依赖、情绪低落、思维迟缓，只有在上网后精神才能恢复正常。网瘾到达晚期会出现体重减轻的特征，一旦停止上网会出现自残倾向，危害个人和社会。

总之，孩子只要是连续一个月以上每天上网 4 ~ 6 个小时，认为上网能给他们带来乐趣，那父母就要留意及时采取措施让孩子远离网络了。

2. 用爱心引导孩子

父母的爱心在和孩子进行教育、沟通的过程中有很重要的作用，对出现网瘾的孩子父母要善于用爱心来引导。爱心是帮助孩子戒除网瘾的基本条件，但是父母的爱心要和孩子的内心需求相呼应。

中央电视台少儿频道曾经播出过这样一个节目：洛阳的一个中学生上网成瘾，他妈妈试用各种方法，结果都不奏效，妈妈把孩子的情况告诉了爸爸。爸爸为了挽救孩子，放弃了郑州的工作回到洛阳。开始看到孩子后他生气地用拳打脚踢的方式来教育孩子，一点作用都没有，于是决定用爱心来感化他。他知道孩子在网吧，就买了饭给孩子送去。晚上孩子回家后，爸爸也会主动询问孩子玩得是不是高兴。

爸爸坚持了两年，终于孩子和爸爸说他真是输给爸爸了，以后他不会上网了。儿子又回到学校，开始了新的生活。

上文例子中的父亲用亲情等来了孩子的“投降”。很多孩子迷恋于网络的很重要的原因是缺少父母的关爱，所以会把这种心理需求寄托在网络上。聪明的父母都是有爱心的父母，他们会关注孩子所需要的，及时用关爱去弥补孩子的情感缺失。孩子在现实生活中的情感需求得到满足了就会减少对网络的依赖性。

3. 培养孩子多方面的兴趣和爱好

孩子迷恋网络主要是因为缺乏学习的兴趣，但是网络能带给他们更多的兴趣，良好的兴趣能够很好地预防孩子网瘾的形成。父母想帮助孩子解开网瘾的心结，就要善于引导孩子的兴趣和爱好，把孩子的兴趣从网络中转移出来。

高宇今年上三年级了，爸爸是搞计算机的，经常用电脑。孩子接触到电脑后就迷上了里面的小游戏。这天，爸爸看见孩子又对着屏幕上的蓝天白云玩游戏，就和孩子说带他去公园玩。好不容易说服了孩子，爸爸带他到公园欣赏真正的蓝天白云，启发孩子把这么美丽的情景画下来，还拿出了准备好的画板，爸爸还和孩子一起参与到画画中。

回到家中，孩子已经没有力气再去玩游戏了，爸爸把孩子的画裱起来挂在孩子的卧室里，并鼓励孩子去学习画画。结果，孩子真的爱上了画画，就把电脑抛到一边了。

父母要引导孩子走出网络的世界，培养自己多方面的兴趣，让孩子在兴趣中找到乐趣，就会远离网瘾的困扰了。

4. 陪孩子多看一些关于网瘾的案例

很多孩子也知道网络不好，但是因为在实际生活中看不到实例：所以意识不到网络的危害。如果父母能够陪孩子多看一些相关的案例，孩子会直观地了解网络的危害，从而受到很深刻的教育，自然就会对案例中的行为引以为戒了。

教 子 箴 言

网络毕竟是虚幻的，但是孩子的理想只有建立在现实的世界里才会开花结果。作为父母，要找到孩子的症结所在，帮助孩子摆脱网瘾的困扰，还孩子一片心灵的净土。

细节 63　正确引导孩子的追星心理

父母要正确引导孩子的追星心理，使明星成为孩子学习的动力，但是不能让孩子盲目地把追星作为自己的一项不可或缺的生活内容。

——瑞士民主教育学家　裴斯泰洛齐

家教个案

于捷对周杰伦很崇拜，甚至可以说疯狂。她不仅有周杰伦的所有专辑，并且对于周杰伦的生日、星座、身高、体重甚至平时喜欢吃什么菜都一清二楚。最近听说周杰伦要去上海开演唱会，她更是疯狂地要去参加。但是因为学校老师不准假再加上父母的阻拦，于捷没有办法去。

在家里，于捷把周杰伦的照片贴得满墙都是，有时看着照片傻傻发呆，学习也是无精打采的。追星已经严重影响了孩子的正常的生活和学习，这让于捷的父母很是焦急。

教育感悟

追星是孩子心理成长的需要，是孩子走向成熟的必经之路。孩子追星说明孩子有对明星的崇拜。偶像对很多孩子来说是一种榜样和楷模，孩子在平时生活中会不自觉地模仿他们，这是孩子追星的积极影响。但是如果和上文提到的于捷一样对孩子的正常生活造成影响，父母就要加以管束了。总之，父母不可一味压制，要引导孩子树立正确的追星心理。

孩子出现追星心理的原因很多：填补孩子的情感空白，弗洛姆认为偶像崇拜是对幻想中杰出人物的依恋，但是这种依恋会被过分地强化和理想化；孩子正处于自我意识萌发和寻找的阶段，他们没有稳定的形象，就把明星作为树立自己形象的榜样，孩子追星其实是在追求自己心里对未来自己的定位。

明星经过媒体的包装，就会产生光环效应，在孩子眼里就更加具有理想色彩，可以满足孩子所特有的心理需求，弥补现实中的各种不完美，丰富孩子的情感，有助于孩子树立追求真善美的理想。

对追星给孩子带来的正面影响父母感到很欣慰，可是父母也不能忽视追星的负面影响。任何事物都是物极必反的，父母要防止孩子因追星走上歧途。很多孩子由于对明星过分迷恋，投入了太多的精力以致在学习时分心。父母要意识到追星的两面性，正确引导孩子的追星心理。

专家建议

对于孩子的追星情绪，父母应该给予正确的引导，让明星成为孩子生活、学习中的榜样，促进孩子的健康成长。一般来讲，父母要从以下几个方面入手：

1. 用正确的价值取向来教育孩子

孩子追星的动机和价值取向要受到他所受到的教育的影响。如果父母具有正确的价值取向，孩子在追星的时候就会理智一些。因此，父母要在孩子面前表现出正确的价值取向。

何影非常喜欢收集明星贴图，可是妈妈问她为什么收集，她却简单地回答他们漂亮。妈妈觉得该对孩子进行深层次的教育。妈妈把她喜欢的一位明星说过的话拿给孩子看：歌坛的竞争是非常激烈的，每年都有成百上千的歌坛新秀涌现，她在歌坛足足等了七年才有了今天的成绩。妈妈借机教育孩子学习明星的奋斗精神，让孩子为自己的成功去努力。

父母要引导孩子看到明星光彩表面的同时，也要理解明星成功背后所付出的辛苦。父母要和孩子沟通，让孩子知道明星身上有哪些值得他学习的地方，从而激励孩子向明星学习。

2. 不要随意否定孩子的偶像

不少父母害怕孩子沉溺于追星中无法自拔，影响学业，甚至影响孩子的价值观。所以他们会极力阻止孩子追星。他们习惯于随意诋毁孩子的偶像，最终导致孩子与父母情绪对立，产生逆反心理，这是父母最不明智的教育方式。

林洁今年上初二了，以前是个学习很认真的孩子，可是最近成绩有些下降，学习也没有以前那么用功了。妈妈很是为她担心，怕她考不上重点高中。一次在帮女儿打扫房间时妈妈看到了她的日记，里面每一篇都写的是对张信哲的崇拜之情。

妈妈特别生气，孩子回家后就数落了一遍张信哲的缺点，还大骂了孩子一通。孩子看着妈妈把自己的日记撕了，买的张信哲的专辑也给扔了，一气之下夺门而去，妈妈找了她一个晚上也没有找着。

林洁妈妈的教育方式是不恰当的，也许正是因为孩子学习上遇到了挫折，才采用追星的方式来满足自己的精神需求。妈妈的做法让孩子觉得自己的偶像受到侮辱，势必产生逆反心理。父母应该给孩子一定的理解和同情，提醒和引导孩子理性地追星。

3. 与孩子一起追星

父母可以尝试着和孩子一起追星，在追星的过程中观察孩子为什么要追星，他的标准是什么，孩子已经迷恋到何种程度。和孩子一起追星，让孩子知道追星时不必回避父母。父母要做好对孩子的引导工作，可以给孩子分析明星身上的深层次的优点，让孩子在追星的过程中反省自己的方式是否恰当。

父母可以给孩子规定一定的任务，完成任务后父母会主动让孩子追星，并且自己也会参与，比如和孩子一起听明星唱的歌，一起看明星演出的电视剧等，在这个过程中指出明星身上哪些是值得学习的，哪些是不应该学习的，追星以什么样的度为宜。这样的教育方式孩子更容易接受。

4. 给孩子一个新的关注点

给孩子一个新的关注点，可以转移孩子的注意力，培养孩子多方面的兴趣，让孩子走出对明星的盲目崇拜，把学习搞好，或是做自己感兴趣的其他事情来减轻对明星的过度依恋。

杨星星今年读初三了，可是学习成绩很不理想，还特别喜欢孙燕姿，回到家就听她的歌，妈妈为此很是着急，担心孩子升不上高中。于是，这天她为孩子买了一本《轻轻松松上哈佛》让孩子看。过了几天，孩子竟然主动和妈妈说她不再迷恋孙燕姿了，刘亦婷成了她的新偶像，不过妈妈对孩子现在的偶像问题一点都不阻拦了。

孩子自己很难走出对明星的崇拜，需要父母为孩子提供好的范例，让孩子转移自己的关注点，把注意力放在提高自己学习成绩上来。父母可以给孩子买些孩子爱看的书籍，也可以培养孩子的业余爱好，让孩子的生活变得充实起来，只有这样孩子才能真正摆脱明星崇拜。

教子箴言

很多孩子由于对明星过分迷恋，投入了太多的精力，给学习带来了很大的影响。对追星给孩子带来的正面影响父母感到很欣慰，可是父母也不能忽视追星的负面影响，要防止孩子走上追星歧途。

细节 64 科学引导孩子的性心理

父母对孩子的性教育是教子的一个重要课题，其主要目的是让孩子对“性”有一个健康的认识，避免发生各种方式的性过错。

——法国教育家　高吉亚思

家教个案

一位读高二的女生刚满 17 岁，因为肚子疼被送往医院，医生诊断结果竟然是怀孕了！无比气愤的母亲当时就给了她一记耳光。妇产科的医生赶到时发现这个女生的羊水都破了，胎儿的头也开始露出来了。女孩被推进手术室的时候她的母亲觉得很没面子，竟甩手离去了。

女孩对医生说，自己的妈妈从来没有和她谈论过这个话题，她也不敢将怀孕的事告诉妈妈，更不知道如何处理胎儿，多亏是在冬天，自己的大肚子能被衣服盖住。

教育感悟

孩子进入青春期以后，随着身体的发育性心理也在萌芽。美国著名的性教育专家玛丽•考尔德伦博士认为，帮助孩子树立健康的性心理应该越早越好。性心理学家认为，孩子早期形成的性心理对孩子的影响会波及孩子今后人生的几十年，小时候孩子性心理的扭曲往往在长大成人后才显露其恶果。

随着社会的进步和发展，接触到了大量的性信息，丝毫没有性质、内容、数量上的限制。这给父母对孩子的性心理教育提出了新的难题，即如何帮助孩子学会对从各种途径接触到的性信息进行筛选过滤，即摒弃色情、荒谬的性信息，从中汲取健康科学的性信息。

进入青春期的孩子面对性心理的困惑需要父母的及时开解，而中国社会的传统思考约束使得父母在迷茫的孩子面前也很为难。不少父母对性心理教育都非常反感，觉得与孩子谈论性的问题时难以启齿，所以孩子很少从父母那里获得性知识。其实父母最贴近孩子的生活，再加上和孩子的亲情关系，父母能在这个问题上成为孩子的良师益友。

父母必须树立这样的意识：随着孩子的长大，在父母这里得不到答案的问题，他们会用自己的方法去寻找答案。如果因为缺乏父母的指点而使孩子误入歧途那就得不偿失了。

对孩子的性心理教育必须积极、主动，同时做到和孩子真诚沟通，及时帮助孩子解答他们所困惑的性问题。只有这样才有可能用科学、健康的性知识来教育孩子，平息来自各个渠道的性信息冲击，最终使孩子获得性生理和性心理的健康发展，以保证孩子客观地面对性，在人生路上顺利前行。

专家建议

孩子身心发展特点以及社会阅历的有限，导致孩子对性知识知之甚少。当孩子出现性心理困惑时，父母要以积极的心态和孩子一起分析具体问题，有针对性地引导孩子，才能真正帮助孩子走出性心理的困惑。父母要做到以下几点：

1. 调整好对孩子进行性教育的心态

青春期是孩子人生中最美好的的时期，但是孩子也会感到恐惧和不知所措，他们需要父母的及时引导。许多父母都不想让孩子过早地涉及性话题，更不要说对孩子进行性心理教育了。其实这对孩子的健康成长是极为不利的。有智慧的父母应该采取健康开明的态度，调整好自己对孩子进行性教育的心态，积极地对待孩子的性教育。父母要态度坦然地面对孩子，用自然的语气回答孩子的疑问。

2. 正确看待孩子的性心理困惑

父母要认识到，伴随着第二性征的出现，孩子会遇到生理、心理的同步发展，悄然的身心变化都会使孩子情绪大起大落，而所需要的性教育跟不上，孩子出现性心理困惑也就不足为奇了。

王女士的女儿是班里的班长，和班里的学习委员都是品学兼优的好学生。他们两个平时很谈得来，因为工作上的接触又多，经常在一起玩。突然有一天，学习委员给女儿写了一封情书，女儿看了之后又兴奋又恐惧还夹杂着害羞。她害怕看见男生的眼光，上课时也总是在想着这件事，学习成绩下降了。这让王女士很头疼，不知道该如何来帮助孩子解除困扰。

两个异性朋友交往得多，由好感而产生一种朦胧的对异性的眷恋，并且抑制不住地向对方表达了自己的想法，这是孩子感情的自然流露。处于青春期的孩子会有很多这样的困惑，父母要正确看待，并给予孩子积极的引导，帮助孩子走出困惑。

3. 帮助孩子建立性角色认同

父母要让孩子认识到性别差异，人是分为男人和女人的。孩子生活在社会中就要承认并接受自己的性别，然后按照社会对性角色的要求，去做符合自己角色的言谈举止。

孩子从父母给自己取的名字、买的衣服、玩具中可判断出自己的性别，也能够让孩子顺利地建立性角色的认同。但是有的父母存在重男轻女或是重女轻男的思想导致孩子的性心理扭曲，这是父母要避免的，以防孩子长大后成为性变态者。

4. 帮助孩子树立健康的性观念

青春期孩子的性心理卫生是青春期教育的重要组成部分，应该受到父母的重视。

青少年掌握的性知识缺乏逻辑性、相关性，不能用所学的知识有效地解决自己的难题。青少年在成长中总会不可避免地遇到一些问题，就性心理而言，无端地对异性产生好感、难以把握与异性交往的程度、早恋等都是一个综合的问题，不仅是心理困惑或是人生观、价值观的问题，与孩子的健康观念也有很大的关系。

父母要将对孩子的心理教育、性教育、青春期教育、预防艾滋病教育、预防毒品教育等专题整合在一起，有步骤地帮助孩子树立起积极的健康观念，促进孩子身心的健康发展。

5. 加强孩子的性心理基本知识教育

父母除了要对孩子进行性道德教育外，还要注重加强孩子的性心理基本知识教育。孩子只有把握了性心理的基本知识，才能在生活中正确看待性。

教子箴言

对孩子的性心理教育必须积极、主动，同时做到和孩子真诚沟通，及时帮助孩子解答他们感到困惑的性问题。

细节 65 保护离异家庭孩子的心灵

家庭的破裂会使孩子过早地品尝到人生的不幸，他们痛苦，甚至有的孩子由于弱小的心灵承受不了沉重的心理枷锁而有了极端的想法和行为。所以，保护离异家庭孩子的心灵就显得格外重要了。

——俄罗斯著名教育家　凯洛夫

家教个案

年仅 10 岁的董淑君的父母离婚了。本来淑君以为爸妈吵架是很正常的事情，从来没有想过父母会不考虑她的感受选择离婚。法院将她判给了爸爸，离婚那天妈妈就搬出去了。

过了半年，一个年轻的女人住进了淑君的家。淑君这才知道，正是这个女人导致了父母离婚。淑君心里对她充满了怨恨。原本成绩还不错的淑君没有心思好好学习了。每次父亲带那个女人回来淑君都会冲出房间，骂爸爸和那个女人不要脸。

从那以后淑君变了，她不再活泼开朗。看到班里男女生疯闹她会恶狠狠地说“不要脸”，她还开始对男老师产生抗拒心理，有时男老师上课她就跑出去。

教育感悟

随着社会的发展和时代的变迁，越来越多父母的婚姻观念发生了很大的改变，使得离婚成为一种见怪不怪的现象。父母感情的不和或者家庭的破裂，给孩子的心灵蒙上了挥之不去的阴影。他们过早地品尝到人生的不幸。孩子的心灵是脆弱的，很多离异家庭的孩子因承受不了沉重的心理负担而做出了很极端的行为，给孩子的身心发展带来了危害。

离异家庭的孩子心灵往往受到不同程度的伤害，有的悲痛欲绝，有的在别人面前觉得很没面子，有的孩子看到别的小朋友享受父母的疼爱而自己却没有而感到忧郁自卑。他们由于缺少来自外界的关爱常常封闭自己，对周围表现出一种极端冷漠的态度，对人缺乏信任感，取而代之的是无尽的孤独感。

有的孩子遭遇家庭离异很长的时间都难以适应，他们不仅失去了家庭的温暖和依靠，甚至缺乏基本的精神慰藉和起码的物质保障，一味地以为父母欠自己的太多，因此会产生仇恨父母的心理。在这样的情绪支配下，孩子很容易走上犯罪道路。

离异家庭的孩子的心理状况不稳定，会影响到孩子正常的生活和学习，对孩子正常的人际交往也会造成一定的阻碍，容易影响孩子的身心健康。

保护离异家庭孩子幼小的心灵，是每个离异家庭的父母义不容辞的责任和义务。父母一定要认识到离异对孩子心灵造成的恶劣影响，努力为孩子提供一个温暖的精神环境，随时关注孩子的心理情绪发展。

专家建议

作为特殊的个体，离异家庭的孩子更需要来自离异父母的关爱，保证孩子享受的爱不因为父母的离异而有所减少。那么，怎么才能保护离异家庭孩子的心灵呢?

1. 离异的父母双方都要关爱孩子

父母的离异给孩子心灵上造成的创伤在很长一段时间内无法愈合，严重的还会影响孩子的人格发展。所以，父母要给孩子更多的关爱，关注孩子的心理变化，稳定孩子的情绪。

王静今年 9 岁了，爸爸妈妈因为性格问题离婚了，她和妈妈一起过。虽然王静的妈妈之前和王静的爸爸闹得很不愉快，但是为了让孩子的情感不缺失，妈妈主动让孩子的爸爸和孩子交流，也允许爸爸带孩子出去玩。渐渐地，王静知道了父母不是为了她而离婚，也没有因为离婚了就不再爱自己。她没有表现出很大的情绪波动，反而过得很开心。

王静的爸爸妈妈虽然离婚了，但是并没有因此推卸对孩子的责任，他们都在用自己对孩子的关爱来弥补对孩子造成的创伤。在现实生活中，很多父母离婚后，拥有孩子的那一方就极力阻止孩子和自己已经离婚的那一半接触，这样会造成孩子情感的缺失，也不利于孩子良好性格的形成。

2. 不要在孩子面前抱怨另一方

父母离婚但是孩子是无辜的，父母中的任何一方都不要把自己的情感强加到孩子身上，不要把夫妻间不愉快的情感体验和对彼此的怨恨带给孩子，不能用自己的思维来干扰孩子的情感归属。

抚养者应排除各种主客观困扰和阻碍，尽量不在孩子面前提及另一半的过错，让孩子意识到父母都是爱他的，都会和他保持良好的关系，他不是父母离婚的因素，不让孩子产生愧疚感，还要主动安排离异的另一方同孩子正常接触。

3. 鼓励孩子建立健全的心理素质

离异家庭的孩子往往会产生自卑的心理，他们胆怯、害怕与他人交往交流，喜欢把自己封闭起来，长期下去对孩子的身心健康会造成不良影响。所以，孩子的抚养者要鼓励孩子建立健全的心理素质，让孩子健康成长。

冯宇是个活泼开朗的孩子，在学校很受欢迎。他 5 岁那年父母离婚，他判给了妈妈。他的妈妈是个自强的人，虽然孩子的父亲从离婚后就没来看过孩子，但是她仍然告诉孩子有机会要向爸爸尽孝道，毕竟是他给了孩子生命；为了让孩子懂得自我保护、有安全感，他妈妈想了很多办法。小时候孩子在外面受欺负，妈妈教育他要向老师、对方家长求助；妈妈还鼓励他与人打交道。在妈妈的教育下，孩子学会了自信和自强。

帮助孩子建立健全的心理素质，对于引导离异家庭的孩子的心灵健康成长有很大的促进作用。离异后抚养孩子的一方要尽到对孩子的抚养和教育的权利，采取合适的方式帮助孩子的心灵健康快乐地成长。

4. 教给孩子学会控制自己的情绪

孩子的心智还不健全，因此情绪具有不稳定性。他们比成人更容易冲动，因此抚养方要注意培养孩子控制自己情绪的能力。父母的离异给孩子带来的不愉快是孩子很难在短时间内忘却的，所以就要尽量增加孩子的快乐体验，远离痛苦的困扰。

抚养方可以培养孩子多方面的兴趣，鼓励孩子走出去结交知心朋友，多参加轻松愉快的集体活动，在活动中放松自己的情绪，使孩子的情感变得成熟起来，这样就能引导孩子的情绪朝健康的方向发展了。

教子箴言

保护离异家庭孩子幼小的心灵是每个离异家庭父母义不容辞的责任和义务。父母一定要认识到离异对孩子心灵造成的恶劣影响，要努力为孩子提供一个温暖的精神环境，随时关注孩子的心理情绪发展。

细节66 帮助孩子克服常见的心理障碍

远离心理障碍对孩子的顺利成长有很大的促进作用，所以孩子要保持良好的心态，要正视自己的优缺点，能够悦纳自己，情绪稳定，积极向上。

——国新教育运动倡导者　赫塞林

家教个案

林强是初二的学生，以前在老师同学们的心目中是一个做事踏实、有条理的孩子，但是最近他做事开始毛躁起来。无论干什么事都是慌慌张张、有头没尾，作业写得丢三落四，总想马上就写完，结果忙中出错。做值日不是弄得满身脏就是不小心破坏了公物。

特别是最近考试时林强的暴躁表现得格外突出，考卷刚刚发下来他就觉得自己坐不住了，满头大汗，这里写一笔，那里写一笔，心里对怎么写一点计划都没有，考试成绩自然会不理想了。

老师把这件事告诉了林强的妈妈，本想让妈妈配合好好教育孩子，没想到林强的妈妈竟然说男孩子就不能太老实，学习也不用太好。现在林强的行为越来越严重，发展到谁的话都听不进去，在班里同学们都不愿理他了。

教育感悟

对孩子来说，健康是第一位的，这里所指的健康包括身体健康和心理的健康。但是随着社会的发展和孩子压力的增大，越来越多的孩子出现了心理障碍。

心理障碍是由各种不良刺激引起的孩子心理上的异常现象。孩子在适应周围环境的过程中出现了心理困难，思维和行动逐渐偏离了社会正常的规范，说明心理上存在某些障碍，孩子偏离程度越厉害就说明心理障碍的程度越深。

孩子产生心理障碍的原因有很多，主要有遗传因素、身体因素、心理因素和社会因素，这些因素共同作用影响了孩子的健康成长。

孩子常见的心理障碍主要有：由环境因素造成心理和行为失调从而出现的适应性障碍；表现为心烦意乱、忧心忡忡的焦虑型障碍；情绪持续低落的抑郁性障碍；容易害怕的恐怖型障碍；总是怀疑自己患了某种疾病的疑病性障碍；情感障碍；意志障碍；智力障碍；人格障碍等。

孩子正处在长身体和智力发展的重要阶段，要使孩子适应周围的环境，并能身心健康地成长，就必须使他们意识到，学习是孩子的责任，要乐于学习，保持良好的心态，要正视自己的优缺点，能够悦纳自己，情绪稳定，积极向上，所以远离心理障碍对孩子的顺利成长有很大的促进作用。

我们提倡孩子在遇到心理障碍时要敢于正视自己，学会恰当地自我调节，并且自己解决不了的时候要向父母、老师咨询，让成人帮助自己解决常见的心理障碍。父母要关注孩子的情绪变化，及时帮助孩子克服常见的心理障碍。

专家建议

孩子出现心理障碍不仅影响孩子的正常的生活和学习，还会对孩子的一生产生不可估计的影响。所以父母要及时发现孩子的心理障碍，并积极引导孩子克服自身的心理障碍。

1. 努力创造良好的家庭环境

家庭是孩子的第一生存环境，孩子的心理健康与否和家庭环境的好坏有很大的关系，家庭氛围良好的家庭，孩子的身心更加健康。每位父母都要努力为孩子创造良好的家庭环境，促进孩子的身心健康发展。

程丹今年5岁了，可是她过得一点都不快乐，原因是她有一位脾气暴躁的妈妈。程丹的妈妈是个老封建，看到程丹是个女孩经常会抱怨，还时不时地冲程丹发脾气，这让程丹心里产生了恐惧障碍，她害怕自己不小心会触犯到妈妈。

那次她小心翼翼地问妈妈要个滑板车，可是妈妈却说："小丫头片子还想要那个啊。"程丹只好跑回自己屋里掉眼泪。长期在这样的家庭环境中成长，程丹明显地比别的孩子更加焦虑，她走路时习惯低着头，一个人玩，让人看了很是心疼。

在家里，父母要做到尊重和理解孩子，重视和孩子的有效沟通，采用正确的教育方式，避免以父母的权威身份对孩子的行为强加干涉。孩子出现错误要多采用说服教育的方式，禁止打骂，以防孩子出现逆反心理，引起孩子的各种心理障碍。同时，各个家庭成员之间要保持良好的情感联系。

2. 让孩子学会正确地自我评价

父母要教给孩子正确评价自己，树立健康的自我意识，避免心理障碍的产生。父母要让孩子正确估计自己的能力，客观地看待自己的优点和缺点，以顺其自然的心态来处理遇到的各种情况。

在生活节奏快、竞争压力大的现代社会，每个孩子都要有良好的心理承受能力和很好的适应能力。在生活、学习以及今后的工作中，孩子肯定会遇到许多挫折和磨难，让孩子把这些看成锻炼自己的好机会。不要给自己太大的压力，要抛弃虚荣的心态，凡事尽力而为。这样孩子的心态就会平和了，心理障碍问题就会迎刃而解，得到有效的控制。

3. 教给孩子学会发泄和转移注意力

当孩子出现心理障碍后，父母可以为孩子准备一本带锁的日记本，让孩子把自己的烦恼通过日记的方式发泄出来，也可以在保证安全的情况下让孩子大哭一场，或是通过各种活动来发泄自己的情绪。

周逊今年上三年级了，每次考试之前即使是准备得很充分，他也会感到压力很大，焦躁不安。明天要参加期末考试了，他在家里要么默不作声，要么自言自语，一副很是慌张的样子。妈妈看到孩子的表现为他买了他最喜欢的歌星的新专辑，想让孩子转移自己焦躁的情绪。这招很奏效，孩子在歌声中变得平静多了。

父母可以向周逊的妈妈一样，当孩子出现心理障碍后，仔细分析出现障碍的原因，鼓励孩子去做自己感兴趣的事情，比如画画、阅读、听听音乐，暂时远离给孩子造成困扰的那件事，让孩子在自己喜欢做的事情中平静下来。

4. 让孩子多与周围的人沟通

孩子存在心理障碍是很正常的事情。很多孩子出现心理障碍后很恐慌，自身的经验决定了孩子不能很好地处理这些困扰。

父母要教育孩子在出现状况后及时和身边的人沟通，可以求助于老师、父母。父母要鼓励孩子多结交志同道合的好朋友，有什么烦恼可以和他们交流。同时，友谊是好情绪的催化剂，孩子在与朋友的交往过程中会抛弃很多劣性情绪。

教子箴言

我们提倡孩子在遇到心理障碍时敢于正视自己，并且学会恰当地自我调节，并且在自己解决不了的时候要向父母、老师咨询，让成人帮助自己解决常见的心理障碍。